Über den Verfasser

Dieter Lenzen, geb. 1947 in Münster (Westf.), studierte Erziehungswissenschaft, Philosophie, Deutsche, Englische und Niederländische Philologie an der Westfälischen Wilhelms-Universität Münster, M. A. 1970, Dr. phil. 1973. 1973–1975 Bildungsforschung für das Kultusministerium des Landes Nordrhein-Westfalen, 1975 bis 1977 Professor an der Universität Münster, seit 1977 Professor am Forschungszentrum für Historische Anthropologie der Freien Universität Berlin.

Wichtigste Veröffentlichungen:
Didaktik und Kommunikation, Frankfurt/M. 1973; Die Struktur der Erziehung und des Unterrichts, Frankfurt/M. 1975; Abitur-Normen gefährden die Schule, München 1977 (gemeinsam mit A. Flitner); Pädagogik und Alltag, Stuttgart 1980; Mythologie der Kindheit, Reinbek bei Hamburg 1985; Historische Anthropologie, Reinbek bei Hamburg 1989 (gemeinsam mit G. Gebauer u. a.); Melancholie als Lebensform, Berlin 1989; Kunst und Pädagogik, Darmstadt 1990; Erziehung, Bildung, Normativität, München/Weinheim 1991 (gemeinsam mit D. Benner); Verbotene Wünsche, Berlin 1991; Krankheit als Erfindung, Frankfurt/M. 1991. – Herausgeber: «Enzyklopädie Erziehungswissenschaft», 12 Bde., Stuttgart 1982 ff; Mitherausgeber: «Paragrana» – Intern. Zs. f. Hist. Anthropologie; ca. 200 Beiträge für Fachzeitschriften, Rundfunk- und Fernsehanstalten.

Dieter Lenzen

Vaterschaft

Vom Patriarchat zur Alimentation

rororo

rowohlts enzyklopädie

rowohlts enzyklopädie

Herausgegeben von Burghard König

Originalausgabe
Veröffentlicht im Rowohlt Taschenbuch Verlag GmbH,
Reinbek bei Hamburg, Dezember 1991

Umschlaggestaltung Jens Kreitmeyer
(Titelvignette: Goethe und Fritz von Stein [1781 / 1782].
Scherenschnitt von Johann Kaspar Lavater)
Gesetzt aus der Bembo und Futura (Linotronic 500)
Gesamtherstellung Clausen & Bosse, Leck
Printed in Germany
2280-ISBN 3 499 55511 5

in memoriam Ernst J. W. Lenzen

Inhalt

1. What does a father look like?

Vatersuche als fortdauerndes Motiv

Wer schon weiß, daß er auf der Suche nach dem Vater ist und in welcher historischen Gesellschaft er sich damit befindet, der mag dieses Kapitel übergehen und sich gleich auf die Geschichte einlassen. Für die anderen beginnen wir mit einer Verwirrung, um Klarheit zu gewinnen:

Der geschundene Mann ist ein Vater, der seinen Sohn doppelt verliert, an die Mutter als Mörderin und an die Mutter als Hure. Seine mit Lumpen nur unzulänglich geschützten Füße tragen ihn durch den brennenden Sand seiner Wüste. Er ist jemand, der sucht, zunächst seinen Sohn, dann dessen Mutter, schließlich sich selbst. Er hat einen Bruder, der ihn, den stumm gewordenen, zu sich holt aus Terlingua (zur Sprache), wo er zusammenbrach an der Dauer seiner Suche quer durch Mexiko. Walt, der Bruder, versteht die Recherche nicht, den Weg nicht an den Bahngeleisen entlang, «die sich am Horizont in einer absolut leeren Ebene verlieren: Da ist doch nichts, dahinten.» Der Weg der beiden in das Heim des Bruders ist lang. Walt weiß nicht, was mit Travis geschehen ist in den Jahren, seit denen er ihn zum letzten Mal sah. Erst als er den Verschollenen auf seinen kleinen Sohn Hunter anspricht, löst sich der Bann des Schweigens. «Der Sturm der letzten Nacht hat die Sonnenschirme am Swimmingpool umgeworfen.»

Travis erinnert sich, auch an den Namen der Mutter, irgendwann in der Wohnung des rettenden Bruders. Der kleine Junge, Hunter, hat hier, beim Bruder des Vaters, ein Elternhaus gefunden.

Das war es nicht, wohin er wollte; Paris, Texas wäre es gewesen, das Stück Land, das er kaufte, das eine Geschichte hatte und eine Zukunft erhalten sollte, der Ort, wo seine Eltern einander zum ersten Mal erkannt hatten, wo er gezeugt worden war und wohin er seine Familie führen wollte. Ödland.

Weil er nicht wirklich angekommen ist, schläft er nicht, auch nicht bei Walt und Anne, dessen Frau. Hunter ist in diesem liebevollen Heim gleichwohl nicht zu Hause. Auch er hat gesucht, ohne es zu wissen. Er sehnt sich nach Raumschiffen, die wie Autos sind. Die Wege sind so weit. Die Entfernung von der Mutter, die er im Super-8-Film in glücklicher Umarmung mit dem Vater Travis sieht. «Aber das ist nicht sie», sagt das Kind, «das ist sie vor langer, langer Zeit, ‹in einer Galaxie weit, weit entfernt von uns›».

Der Film, der exakt einhundert Einstellungen hat, gelangt an seiner Mitte in den Einstellungen 48 und 49 zu seiner Frage:

(48) WOHNZIMMER — INNEN, MORGENS

Travis sitzt auf dem Sofa und blättert in Zeitschriften, die er um sich ausgebreitet hat. Carmelita, das Hausmädchen, putzt hinter ihm die Fensterscheiben. Dann gesellt sie sich neugierig zu Travis.

CARMELITA Was suchen Sie denn da drin?
TRAVIS Ich suche «den» Vater.
CARMELITA Ihren Vater?
TRAVIS Nein, nein, nur einen Vater, irgendeinen Vater. Wie hat ein Vater auszusehen?
CARMELITA Es gibt die verschiedensten Sorten von Vätern, Señor Travis.
TRAVIS Na, mir genügt schon einer.
CARMELITA Und Sie glauben, Sie finden ihn da drin?
TRAVIS Ich weiß nicht, wo ich sonst nachsehen soll.
CARMELITA Ach, jetzt versteh ich: Sie wollen aussehen wie ein Vater.
TRAVIS Ja.

(49) SCHLAFZIMMER — INNEN, TAGS

Travis steht vor einem Spiegel und probiert einen Hut aus. Carmelita steht neben ihm und mustert ihn kritisch.

CARMELITA Ahora, jetzt sagen Sie mir:
Wären Sie gerne ein reicher Vater?
TRAVIS Äh, nein.
CARMELITA Ein armer?
TRAVIS Nein.
CARMELITA Como pues
TRAVIS So dazwischen.
CARMELITA Nein, nein, da gibt es kein dazwischen. Entweder sind Sie ein reicher Vater oder ein armer.
TRAVIS Dann lieber reich.
CARMELITA Bueno. Un momento. A ver.

Sie zieht einen von Walts Anzügen aus dem Kleiderschrank und hilft Travis in die Weste.

CARMELITA Ahora. Que tal, heh?
Travis knöpft die Weste zu.
TRAVIS Esta bueno.
CARMELITA Eines dürfen Sie nicht vergessen; wenn Sie ein reicher Vater sein wollen, Señor Travis, dann müssen Sie immer nach oben gucken, niemals auf den Boden.
Mira.

Sie macht ihm vor, was sie meint. Travis streckt den Kopf hoch.

CARMELITA Noch ein bißchen höher.
Ahora camine!

Travis geht mit steifem Kreuz im Zimmer auf und ab.
Carmelita sieht ihm kopfschüttelnd zu.

CARMELITA No, usted... Sie müssen aufrechter gehen, Señor Travis.

Travis dreht eine weitere Proberunde.
Carmelita ist immer noch nicht zufrieden.

CARMELITA Con fiancia, me entiende?
Con respeto.
Sie sucht nach dem richtigen Wort.
TRAVIS Würdevoll.
CARMELITA Ja, con dignidad!

Travis versucht es noch einmal. Diesmal scheint Carmelita mit ihrem Schüler zufrieden.

CARMELITA Genau. Jetzt haben Sie's.

Vatersuche. Travis weiß nicht, wie ‹der› Vater aussieht. Das Dienstmädchen Carmelita weiß es: nach oben schauen, niemals auf den Boden, aufrecht, mit Selbstvertrauen, Respekt und Würde. Travis hat das alles nicht, aber den Anzug von Walt. Damit und mit Hunter, dem Sohn, geht er auf die Straße. Zuerst getrennt, der eine auf der einen, der andere auf der anderen Seite. Erst nachdem Hunter die Bewegungen des Vaters nachahmt, kann dieser die Straße wechseln, und sie vermögen es, gemeinsam zu gehen, in ein Bild hinein, das uns heute verboten ist (vgl. Abb. 1).

Die letzte Erinnerung unserer Kultur an dieses Bild sah etwas anders aus (vgl. Abb. 2).

Mit der Neufassung der Straßenverkehrsordnung im Jahre 1970 wurde auch das geändert (vgl. Abb. 3).

Abb. 1: *Paris, Texas*
© Road Movies Filmproduktion

Abb. 2: *Zeichen 17 b «Gebot für Fußgänger, Verbot für alle anderen Verkehrsteilnehmer, den bezeichneten Weg oder Straßenteil zu benutzen» aus der Straßenverkehrs-Ordnung vom 29. März 1956*

Abb. 3: *Zeichen 241 «Sonderweg Fußgänger» aus der Straßenverkehrs-Ordnung vom 16. November 1970*

Jetzt kann Hunter nach dem Großvater fragen: «Kannst du spüren, daß er tot ist?» Jetzt kann der Sohn mit dem Vater gehen, auf eine Suche, indessen nicht nach dem Vater oder dem Großvater, sondern nach der Mutter. Hunter: «Ich will mitkommen.» Trotz der Warnung des Rufers in der Wüste in Gestalt eines Verrückten auf der Autobahnbrücke: «Ihr werdet alle von hier verschleppt in das Land ohne Wiederkehr. Es wird ein Blindflug ins Nichts. Und wenn ihr denkt, das könnte komisch werden, dann werdet ihr euch aber umsehen... Ich habe euch gewarnt.» Auf den Tagen von beider Fahrt nach Huston zur Mutter müßte alles getan werden, wofür Väter einmal ein ganzes Kinderleben Zeit hatten: Travis müßte dem Sohn die Welt zeigen, aber der kennt sie schon. Er ist es, der sie dem Vater erklärt, er erklärt ihm seine Kosmogonie: «Die ganze Milchstraße, das ganze Universum ist früher mal nur ein ganz kleiner Klumpen gewesen, nur so winzig. Und dann bildete sich die Sonne und es wurde heiß, daß die Erde zu einer großen harten Kugel wurde...» – Und er weiß, wie man ein R-Gespräch anmeldet und sich von den Pflegeeltern verabschiedet.

Dieses Kind ist alt, gleichsam ein Opfer der Relativitätstheorie, die es auf sich selbst zu wenden versteht: «Dad, angenommen, ein Mann setzt ein Baby hin, und verreist dann für eine Stunde lang mit Lichtgeschwindigkeit... wenn er also mit Lichtgeschwindigkeit reist und dann nach einer Stunde wiederkommt, wär er eine Stunde älter, aber das kleine Baby wäre ein alter Mann.»

Die Muttersuche bedarf keiner großen Anstrengung. Es ist der Knabe, dem die Findung gelingt, während der Vater, zum ersten Mal seit Jahren, eingeschlafen ist. Das Kind findet die Mutter als Fahrerin eines von zwei absolut gleichen Autos. Den Rest kennt jeder Feuilleton-Leser. Die Gespräche in der Peep-Show, trotz des Ambientes unspektakulär. Das leidvolle Gesicht des Vaters Travis aufgehend in der unbedarften Physiognomie der Kindsmutter-Hure, die womöglich Mörderin hätte werden können an ihrem Mann, als sie ihn, damals, vor alledem, betrunken in seinem Bett ließ, im Feuer.

Da hat Mann auf die Hure gestarrt und darauf gewartet, daß Nastassia sich schließlich doch entkleidet, und Frau hat gebangt, daß das Kind zu seiner Mutter kommt, und Frau hat erhalten, was sie erhoffte: das Kind. Und das, obwohl die Kindfrau bekennt: «Ich wußte, daß Hunter etwas brauchte, was ich nicht in mir hatte.» Über diese Mimikry eines Happy-Ends hat man nicht auf das gehört, was die letzten Einstellungen über den Vater sagten, daß er «alles tat, um ihr das Leben angenehm zu machen», und auf das nicht, was den Vater erwartet, wenn er wieder davongehen muß: «Und jetzt habe ich Angst. Ich hab Angst vor dem, was mich erwartet. Aber am meisten fürchte ich mich davor, diese Angst nicht auf mich zu nehmen. Ich liebe dich, Hunter. Ich liebe dich mehr als mein Leben.»

Wahrhaftig: Die Bängnis der Zuschauerinnen war berechtigt, denn ursprünglich sollte der Film anders enden; der Vater sollte mit dem Sohn auf den Schultern durch die Wüste gehen, nach Paris, Texas. Zu dem tatsächlichen Schluß gab es harte Kritik. So befand Dieter Wellershoff: «Der eigentliche Skandal des Films ist seine zentrale Aussage, daß Kinder zu ihren biologischen Müttern gehören, egal wie unmütterlich sich diese verhalten haben.» Eine solche sozialpädagogische Einschätzung verrät guten Willen, dem Muttermythos entgegenzugehen. Aber sie verfehlt die zentrale Botschaft der unerfüllten Vaterschaft des Films, wenn man ihn als eine Dokumentation unserer Wirklichkeit nimmt. Das ist eine Wirklichkeit der Vatersuche, der Suche von Kindern nach ihren Vätern und von Vätern nach ihren Kindern. In ihr pflegen die vatersuchenden Kinder Mütter zu finden und die Väter auf eine endlose Weitersuche geschickt zu werden, nach sich selbst.

Bei Odysseus war das anders und bei Hildebrand, bei Parzival, bei Telemach auch noch und beim Simplicissimus. Hamlet deutet schon den großen Wandel an, und Ibsen vollzieht ihn radikal. Der Film von Wenders / Shepard steht in der Tradition des Motivs der Vatersuche und karikiert es auf fast tragische Weise bis zu dem Punkt, an dem wir unsere Kultur der Mutterherrschaft erkennen.

Was war einmal anders? Spätestens seit der Odyssee hat sich im abendländischen Raum ein Literaturtypus etabliert, ein Motiv auch, ein wesentliches Element des Vater-Diskurses: die Vatersuche. In einer Gesellschaft, in der die Unsicherheit der Mütter wie der Kinder über deren tatsächlichen Erzeuger aus vielerlei Gründen keine Seltenheit war, mochte die literarisch oftmals verarbeitete Suche der – vornehmlich – Söhne nach ihren Vätern wie auch die umgekehrte Suche eine reale Basis haben. Aber diese Tatsache ist eigentlich nebensächlich. Viel wichtiger ist die gemeinsame Grundstruktur dieser Motivverarbeitung.

So wird in der Regel ein Sohn gezeigt, der seinen Vater nicht kennt. Er mag von ihm in Kriegswirren gezeugt worden sein. Jedenfalls ist er fern. Daraus resultiert, jeder Familienrichter kennt die Erscheinung aus Sorgerechtsstreitigkeiten, eine starke positive ‹Besetzung› des imaginierten Vaters, er wird idealisiert. Im Kind entsteht die Sehnsucht, den Vater kennenzulernen. Der Sohn, der entweder gänzlich ohne seine leiblichen Eltern aufgewachsen ist oder nur bei seiner Mutter, macht sich auf den Weg der Suche nach dem Vater. Aufgrund eines Gnorismas, eines Erkennungszeichens, das der leibliche Vater seinem Sohn vor seinem Weggang hinterließ, ist es dem Vater grundsätzlich möglich, sein Kind später zu erkennen.

An dieser Stelle diffundieren die mythischen Erzählungen von der Odyssee bis zur modernen Literatur. Denn Vater und Sohn treffen oftmals in einem Konflikt aufeinander, und der Sohn oder der Vater wird nicht immer rechtzeitig erkannt, und es kommt zur Katastrophe des Vater- oder des Kindesmordes. Dieses Muster hielt sich – mit Ausnahmen – bis zum Ende des ersten nachchristlichen Jahrhunderts. Seine für den deutschen Sprachraum bekannteste Fassung ist das fragmentarische Hildebrandslied, das mit dem Tod des Sohnes endet, wie aus verwandten norwegischen und färoischen Fassungen geschlossen wird. Ihm korrespondiert fast zeitgleich unter anderem ein irisches Gedicht, chu chulain und conla, und eine persische Fassung im Königsbuch des Ferdausi, die Geschichte von Rustam und Suhrab, in der der von der Hand des Vaters sterbende Sohn dem Vater das Faktum seiner Untat offenbart:

«Das ist das Los, das ich mir selbst erkor!
In deine Hand zu meinem Todestor
Gab ich den Schlüssel! Minder schuld bist du;
Der Himmel hob und stürzte mich im Nu!
Zum Spotte nun dient meine Jugend Allen,
Daß dieser hohe Wuchs in Staub zerfallen.
Vom Vater sprach die Mutter mir so viel,
Und daß ich ihn so liebte, darum fiel
Mein Haupt! Ihn suchend bin ich ausgezogen,
Und um mein Leben hat mich das betrogen.
Die Frucht der Mühen hab ich nicht gesehn,
Ach! nicht des Vaters Angesicht gesehn!
Doch ob ein Fisch du schwämmest durch die Welle,
Ob durch den Himmel flöhst mit Sternenschnelle,
Ob du dich bärgst in nächtge Finsternisse,
Ob deine Hand herab die Sonne risse –

Doch trifft dich meines Vaters Racheschwert,
Wenn er, daß mich dein Arm erschlug, erfährt.
Der Großen wird, der Krieger Einer schon
An Rustam melden, daß du seinen Sohn,
Indes er seinen Vater aufgesucht,
Zur Erde hinwarfst lieblos und verrucht!»

Diese Zeilen vermitteln ungebrochen das Verständnis der Zeitgenossen, demzufolge der Kindesmord unter keinen Umständen akzeptiert werden kann. Er ist das Gegenstück zu sehr viel früheren kultischen Gebräuchen, in denen zumindest rituell der Vater getötet wurde, weil die Menschen der Vorstellung folgten, nach der Geburt des Neuen sei für das Alte kaum Platz auf der Erde.

Ungeachtet der literaturwissenschaftlich unentschiedenen Streitfrage, ob das Vatersuche-Motiv auf einen gemeinsamen indogermanischen Mythos zurückgeht oder ob eine Spontanentstehung an verschiedenen Orten angenommen werden kann, wird der anthropologische Status des Motivs deutlich. Die Trennung von Vater und Sohn wird als ein Fall verstanden, der gegen eine gesollte Ordnung verstößt und deshalb zu unakzeptablen Konsequenzen führen kann. Das Kind, zumeist der Sohn, verläßt die Mutter, um zu seinem Vater zu gelangen und die richtige Ordnung wiederherzustellen. Gelegentlich ist die Entfernung von Vater und Sohn indessen so groß geworden, daß sie einander nicht erkennen.

Die christliche Wiederaufnahme des Motivs ändert Wesentliches an der Stelle der Begegnung zwischen Vater und Sohn. So gelingt das Erkennen von Vater und Sohn im jüngeren Hildebrandslied, und es kommt sogar zu einem Happy-End, der Rückkehr von Vater und Sohn zu Frau und Mutter. Die bürgerliche Kleinfamilie wirft ihre Schatten voraus. Der Kitschgehalt ist beträchtlich. Nicht so beim Rennewart des Ulrichs von Türheim. Er bringt seinen Vater um, den er gleichfalls wohl erkennt, weil er nicht bereit ist, sich von ihm, dem Getauften, bekehren zu lassen. Man kann diese Ausformung als den Beginn eines Prozesses lesen, in welchem die Vatersuche und ihr mögliches Ende, die Wiederherstellung einer gesollten Ordnung, zunehmend als unmöglich und gar als nicht wünschenswert dargestellt wird, obgleich der Wunsch danach in den Köpfen der Kinder = Söhne expandiert. So verfehlt Hamlet die Ansprüche des toten Vaters, der Simplicissimus, vom idealisierten Vater-Leitbild getrieben, endet so wie sein

*Pflege*vater, als Einsiedler, und Ibsens Gespenster decouvrieren am Ende des 19. Jahrhunderts das imaginierte Vater-Vorbild als ein bloß scheinhaftes: Osvald Alving erfährt, daß sein Vater ein gewissenloser Wüstling ist, und verlangt nach dem tödlichen Gift, weil er ein todbringendes Leiden von seinem Vater geerbt hat: die Vater-Imago als Suizid-Motiv, die Gene des Vaters als todbringendes Erbe. Diese absolute Negativierung des Vaterbildes hat, natürlich nicht ohne historischen Grund, Fortsetzungen im 20. Jahrhundert gefunden, etwa dann, wenn Günter Herburgers «Die Messe» von 1969 den Kommandanten eines KZ zeigt, aus dessen Erbe der Sohn sich vergeblich dadurch zu schleichen versucht, daß er einen ehemaligen KZ-Häftling zum ‹Vater› wählt.

Sosehr sich bis zum Ende dieser Etappenfolge die Wiederherstellung der Vater- und Sohn-Ordnung auch als Zumutung darstellt, die Grundstruktur der Vatersuche blieb bei allen Stationen identisch. Demgegenüber scheint die Bearbeitung der ‹Vatersuche› in Wim Wenders' Film am Ende des 20. Jahrhunderts einen Bruch zu markieren, der die etablierte Struktur des Motivs gewissermaßen auf den Kopf stellt, indem alle einzelnen Elemente anders besetzt werden. Die Schematisierung zeigt diese Diskontinuität (vgl. Abb. 4).

Der alles andere als göttliche Vater hat sich dem Kind niedriger Abkunft entzogen, das ihm eher indifferent gegenübersteht. Die Begegnung mit dem Vater ist nicht die Erfüllung einer Suche, sondern die Gelegenheit, ihn für die Suche nach der Mutter zu instrumentalisieren, mit der das Kind eine symbiotische Beziehung eingeht. Nach erfolgreicher gemeinsamer Muttersuche entfernt sich der Vater erneut. Dieses dürfte einer Erfahrung entsprechen, die in einer Gesellschaft mit Scheidungsraten von bis zu 50 Prozent für die Hälfte aller Kinder alltäglich ist, besonders wenn man berücksichtigt, daß nur in sechs Prozent aller Fälle das Recht der elterlichen Sorge dem Vater übertragen wird. So nimmt es nicht wunder, daß dem extremen Akzeptanzverlust des Vaters durch Mütter und Kinder auf der einen Seite eine Expansion der Vatersuche auf der anderen Seite entspricht. Eine Aufforderung an Studenten und Studentinnen, Vatermerkmale frei zu assoziieren, durchgeführt im Jahre des Erscheinens von «Paris, Texas», brachte ein Ergebnis, welches diese Paradoxie unterstreicht. Die Versuchspersonen produzierten unter anderem folgende Merkmale (vgl. Abb. 5).

Das Ergebnis weist eine Reihe von Signifikanzen auf. So sehen die

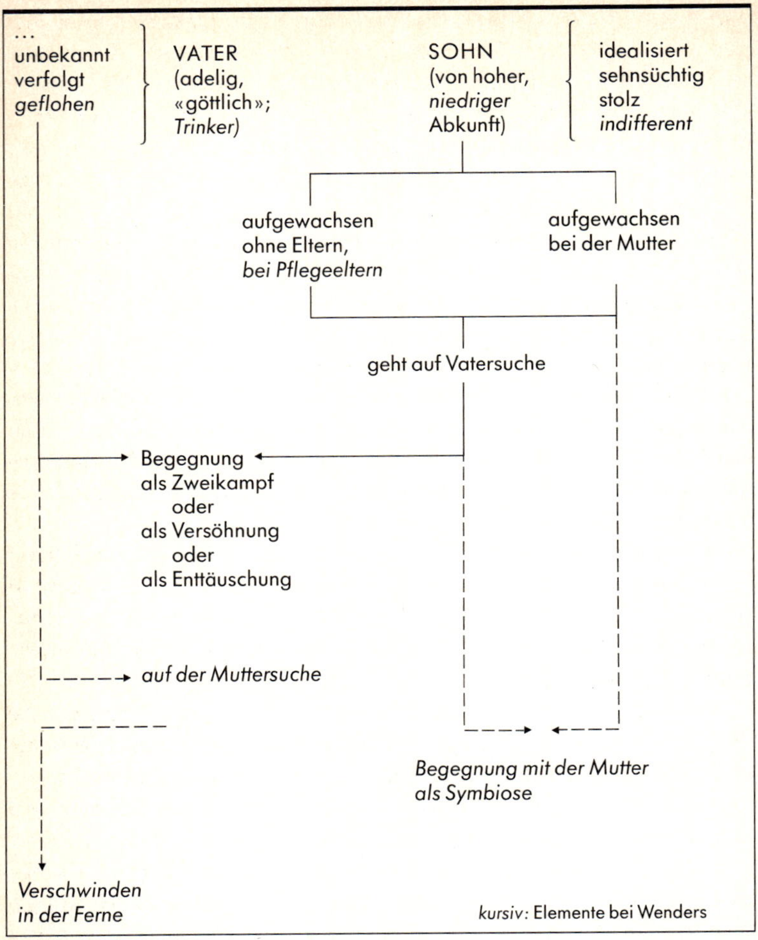

Abb. 4: *Die Grundstruktur des Vatersuche-Motivs und seine Veränderung in Wenders' «Paris, Texas»*

Studenten die realen Väter offenbar in mehreren Dimensionen aktiver und verantwortungsvoller als die Studentinnen, allerdings mit negativen Konnotationen im Bereich von Autorität und Virilität. Demgegenüber nehmen die Studentinnen erheblich mehr Zuschreibungen vor als ihre Kommilitonen, wobei die Bewertung insgesamt ein eher ambivalentes Bild abgibt. Die für die Frage nach der Vatersuche wichtige Dimension der Wunschvorstellungen vom Vater zeigt gleichfalls eine größere Fülle von Qualitätswünschen bei den weiblichen Studenten. Sie erwarten im Gegensatz zu den Männern sehr viel mehr Aktivität, Beweglichkeit, Nähe, während bei den Studenten der Eindruck eines Wunsches nach einer ruhigen, Sicherheit vermittelnden Vaterfigur überwiegt. Zugespitzt und sehr vereinfacht formuliert: Frauen sehen in den realen Vätern wesentlich mehr Eigenschaften als Männer, und sie erwarten sie auch. Die vorgefundenen Eigenschaften werden ambivalent bewertet. Die erwarteten Eigenschaften streuen über eine breite Skala von Funktionen und Dispositionen. Demgegenüber schätzen Männer die Rolle der Väter sehr zurückhaltend ein, und sie erwarten punktuelle Stabilität und Ruhe. Einig sind Männer und Frauen sich darin, daß die Väter für die ökonomische Reproduktion zuständig sind, und Frauen meinen, daß das auch so sein soll.

Mit anderen Worten: Die Vatersuche geht trotz aller (weiblichen) Demontage (insbesondere bei den Frauen) voran, die Idealisierung des Vaterbildes ebenso. Gleichzeitig gelangt die Suche augenscheinlich nicht an ihr Ziel, denn Wunschbild und Wirklichkeitsdeutung stehen weit auseinander.

Die Expansion der Vatersuche läßt nach Strukturen fragen, die über eine historische Aktualität hinausweisen. Man hat das Motiv der Vatersuche auf verschiedene archaische Momente zurückgeführt, so auf das Motiv der Vatertötung, demzufolge das Kind (das war: der Sohn) den Vater suchen und töten muß, weil für beide auf der Erde kein Platz ist. Danach wäre die endlose Rethematisierung und Diabolisierung des Patriarchats insbesondere in den letzten 30 Jahren eine Art ritueller Vatersuche und -ermordung. Die Frauen stillten dieser Logik zufolge rituell eine Mordlust, die über einige tausend Jahre zu kurz gekommen ist, weil der Suchende üblicherweise der Sohn war. Die ethischen Urformen des Motivs können damit aber nicht erklärt werden, weil Vater und Sohn sich im Zweikampf zunächst ja gar nicht erkannten, so daß die Intention der Wiederherstellung einer Ordnung in der Form der Beseitigung des Älteren nicht in Betracht kommen konnte.

Eine solche Antwort unterliegt aber einem viel grundsätzlicheren

	So *ist* ein Vater heute
Funktionen	m: Versorger, Organisator, Verwalter w: Versorger
sozial	m: gesellschaftlich anerkannt w: Verteidiger, (Spiel-)Kamerad, Spieler, Hobbyist, Pascha, letzte Entscheidungsinstanz, mit Familiensinn
sachlich	m: praktische Fähigkeiten vermittelnd w: Lehrer, Wertevermittler, Wissensvermittler, Naturvermittler, im schulischen Bereich helfend
Dispositionen Affekte	m: – w: aggressiv, jähzornig, leicht zu ärgern, Mangel an Zärtlichkeit, oberflächlich, verschlossen, lebensunzufrieden, gefühlskontrolliert, sorgenvoll, zugänglich, menschlich, hingebungsvoll, liebevoll, oft erfreut
Kompetenz	m: Prinzipientreue w: Unehrlichkeit, Angst vor Auseinandersetzung, technisch hilflos, prinzipientreu
Autorität	m: hilflos, kriegerisch, etatistisch, industrialistisch, sexuell unfrei, Bestrafer, Patriarch, Herrenmentalität, unrealistisch w: sicheres Auftreten in der Gesellschaft, Überlegenheit (verbergend), Ehrfurcht und Bewunderung hervorrufend, Herrschsucht, unechte Autorität, autoritär, verbietend, streng, Bestrafer, Strafangst auslösend
Virilität	m: unmännlich, gutmütig-dumm, unbeweglich, zwanghaft, Pantoffelheld w: –

Abb. 5: *Zugeschriebene Eigenschaften von Studenten/innen an Väter*

Fehler: der Vorstellung, es gebe in den Menschen feste, ‹anthropologische› Bestände, die zeit- und kulturunabhängig wirkten. Danach müßte man nur den anthropologischen Grund für die Vatersuche, womöglich in der ‹Urszene›, herausfinden, und alles klärte sich auf. Indessen, an den Vater hefteten sich im Verlauf der Geschichte ganz unterschiedliche Motive, Erwartungen und Deutungen.

«What are you looking for?», fragt das Dienstmädchen Carmelita den Vater Travis in der englischen Version von Wenders' Film. Und Travis sagt: «I am looking for ‹the› father», und etwas weiter: «What does a father look like?» – Eine anthropologisch-empirische Frage, de-

So *sollte* ein Vater heute sein
m: – w: Unterstützer, Vermittler von Lebensstandard
m: Kumpel, Repräsentant, ruhig w: Verteidiger, bester Freund, Repräsentant, Freizeitvater, entspannt, fröhlich, Quatschmacher, ausflippen, raufen, Karten spielen, lustig, ruhig, gemütlich
m: Vorbild, Ratgeber w: Idealbild vermittelnd, Fähigkeiten des Kindes akzeptieren und fördern, Zusammenarbeit und Auseinandersetzung
m: mild, gütig, warmherzig, nicht zu emotional w: brüstend, volle Emotionsbreite, unverfänglicher Körperkontakt, zärtlich, Einfühlungsvermögen, mild, gütig, warmherzig
m: freundschaftsfähig, problemoffen w: zuhören können, Verantwortungsbewußtsein, Gewohnheitsregelmäßigkeit
m: gerecht, verständnisvoll w: gerecht, verständnisvoll, Respekt, großes Wissen und Können
m: stabil, fest, zuverlässig, Beschützer w: nicht viril

ren Normativität erst in der deutschen Übersetzung zum Ausdruck kommt: «Wie hat ein Vater auszusehen?» – Carmelita beantwortet die Frage mit einem Kleidungsstück: Mode.

Wenn wir deshalb etwas über ‹den› Vater erfahren wollen, müssen wir uns selbst auf eine Art Vatersuche begeben. Wir haben nicht nach anthropologischen Universalien zu fragen, sondern nach den Diskontinuitäten in den anthropologischen Elementaria, die den Vater betreffen. So werden wir die Implikationen der In-vitro-Fertilisation für das Vaterbild, um nur ein Beispiel zu geben, nur verstehen, wenn wir die Konnotationen, die Bedeutungen, die Hoffnungen und die Möglichkeiten untersuchen, die sich mit dem anthropologisch Elementaren der Zeugung in der Geschichte verbunden haben.

Als was läßt sich diese Geschichte aber erzählen? Als Fortschrittsgeschichte, als Geschichte eines Verfalls? – Beides sind Wertungen, die für einen Mann ganz anders ausfallen als für eine Frau, für einen Menschen des Frühmittelalters anders als für den Zeitgenossen.

Wie läßt sich diese Geschichte erzählen? – Zunächst einmal: Es gibt sie noch nicht. Eine Geschichte der Vaterschaft ist bislang nicht geschrieben worden. Eine erste, wertvolle Orientierung auf dem Weg zu ihr bietet die vierbändige Edition einer Vorlesungsreihe von Hubertus Tellenbach (vgl. Tellenbach 1976–1979), die allerdings weder systematisch noch chronologisch aufgebaut ist, sondern den Akzentuierungen folgt, die die einzelnen Referenten ihren Themen gegeben haben. Daneben existiert ein Buch von Jacques Dupuis, das zwar im Untertitel (une histoire de la paternité) ein historisches Werk zu sein suggeriert, aber tatsächlich sich mit einigen Stationen jener Männlichkeit befaßt, die gelegentlich mit dem Vaternamen in Verbindung gebracht worden ist (vgl. Dupuis 1987). Im übrigen gibt es eine Reihe von Büchern, über mehrere Jahrzehnte dieses und des vergangenen Jahrhunderts verstreut, zu einzelnen Aspekten der Vaterschaft, von der Vaterrolle bis zum Vaterland – Ausdruck einer Lage, in der die Macht der Väter so unproblematisch ist, daß darüber nicht geredet werden muß, oder eher das Zeichen einer Unterdrückung? – Immerhin füllen Bücher über Mütter und Mütterlichkeit ganze Bibliotheken. Wer sich die Mühe macht, große Datenbanken nach dem Stichwort Mutter zu befragen, wird reichlich bedient. Die Literaturlisten zur Mutter und zum Vater stehen quantitativ in einem Verhältnis von 1000:1.

Dafür mag es viele Erklärungen geben, zum Beispiel die, daß Männer als Autoren sich eben immer mehr für Frauen interessierten. Aber jetzt, wo Frauen in großer Zahl den Themenkreis aufgreifen? – Bücher von Frauen über den Vater findet man kaum. Wie also angesichts einer solchen bibliographischen Situation über die Geschichte des Vaters reden? Möglich ist dieses: den konventionellen Weg wählen und in den Phasen der Geschichte, die eine historische Betrachtung der Vaterschaft zu gliedern erlaubt, nach der Entstehung und den tiefgreifenden Veränderungen des Verständnisses von Vaterschaft suchen. Das kann nicht als Sozialgeschichte geleistet werden. Die Lage aufgearbeiteter Quellen erlaubt eine solche Leistung noch nicht. Sie muß einem umfangreichen historischen Projekt vorbehalten bleiben. Aber vielleicht führt die Sozialgeschichtsschreibung auch an dem vorbei, was uns interessieren muß: Wie ist über den Vater gedacht, gesprochen und geschrieben worden? Das bedeutet Geschichte der Vaterschaft als Geschichte des Diskurses über Vaterschaft zu betreiben, ‹Mentalitätsgeschichte› mag das genannt werden. Wichtig daran ist, daß wir große Leitmotive aufdecken wollen, die für jeweils größere Zeiträume von erheblicher Bedeutung gewesen sein könnten.

Das Material für solche Rekonstruktionen sind also Zeugnisse der Geschichte des Denkens über den Vater, theologische Schriften und philosophische, schöne Literatur und Bilder, Filme und Dokumente des Alltags, soweit sie verfügbar sind.

Wenn man solche großen Schritte analysiert, bildet sich in der Tat eine Linie heraus, die jeweils in den Titeln der einzelnen Kapitel angedeutet ist. Es stellt sich eine Dynamik des Diskurses über die Vaterschaft heraus, von der zu hoffen ist, daß sie Ansätze zu einer Erklärung für das eigenartige Schweigen enthält, das die Gestalt des Vaters nicht nur in der wissenschaftlichen Literatur umgibt, sondern auch eine Erklärung für den Haß, die Abscheu, die Verachtung, die dem Konzept des Vaters entgegenschlägt, auch wenn nicht das Konzept, sondern eine erlebte Wirklichkeit gemeint ist. – Das ist also die eigentliche Frage: Welches war das Konzept, die Idee, der Kern der Erfindung des Vaters, und was haben wir daraus gemacht?

Wenn wir diese alten Geschichten nacherzählen, wollen wir daran erinnern, was verlorengegangen ist an dem, was der Vater einmal war oder hätte sein können, in melancholischer Einstellung.

Literatur

Um den Text lesbarer zu machen, enthält er nur in Fällen wörtlicher Zitate einen Literaturverweis. Die Literaturverzeichnisse am Ende jedes Kapitels sollen signalisieren, daß die Darstellung diesen Quellen gelegentlich verpflichtet ist.

Bovensiepen, G.: Väter – Fragen nach der Identität. In: Analytische Psychologie 18 (1987), S. 49–58.

Campbell, J.: Der Heros in tausend Gestalten, Frankfurt/M. 1953.

Dupuis, J.: Au nom du père. Une histoire de la paternité, Le Rocher 1987.

Frenzel, E.: Motive der Weltliteratur, Stuttgart [3]1988.

Künzel, V.: Wim Wenders. Ein Filmbuch, Freiburg [3]1989.

Lee, A. van der: Zum literarischen Motiv der Vatersuche, Amsterdam 1957.

Rerrich, M.S.: Alle reden vom Vater – Aber wen meinen sie damit? Zur Differenzierung des Vaterbildes. In: Sektion Frauenforschung in den Sozialwissenschaften in der DGS (Hg.): Frauenforschung. Beiträge zum 22. Deutschen Soziologentag, Dortmund 1984, Frankfurt/New York 1985, S. 223–232.

Sievernich, Chr. (Hg.): Wim Wenders/Sam Shepard. Paris/Texas, Nördlingen 1984.

Tellenbach, H. (Hg.): Das Vaterbild in Mythos und Geschichte, Stuttgart [u.a.] 1976.

– (Hg.): Das Vaterbild im Abendland I, Stuttgart [u.a.] 1978.

– (Hg.): Das Vaterbild im Abendland II, Stuttgart [u.a.] 1978.

– (Hg.): Vaterbilder in Kulturen Asiens, Afrikas und Ozeaniens, Stuttgart [u.a.] 1979.

Vries, J. de: Das Motiv des Vater-Sohn-Kampfes im Hildebrandslied. In: Germanisch-Romanische Monatsschrift 34 (1953), S. 257–274.

–: Heldenlied und Heldensage, Bern/München 1961.

2. Eine Welt ohne Väter

Das Paläolithikum

In der feministischen Sensationsliteratur der 70er und 80er Jahre ist gern eine alte Erzählung beschworen worden, die ins 19. Jahrhundert zurückweist. Es ist die Erzählung davon, daß vor den gegenwärtigen grauenvollen Zeiten des Patriarchats eine Herrschaftsform existiert habe, in der die Frauen, genauer die Mütter, ‹das Sagen› hatten. Die Wiederbelebung dieser Vorstellung nahm ihren Ausgangspunkt in den USA (vgl. z. B. Davis 1972, E. Morgan 1972, Reed 1975) und gelangte schnell in den deutschsprachigen Raum (vgl. z. B. Fester/König/Jonas 1979; Schreier bereits 1968). Die Geschichte ist zu schön, um wahr zu sein: In grauer Vorzeit, genauer im Paläolithikum (2 Mio.–8000 v. Chr.), sei die politische Herrschaft nicht von Männern, sondern von Frauen ausgegangen. Um jeden antifeministischen Affekt gar nicht erst aufscheinen zu lassen, sei ein prominenter, vielleicht der prominenteste männliche Autor zitiert, der dem ungestalten Patriarchat mit seiner dickleibigen Geschichte desselben ein Ende bereiten wollte: Ernest Borneman. Er verwob die Denunziation des Patriarchats mit zwei weiteren Interessen, demjenigen an einer Kritik des Privateigentums und daran, sein Lieblingsthema variieren zu dürfen: die Unsinnigkeit der Monogamie. Die «Mütter der alten Welt», so meinte Borneman, hätten Leistungen erbracht, die normalerweise den Männern zugeschrieben werden: «Die Führung der Horde lag jedoch mit großer Wahrscheinlichkeit in der Hand von Frauen, denn da Rudel wilder Tiere, im Gegensatz zu der im Patriarchat verbreiteten Ansicht, vorwiegend von einem weiblichen Leittier geführt werden, können wir annehmen, daß auch diese menschlichen Rudel von Frauen geleitet wurden. Die frühesten Menschenskelette, die man gefunden hat, zeigen nur minimale Größenunterschiede zwischen Männern und Frauen. Auch deuten die fast identischen Durchmesser der Knochen darauf hin, daß beide Geschlechter die gleiche Arbeit zu leisten hatten und daß die männliche Partnerwahl sich aus guten Gründen noch nicht auf einen kleineren, weniger muskulösen, mit mehr Fett bedeckten Frauentypus spezialisiert hatte.» Den Gedanken, daß Frauen wegen ihrer Gebärfunktion und der Tatsache, daß sie praktisch ohne Unterbrechung schwanger waren, an den Jagdunternehmungen der Horde nicht teilnehmen konnten, weist Borneman von sich: «Wer jemals als Ethnologe unter nomadischen Wildbeutern gelebt hat, weiß, daß die Frauen nie hinter dem Trupp zurückbleiben, daß sie auf der Wanderschaft gebären, nach spätestens einer Stunde wieder weiterwandern und die Kinder stets auf der Wanderschaft nähren. Bei den Jägervölkern Sibiriens reitet die Frau genau wie der Mann, jagt wie er die ganze Schwangerschaft hindurch und zeigt sich in keiner Hinsicht schwächer oder unbeholfener als der Mann» (a. a. O., S. 42). Aus den zahlreichen Statuettenfunden des Jungpaläolithikums schließt Borneman, daß der Mensch einen Kult der Fruchtbarkeit entwickelt habe, «der sich in zahllosen Frauenfiguren, meist mit gewaltig stilisierten Brüsten, Hüften und Becken, niederschlug» (a. a. O., S. 52). Sie sind für ihn geradezu der Beweis dafür, daß hier eine Ahnenverehrung der Sippenmutter stattgefunden habe. In diesen glückseligen Zeiten hätten die Frauen das Recht gehabt, sich Männer in beliebiger Zahl zur Begattung und wohl auch zum Vergnügen zuzuführen, und die Matrilokalität der Horde habe das Recht für die Frauen impliziert, den Ort zu bestimmen, wo sich die ‹Familie› aufhielt. Die Polygamie der Frauen habe schließlich dazu geführt, daß die Sippe nicht darüber informiert sein konnte, welche Kinder von welchen Vätern stammten. Aus diesem Grund und deshalb, weil der Zusammenhang zwischen Paarung und Zeugung noch unbekannt gewesen sei, seien diese Menschen der einzig möglichen Logik gefolgt und hätten die Abstammung der Kinder in mütterlicher Folge definiert. Mit anderen Worten: «Dieses Prinzip der Matrilinearität gab der Frau und Mutter unweigerlich einen höheren Status als dem Manne» (a. a. O., S. 41).

Die Argumentation ist grotesk. Die zugrunde gelegten Daten sind ausnahmslos falsch und die Deutungen willkürlich. Das beginnt mit der Annahme, Wildtierrudel würden gewöhnlich von weiblichen Leittieren angeführt. Es gibt solche Erscheinungen beispielsweise bei der Tüpfelhyäne. Die Zahl der von männlichen Tieren geleiteten Horden ist aber weitaus größer. Des weiteren ist der Schluß von tierischen Sozialstrukturen auf menschliche unzulässig. Wenn überhaupt, dann kann dieses nur für einen Vergleich mit Primaten akzeptabel sein, und bereits innerhalb dieser Art zeigt sich dieselbe Vielfalt wie bei dem Tierreich als ganzem. So haben Primatenforscher nachgewiesen, daß wild lebende Paviane in größeren Rudeln grundsätzlich von männlichen Tieren vor Außenangriffen geschützt und dominiert werden. Interessanterweise ändert sich dieses Verhalten, wenn diese Tiere nach einer Generation in Gefangenschaft gehalten werden. Hier ist es durchaus möglich, daß weibliche Tiere die Führungsrolle übernehmen (vgl. DeVore/Hall 1965; Leibowitz 1975). – Und weiter: Die noch nicht erfolgte ‹Spezialisierung› auf einen fetten Frauentypus steht im Widerspruch zu den Statuettenfunden. Die von Borneman aus diesen Statuetten vollzogenen Rückschlüsse auf eine Verehrung der Frau und Mutter sind kaum zulässig. Wenn man die zahllosen wissenschaftlichen Darstellungen und Deutungsversuche der Statuettenfunde, von denen die Venus von Willendorf (vgl. Abb. 6) die bekannteste ist, zusammennimmt, dann läßt sich mit Sicherheit nur dieses sagen, daß sich mit Sicherheit nichts sagen läßt. Die zulässigen Schlußfolgerungen hat Drößler zusammengefaßt:

«1. Es muß eine besondere Bewandtnis gehabt haben, daß, abgesehen von vielleicht tatsächlich ‹geschlechtslosen› Personen... vorwiegend Frauen skulptiert wurden. Ihre Wiedergabe bezog sich offenbar auf zentrale Lebensbereiche der einzelnen Sippen und stand mit den Existenzgrundlagen der Jägergruppen ebenso in Verbindung wie mit deren kultisch-religiösen Vorstellungen und Riten.

2. Die Frauenstatuetten insgesamt bilden durchaus keine einheitliche Gruppe. Sowohl im frühen wie im späten Jungpaläolithikum gab es offenbar bestimmte Normen (einen ‹Kanon›) für die Gestaltung der Figuren. Darüber hinaus existierten zeitliche wie regionale Varianten und Typen...

3. Mit den verschiedenartig gestalteten Skulpturen waren sicher auch unterschiedliche Vorstellungen und Absichten verbunden...

4. Aus der Vielfalt der Funktionen, Darstellungen und Interpretationsmöglichkeiten ergeben sich Rückschlüsse auf die geistig-kulturellen Traditionen der Eiszeitjäger, die ebenfalls schon recht differenziert und zugleich sehr komplex gewesen sein müssen...

5. Wichtig ist, die Grenzen der gegenwärtigen Interpretationen sowie die Gründe dafür zu erkennen, um einerseits nicht in uferlose Spekulationen abzugleiten, die im Widerspruch zu den ökonomischen Voraussetzungen des Jungpaläolithikums stehen, und andererseits genauere Fragen stellen und gezielter weiterforschen zu können» (Drößler 1980, S. 94f).

Abb. 6: *Venus von Willendorf*

Dies ist eine vorsichtige Einschätzung gleichfalls aus marxistischer Feder, die aber, anders als die Bornemansche, jeden Vulgärmarxismus vermeidet, demzufolge die Entstehung des Patriarchats auf die Aneignung von Objekten durch Männer zurückzuführen ist. Aber schauen wir noch weiter: Wenn Frauen des Paläolithikums sich tatsächlich an der Jagd beteiligt haben sollten, so stellt sich doch die Frage, warum dieses in keinerlei zeitgenössischen Darstellungen einen Niederschlag gefunden haben soll. Soweit wir jagende Menschen, etwa in Höhlenmalereien, dargestellt finden, handelt es sich zweifelsfrei um männliche Wesen (vgl. Abb. 7). Wenn Borneman schließlich schwangere Frauen bei den Jägervölkern Sibiriens reiten sieht, dann sind ihm die zeitlichen Dimensionen durcheinandergeraten. Zur Zeit des Paläolithikums wurden Pferde nicht als Reittiere benutzt. Früheste diesbezügliche Darstellungen datieren aus dem 2. Jahrtausend v. Chr. (vgl. Kornemann 1927, S. 6). Zusammengefaßt: Die ideologieträchtige Darstellung Bornemans entbehrt jeder Grundlage – fast jeder Grundlage. Allein der Hinweis auf ein noch fehlendes Bewußtsein von dem

Abb. 7: *Jagdszenen aus Höhlenmalereien*

Zusammenhang zwischen dem Koitus und der Zeugung dürfte zutreffend sein. Diese Frage ist der Angelpunkt für ein Verständnis fehlender Vaterschaft im Paläolithikum, wie wir später sehen werden. Wir werden dabei allerdings auch erfahren, daß dieses Fehlen sich zunächst nur auf den genetischen Vater beziehen kann.

Mit der Zurückweisung der geschilderten Simplifikationen ist die Erzählung vom Matriarchat natürlich noch nicht als bloße Fiktion erledigt. Aber: Angesichts der äußerst schmalen Quellenlage und der fehlenden Schriftkultur sind die Interpretationsspielräume derartig breit, daß keine Sicherheit erzeugt werden kann. – Wie aber war diese Erzählung vom frühen Matriarchat entstanden? Ihre Quelle befindet sich im Dreieck dreier Namen: Johann Jakob Bachofen, Lewis H. Morgan und Friedrich Engels. Bachofen sah eine, übrigens weder von ihm noch von Morgan oder Engels jemals als ‹Matriarchat›, also Mütterherrschaft, bezeichnete Prävalenz von Müttern in einer historischen Quelle. So beschreibt Herodot die soziale Organisation der Lykier, die ursprünglich aus Kreta stammten, dadurch, daß ihre Namensnennung sich an der Mutter, nicht am Vater, orientiert, daß Lykier die Frage nach ihrer Abstammung als Frage nach der Abstammung mütterlicherseits verstehen. Bachofen ist der Meinung gewesen, daß die mythologische Schilderung des Sieges Apollos über die Erinnyen den Sieg des Vaterrechts über das Mutterrecht repräsentiere, welches er mit dem männlich-geistigen respektive dem weiblich-stofflichen Prinzip gleichsetzt. Morgan argumentierte ethnologisch. Er entdeckte bei den Irokesen eine Verwandtschaftsstruktur, deren Prinzip darin bestand, daß Kinder nur als mit der Familie der Mutter verwandt angesehen wurden. Zusätzlich stellte sich heraus, daß diese matrilineare Verwandtschaft sich in der politischen Organisation wieder abbildete. Morgan ging mit dieser Entdeckung nun davon aus, daß er nicht nur eine Verwandtschaftsformation entdeckt hatte, die zu seiner Zeit zufällig existierte, sondern daß es sich dabei um eine kulturelle Stufe handelte, die, und da berührt er sich mit Bachofen, auch von den Vorgängerkulturen der abendländischen Kultur durchlaufen worden sein müßten.

Der Dritte im Bunde, Engels, nahm die Untersuchung von Morgan auf und wendete sie für ein ganz anderes Interesse, nämlich für eine Analyse des Ursprungs des Staates. Er vertrat die Ansicht, daß der staatliche Herrschaftsapparat eine direkte Folge des *männlichen* Egoismus sei. Von hier aus schließt sich auch wieder der Kreis zu Bornemans Versuch, eine Analyse des Patriarchats zu liefern, die als Manifest der Frauenbewegung gedacht war. Sie wurde es nicht – aus besagten Gründen. Der über Engels vermittelte Argumentationszusammenhang belegt indessen noch etwas anderes: Wer im wenn auch wohlverstandenen Interesse der Frauen heute die Matriarchats-Argumentationen des 19. Jahrhunderts wiederaufnimmt, muß sich befragen lassen, ob das Interesse nur vordergründig ein weibliches sei und ob es nicht eigentlich ein Interesse an einer Kritik marktwirtschaftlicher Staatsorganisation bedeute. Dagegen ist im Prinzip nichts einzuwenden, nur muß man sich darüber im klaren sein, daß im Falle der Bejahung dieser Frage die Gefahr besteht, Emanzipationsinteressen von Frauen für Zwecke zu instrumentalisieren, die eher auf einen Machtwechsel zugunsten partikularer Interessen einer bestimmten Bevölkerungsschicht zielen, welche von der Frage der Geschlechtlichkeit ganz unabhängig definiert wird.

Die Provokation von Bachofen, Morgan und Engels zog eine Diskussion nach sich, die bis heute nicht verstummt ist (vgl. Heinrichs 1987). An dieser Diskussion sind für eine Rekonstruktion der Vaterschaft zwei Fragen von Interesse:

Erstens: War die soziale Organisation der Sippe oder Familie im Paläolithikum durch ein Matriarchat gekennzeichnet?

Zweitens: Welche Implikationen hat die Diskussion über das Matriarchat selbst?

Die erste Frage läßt sich heute mit einiger Sicherheit beantworten. Schon 1949 hatte Simone de Beauvoir gemeint, daß das goldene Zeitalter der Frauen nur ein Mythos gewesen sei. Uwe Wesel (vgl. 1981) hat eine zusammenfassende historische und ethnologische Nachprüfung des Thesenzusammenhangs vorgenommen und sieht die Theorie Bachofens nur mit drei wesentlichen Einschränkungen bestätigt:

«Erstens findet sich Matrifokalität (Gesellschaften, die in ihrer gesamten Ordnung, in Abstammung und Residenzregelung auf die Frauen ausgerichtet sind; D. L.) nicht auf der historisch frühesten Stufe, sondern erst auf der zweiten, der Seßhaftigkeit. Eher ist in den Jägergesellschaften die sehr lange Zeit einer leichten Benachteiligung von Frauen vorausgegangen. Zweitens ist es keine allgemeine Erscheinung, notwendigerweise überall verbreitet, wie Bachofen es angenommen hat. In der frühen seßhaften Landwirtschaft gibt es ein Nebeneinander von matrifokalen Frauengesellschaften und patrilinearen Männergesellschaften. Drittens bedeutet Matrifokalität nicht ein gesellschaftliches Übergewicht der Frauen. Das hat es nur in Ausnahmefällen gegeben, wie bei den Irokesen. Von Herrschaft kann man in keinem Fall sprechen. Ein Matriarchat hat es nicht gegeben» (a. a. O., S. 130).

Dem Ergebnis dieser Analyse ist nichts hinzuzufügen. Es als frauenfeindlich zu kennzeichnen, repräsentierte eine völlige Verkennung der fatalen Folgen, die die Matriarchatsdebatte für diejenigen gehabt hat, die das Matriarchat als Legitimationsinstanz für eine Beseitigung des sogenannten Patriarchats verwenden wollten. Denn, und das gehört zu der Beantwortung der zweiten Frage, die Bereitschaft, die Matriarchatsthese als Tatsache anzunehmen, war mit einem erheblichen Preis verbunden. Dieser bestand darin, daß Bachofen die Entwicklungsgeschichte vom Matriarchat zum Patriarchat ja durchaus nicht als Verfallsgeschichte kennzeichnete, sondern mit der Annahme eines Übergangs vom weiblich-stofflichen zum männlich-geistigen

Prinzip angesichts der Höherbewertung des Kulturellen ein klares Gefälle von Männern gegenüber Frauen konstituierte. Daß dieses keine Spitzfindigkeit, sondern bis in die Mitte dieses Jahrhunderts hinein eine reale Diskursmöglichkeit war, zeigt ein Blick auf eine der zahlreichen Schriften, in denen Bachofens Entdeckung gerade zur Legitimation, wenn man so will, männerfreundlicher Verhältnisse herangezogen wurde. So lesen wir 1938 in einer eigenartigen Verquickung von nationalsozialistischen und katholischen Ideologemen bei der Autorin Oda Schneider unter anderem:

«Wo die Mutter ist, da erwarten wir nicht das Recht, sondern die Liebe. Der Zusammenklang von Mutter und Recht hat etwas Hartes an sich, etwas Gewaltsames; und wirklich war die Aufrichtung des Mutterrechtes nur ein Notbehelf, wenn auch ein segensreicher Notbehelf, dort, wo das Vaterrecht nicht zur Entfaltung kam...» (Schneider 1938, S. 85).

«Das Ende vollgültigen Mutterrechtes aber wurde nicht erst durch den technischen Vorstoß des häuslich gewordenen Kriegers herbeigefüht. Das Mutterrecht hat, als Ausnahmezustand, seine Grenze in sich: Seine Übersteigerung führt bald auf Seitengeleise, die in mannigfachen, das Muttertum zutiefst gefährdenden Versklavungen und Entartungen enden» (a. a. O., S. 92f).

Und über das Vaterrecht:

«Wir wollen damit kein neues Mutterrecht heraufführen, das wäre ein unheilvoller Rückschritt; denn das Vaterrecht ist zweifellos das höhere und vollkommenere» (a. a. O., S. 135).

«Es war für sie (die Frauen; D. L.) doch eine Wohltat, daß er ihr die oberste Verantwortung für die seelische Hochzucht und Ertüchtigung der Kinder, ihre Charakterformung abnehmen konnte. Sie empfand nun erst, wie sehr ihr die Führer- und Richterschaft des Gatten bisher gefehlt hatte» (a. a. O., S. 136).

«Der Mutter hängt das Kind auf Grund des stofflichen Zusammenhanges an, der Sinneswahrnehmung, der Naturwahrheit. Um dem Vater anzuhangen, bedarf es einer Lösung vom Stofflichen, einer geistigen Erhebung, eines Glaubensaktes. Unter Führung der Mutter fügt es sich in eine unbewußte Gesetzmäßigkeit; am Ideal des Vaters formt es sich zur einmaligen Persönlichkeit. Von der Mutter lernt es Hingabe an die Natur, Verbundenheit mit dem All, vom Vater Erhebung über die Natur, Beherrschung ihrer Kräfte» (a. a. O., S. 138).

Schlimmer noch liest sich eine Umdeutung Bachofens bei dem präfaschistischen Autor Bergmann, wenn er am Vorabend von Hitlers Machtergreifung in seinem Buch «Erkenntnisgeist und Muttergeist» die Wiederbelebung des letzteren fordert. Denn: «Ein Volk reich an unmütterlichen Frauen, an alten Jungfern, Prostituierten, gelehrten

Mannweibern ist reif zum Untergang.» Dagegen sei ein neues «Deutsches Wunder» zu erhoffen, damit doch die «Welt aus Muttergeist genesen» könne, «der sich aus dem Blut der Erschlagenen erhebt...» (Bergmann 1932, S. 447f).

Faßt man die Antworten auf die Fragen eins und zwei zusammen, so heißt das: Die Argumentation mit einem frühzeitlichen Matriarchat zugunsten einer Wiederbelebung einer wie auch immer gearteten Frauenherrschaft eignet sich als Legitimation nicht; denn erstens hat es trotz matrifokaler Erscheinungen kein Matriarchat im Paläolithikum gegeben, und zweitens geht eine solche Argumentation mit Implikationen einher, die sich mit einem weiblichen Emanzipationsgedanken nicht vertragen. Diese Einschätzung ist deshalb wichtig, weil eine Rekonstruktion der Vaterschaft unter Einschluß des Patriarchats zu leicht unter dem Verdacht steht, Rekonstruktionen als Wiederherstellung zu denken. Eine – in diesem Sinne – Wiederherstellung von Mutterrecht brächte demgegenüber keine Vorteile. Warum das so ist, muß im nunmehr folgenden Schritt erörtert werden.

Die Verwirrungen in der Patriarchats-Matriarchatsdebatte verdanken sich, wie man noch deutlicher zeigen kann, in der Regel einer grundsätzlichen Verwechslung von Patriarchat / Matriarchat auf der einen mit Mutterrecht / Vaterrecht, Matrilinearität / Patrilinearität und Matrilokalität / Patrilokalität auf der anderen Seite. Diese Verwechslung resultiert aus einem Kurzschluß derart, daß aus der Matri- bzw. Patrifokalität einer Kultur auch auf eine entsprechende Herrschaft geschlossen wird. Dieser Schluß ist falsch. Die unterschiedlichen Aspekte der Fokalität beziehen sich jeweils auf unterschiedliche Sachverhalte. So beziehen sich Argumentationen mit dem Mutter- bzw. Vaterrecht auf Fragen der Ausübung elterlicher Gewalt beziehungsweise der Vererbung von Gütern, Fragen der Linearität auf die Annahme von Verwandtschaft und Fragen der Lokalität darauf, wo der Ort einer Familie ist, in der Sippe der Frau oder des Mannes. Etwas salopp formuliert: Aus der Tatsache, daß die Kinder Güter von der Mutter erben, daß sie ihre Verwandtschaft auf den Mutterklan zurückführen beziehungsweise daß sie im Dorfe des mütterlichen Klans wohnen, folgt keineswegs zwangsläufig, daß die Mütter in den so gestalteten Familien auch ‹das Sagen› haben. Aus diesem Grund werden in mutterrechtlich organisierten Familienverbänden zwei Typen unterschieden, die Familie unter der Herrschaft des Mutterbruders und die mutterrechtlich patriarchalische Familie. Obgleich beide Familien in einer mutterrechtlich organisierten Gesellschaftsform existieren, werden sie von Männern ‹beherrscht›. Im ersten Fall ist es der Bruder der Mutter, im zweiten Fall der Gatte. Die Matrifokalität in solchen im übrigen aber durch Männer beherrschten Gesellschaften hat also mit der Herrschaftsfrage gar nichts zu tun.

Wir müssen uns fragen, welche Logik dieser Matrifokalität innewohnt. Zu diesem Zweck muß noch einmal zwischen der Frage des Erbrechts, der Residenz und der Verwandtschaftsbezeichnung unterschieden werden. Beginnen wir bei dem Erbrecht. Die Frage der Vererbung von Objekten stellte sich erst in dem Augenblick, zu dem lebenswichtige Objekte oder gar Landbesitz existierten, also im wesentlichen mit dem Beginn der Seßhaftigkeit. Für den Zeitpunkt des Paläolithikums läßt sich diese Annahme nicht machen. Darüber hinaus muß man davon ausgehen, daß die vererbbaren Objekte geschlechtsspezifisch waren wie Waffen oder Werkzeuge, so daß sich eine Vererbung selbst wiederum nur geschlechtsspezifisch einrichten ließ. Eine Vererbung von Jagdwaffen auf Töchter wäre beispielsweise sinnlos gewesen. Interessanter ist die Vererbung des Eigentums an den Kindern selbst. Im Fall des Ablebens der Ehefrau war das Eigentum an den Kindern davon abhängig, ob der Ehemann den Kaufpreis für die Frau bereits entrichtet hatte oder nicht. Im positiven Fall gehörten die Kinder ihm, im negativen gingen sie in das Eigentum des Mutterklans über. Daraus läßt sich ablesen, daß die Frau und mit ihr ihre Kinder als Wirtschaftsgut beziehungsweise als Produktionsmittel begriffen wurden. Ein Mann eignet sich durch Kauf also eine Frau wie ein Produktionsmittel an, mit dessen Hilfe Kinder produziert werden. Dieses deutet darauf hin, daß die Frau, und nicht etwa in gleichem Maße der Mann, als Produzent der Kinder gesehen wurde.

Die Frage der Lokalität läßt sich in der gleichen Richtung deuten. Matrilokale Familienverhältnisse bedeuten, daß die Familie am Ort der Muttersmutter residiert. Der Mann kommt als Fremder hinzu. Zwischen ihm und den gemeinsamen Kindern wird in diesen Fällen kein nennenswerter Zusammenhang gesehen. Die Lokalität ist deshalb von besonderer Bedeutung, weil das Beharren auf einer Matrilokalität mit dem Gedanken verknüpft ist, daß der Fötus durch Totem-Geist-Kinder beseelt wird, die am Ort der Mutter wohnen. Mit anderen Worten, die Matri-, aber auch die Patrilokalität enthält eine implizite Zeu-

mater \ pater		patrifokal			patriarchal
		patri-lokal	patri-linear	vater-rechtlich	
matrifokal	matrilokal	wechsel-seitiger Ausschluß	möglich	möglich	Regelfall als Seßhaft-werdung
	matrilinear	möglich	dto.	möglich	Regelfall als Seßhaft-werdung
	mutter-rechtlich	möglich	möglich	dto.	Regelfall als Seßhaft-werdung
matriarchal		nicht nach-weisbar	nicht nach-weisbar	nicht nach-weisbar	dto.

Abb. 8: *Kombinationsmöglichkeiten von Matriarchalität und Patriarchalität*

gungstheorie. Am deutlichsten wird dieses hinsichtlich der angenommenen Linearität. Matrilinearität bedeutet, daß keine Verwandtschaft zwischen dem Kindsvater und dem Kind angenommen wird. (Die Kombinationsmöglichkeiten der verschiedenen pater- bzw. mater-Bezüge zeigt Abb. 8).

Um diese Sicht zu verstehen, müssen wir uns einen Augenblick lang in die Lebenssituation der Menschen in einer paläolithischen Jäger- und Sammlerkultur versetzen. Optisch gegenwärtig ist diesen Menschen lediglich die Tatsache, daß als weiblich identifizierbare Artgenossen in regelmäßigen Abständen Kinder gebären. Da der zeitliche Abstand zwischen erfolgter Zeugung und der Niederkunft groß ist, kann zunächst kein Zusammenhang zwischen diesen beiden Vorgängen gesehen werden. Auch Analogieannahmen zwischen Beobachtungen bei Tieren und menschlichen Vorgängen dürften zunächst nicht auf die richtige Spur geführt haben, weil auch hier zwischen Zeugung und Niederkunft ein, wenngleich gelegentlich geringerer, so doch deutlicher Zeitabstand besteht. Sodann muß davon ausgegangen werden, daß den paläolithischen Menschen die Tatsache der Jungfrauschaft unbekannt war, weil Geschlechtsverkehr mit kleinen Mädchen vom frühestmöglichen Zeitpunkt an vollzogen wurde (vgl. v. Reitzenstein 1909, S. 646). Auch die Tatsache, daß Frauen, die mit Männern zusammenleben, eher niederkommen als solche, die dieses nicht tun, dürfte sich zur Aufhellung der Zeugungstatsache nicht geeignet haben. So haben infertile Frauen zwar einen Ehemann, aber keine Kinder. Und umgekehrt gibt es Frauen, die ohne Ehemann uneheliche Kinder zur Welt bringen.

Aber diese Annahme, daß eine Verbindung zweier Menschen die Produktion von Kindern erleichtere, geht bereits viel zu weit. Zunächst mußte wohl eine gewisse Sicherheit dafür entstehen, daß es irgendeiner Form des Zutuns bedürfe, um ein Kind zur Welt zu bringen. So ließ sich durch beobachtende Erfahrung die Tatsache kaum verleugnen, daß Frauen zwar in der Lage sind, Kinder zur Welt zu bringen, dieses aber nicht zu jedem beliebigen Zeitpunkt bewirken können, und man wird davon ausgehen dürfen, daß die Heranreifung eines Kindes im Mutterleib auch für die frühen Jäger und Sammler ab etwa dem fünften Schwangerschaftsmonat sichtbar gewesen sein muß. Die entscheidende Frage war also die, wie die Heranreifung und spätere Geburt eines Kindes veranlaßt werden konnte. Aus der Beobachtung und der Untersuchung segmentärer Gesellschaften ist eine Reihe von Hypothesen und Theorien bekannt (vgl. z. B. Delaisi de Parseval 1985, S. 28–34; Jettmar 1979, Rosenast 1985; Drechsel 1985). Klassifiziert man die (unvollständige) Zahl der Zeugungstheorien, so bietet es sich an, einmal nach der Rolle des genetischen Vaters zu fragen und zum anderen danach, wer, wenn nicht er, Veranlasser für die Entstehung eines Kindes oder auch Mitveranlasser ist. Die herangezogenen Quellen sind ausnahmslos ethnologischer und nicht historischer Natur, eine Tatsache, die zu der grundsätzlichen Nebenbemerkung Anlaß gibt, welche auf die gesamte Rekonstruktion des Paläolithikums bezogen werden muß: Aus Mangel an historischen Quellen ist der Rückschluß aus Informationen über heutige segmentäre Gesellschaften auf historische Frühstufen der entwickelten Kulturen innerhalb gewisser Grenzen zulässig. Es gibt natürlich keinen Beweis dafür, daß die Menschen jener Zeit in gleicher Weise gelebt haben wie Angehörige segmentärer Gesellschaften des 19. oder 20. Jahrhunderts, die ja nicht ohne Einfluß von Industrie und Kolonisation bleiben konnten. Immerhin sind die übrigen Lebensbedingungen, insbesondere die Reproduktionsgewohnheiten, häufig so sehr vergleichbar, daß auch ein Analogieschluß auf andere Vergleichbarkeiten mit allen erforderlichen Vorbehalten zugelassen werden muß.

Die von unserem heutigen Wissen am weitesten entfernte Zeugungstheorie sieht keinen biologischen Zusammenhang zwischen dem genetischen Vater und seinen Kindern. Als Ersatz‹veranlasser› werden entweder der Bruder der Mutter oder der Bruder des Vaters gesehen. Diese Sicht bedeutet nicht, daß notwendigerweise die Mutter eine kausale Rolle spielen muß. Gelegentlich wird sie nur als eine Art Gefäß gewertet, in welchem ein Kind gewissermaßen ‹angesetzt› wird.

Zeugungstheorien, die die Rolle des genetischen Vaters kennen, gehen nicht notwendig mit der Vorstellung einher, daß auch die Mutter mit den so entstehenden Kindern genetisch verwandt ist. Solche Zeugungstheorien sehen häufig einen zweiten Mann als Mitzeuger oder als Umgestalter des werdenden Kindes im Leib der Mutter. Eine besondere Rolle spielt der vedische Kult. Der eigentliche Veranlasser ist Gott als Samensetzer, der sich des Samen ergießenden Mannes instrumental bedient. Der Koitus genügt nicht zur Zeugung. Die Götter reproduzieren vielmehr den Samen des Menschen, erst durch die Ejakulation in die Frau wird die Identität des Vaters gestiftet. Dieses führt zu der komplexen Annahme, daß der Sohn der Vater des Vaters sei, weil er durch seine Existenz dem Vater erst erlaubt, Vater zu sein. Dieser Gedanke wird im Horuskult des Alten Ägypten später weiter differenziert (vgl. Kap. 3).

Eine dritte Kategorie sieht den genetischen Vater und die genetische Mutter als Kooperateure. Aber selbst diese duale Zeugungstheorie muß nicht davon ausgehen, daß die Kooperation von Vater und Mutter Anlaß genug für die Entstehung eines Kindes ist. Vielmehr veranlaßt das Totem-Geist-Kind den Vater, im Traum eine Mutter zu suchen, so daß auch er, wie im Fall des vedischen Kultes, instrumentalisiert wird für die Zeugung eines Kindes mit der Mutter.

Es gibt zweifellos mehr Zeugungstheorien als die aufgezeigten. So sind beispielsweise die Vorstellungen von dem Homunculus, der im Samen des Mannes enthalten ist, oder die voraufklärerischen Vorstellungen des Mittelalters beziehungsweise in der frühen Neuzeit hier nicht enthalten, ganz abgesehen von der aufgeklärten naturwissenschaftlichen Position. Diese Klassifikation enthält lediglich eine zufäl-

‹Veranlasser› ist / genetischer Vater	Mutterbruder	Vaterbruder (nur Erzieher)	häufiger Geschlechtsverkehr während Schwangerschaft	
kein biologischer Zusammenhang	Trobriander	Gourmentché		
Samen ausschließlich relevant			Txicao	
Samen und Mutteranteil				

Abb. 9: *Zeugungstheorien in segmentären Gesellschaften*

lige Auswahl möglicher Erklärungen für die Veranlassung der Kindesentstehung in frühgeschichtlicher Zeit und für die unterschiedlichen Stellenwerte des genetischen Vaters in ihnen, exemplifiziert an heutigen ethnologischen Materialien (vgl. Abb. 9). Wichtig an diesen verschiedenen Zeugungstheorien ist die Tatsache, daß unterschiedliche Veranlasser gesehen werden. Dieser Umstand dürfte nicht ohne Folgen für oder selbst Folge der unterschiedlichen Wertigkeit der Mütter gewesen sein. Da die ethnologischen Materialien uns keine Auskunft über eine mögliche Datierung des Zeitpunktes erlauben, zu dem die genetische Rolle des Vaters bekannt wurde, werden wir zur Klärung dieser Frage historisches Material heranziehen müssen. Wir werden dabei erfahren, daß die Entdeckung der genetischen Vaterschaft vermutlich im Neolithikum anzusiedeln ist.

Einstweilen stellt sich aber eine andere Frage. Dürfen wir davon sprechen, daß es vor der wo auch immer angesiedelten Entdeckung der genetischen Vaterschaft keine andere, nicht genetische Beziehung zwischen einem Kind und seinem Vater gab? – Die Frage muß verneint werden, wenn man es sich erlaubt, ein weiteres Mal aus ethnologischen Quellen auf historische Tatbestände rückzuschließen. So berichtet schon Bronislaw Malinowski, daß die leiblichen Väter für die Kinder ihrer Frauen so viel tun, wie es innerhalb der gegebenen Verhältnisse nur eben möglich ist, das heißt, daß der verwandtschaftlich fremde (aber doch leibliche) Vater eine Beziehung aufzubauen versucht. Dieses wird ihm, so kann man aus psychoanalytischer Sicht ar-

	2. Mann als Ko-Genitor	2. Mann als Umgestalter	Totem-Geistkind (veranlaßt Vater, eine Mutter zu suchen)	Gott als Samensetzer	kein anderer
	Mokave	Mokave		Vedischer Kult Mann = Samenergießer	
			Aborigines		

gumentieren, dadurch erleichtert, daß die ödipale Situation nicht entstehen kann beziehungsweise auf den Mutterbruder abgeleitet wird. Gelegentlich wird davon berichtet, daß der Anspruch des Vaters an seinen Sohn erst dadurch entsteht, daß er ihn ernährt, versorgt und großzieht. In gewisser Weise könnte also davon gesprochen werden, daß vor der Entdeckung des genetischen Vaters eine soziale und emphatische Vaterschaft durchaus entstehen kann, daß diese aber gewissermaßen durch pflegerische und ernährende Akte des Vaters erst konstituiert wird. Sucht man nach historischen Belegen für die Abwesenheit eines Bewußtseins von der genetischen Funktion des Vaters, so bleibt die Basis äußerst schmal. Außer den problematischen Schlüssen aus den weiblichen Figurinen wird gelegentlich eine Passage aus der Theogonie von Hesiod herangezogen, in der davon die Rede ist, daß ein weibliches Gottwesen autochthon war, das heißt seine Kinder selber zeugte (vgl. Dupuis 1987, S. 15). Auch Durchbrechungen des Exogamiegebots bei den Hebräern werden genannt, denen die Erlaubnis zugrunde liegt, daß Schwester und Bruder desselben Vaters dann heiraten dürfen, wenn sie von verschiedenen Müttern abstammen.

Betrachtet man die spärlichen Informationen über das Paläolithikum einschließlich der ethnologischen Analogieschlüsse im Zusammenhang, so ist davon auszugehen, daß eine mutterrechtliche Familienorganisation, die aus der Unkenntnis der genetischen Vaterschaft resultiert, nicht dahin gedeutet werden kann, daß eine solche Epoche durch die Abwesenheit von Bindungen zwischen Kindern und ihren leiblichen Vätern gekennzeichnet ist. Dort, wo sie entstanden sein mag, beruhte sie wohl auf emphatischen Akten des Vaters gegenüber ‹seinem› Kind. Das bedeutet, daß Vaterschaft im Bewußtsein der Menschen anfänglich eine soziale, eine emotionale gewesen sein könnte. Auch wenn wir darüber keine Sicherheit herstellen können, ist eines gewiß: Die Rede von der Vaterschaft kann nicht ausschließlich an der genetischen Vaterschaft festgemacht werden. Wir müssen zwischen verschiedenen Vaterschaften unterscheiden. Dieses Buch wird im Durchgang durch die Geschichte ganz unterschiedliche Typen hervorbringen. Ein Typus scheint mit dem Paläolithikum gesetzt zu sein: die erworbene Vaterschaft, die ich als *akquisitive* Vaterschaft bezeichnen möchte. Wir werden sehen, daß es sehr verschiedene Formen dieser Akquisition geben kann. In der Horde der Jäger und Sammler wird sie durch Pflege und Ernährung zustande gekommen sein. Wir können sie deshalb vorläufig als *kurativ-akquisitive* Vaterschaft bezeichnen.

Literatur

Bachofen, J. J.: Das Mutterrecht, Frankfurt/M. ²1978.

–: Mutterrecht und Urreligion, Stuttgart ⁶1984.

Bergmann, E.: Erkenntnisgeist und Muttergeist, Breslau 1932.

Borneman, E.: Das Patriarchat. Ursprung und Zukunft unseres Gesellschaftssystems, Frankfurt/M. 1975.

Davis, E.G.: Am Anfang war die Frau, München 1977.

Delaisi de Parseval, G.: Was wird aus den Vätern? Weinheim/Basel 1985.

DeVore, J./Hall, U.R.L.: Baboon Ecology. In: Devore, I. (Hg.): Primate Behavior, New York 1965, S. 20–52.

Drechsel, P.: Geschlechtsreife und Legitimation zur Zeugung bei den australischen Ureinwohnern. In: Müller, E.W. (Hg.): Geschlechtsreife und Legitimation zur Zeugung, Freiburg/München 1985, S. 717–758.

Drößler, R.: Kunst der Eiszeit, Wien 1980.

Dupuis, J.: Au nom du père, Le Rocher 1987.

Eliade, M.: Geschichte der religiösen Ideen I, Freiburg/Basel/Wien 1978.

Engels, F.: Der Ursprung der Familie, des Privateigentums und des Staats. In: Marx, K./Engels, F.: Werke, Bd. 21, Berlin (DDR) 1972.

Fester, R./König, M. E. P./Jonas, D. F.: Weib und Macht. Fünf Millionen Jahre Urgeschichte der Frau, Frankfurt/M. 1979.

Heinrichs, H.-J. (Hg.): Das Mutterrecht von J.J. Bachofen in der Diskussion, Frankfurt/M. 1987.

Jettmar, K.: Das Vaterbild als Thema der Ethnologie. In: Tellenbach, H. (Hg.):

Vaterbilder in Kulturen Asiens, Afrikas und Ozeaniens, Stuttgart u. a. 1979, S. 134–152.

Kornemann, E.: Die Stellung der Frau in der vorgriechischen Mittelmeerkultur, Heidelberg 1927.

Leibowitz, L.: Perspectives on the Evolution of Sex Differences. In: Reiter, R. R: (Hg.): Toward an Anthropology of Women, New York 1975, S. 20–35.

Malinowski, B.: Argonauten des westlichen Pazifik, Frankfurt/M. 1979.

Morgan, E.: The descent of women, Düsseldorf 1972.

Morgan, L. H.: Die Urgesellschaft, Lollar/Lahn 1976.

Müller, E. W.: Der Vater in Afrika. In: Tellenbach (Hg.): Vaterbilder in Kulturen Asiens, Afrikas und Ozeaniens, Stuttgart u. a. 1979, S. 92–107.

Narr, K. J.: Weibliche Symbol-Plastik der Älteren Steinzeit. In: Antaios, Bd. 2 (1961), S. 132–157.

Piggott, St.: Vorgeschichte Europas. Vom Nomadentum zur Hochkultur, Kindlers Kulturgeschichte Europas, Bd. 1, München 1983.

Post, A. H.: Die Geschlechtsgenossenschaft der Urzeit und die Entstehung der Ehe, Oldenburg 1875.

Reed, E.: In Defense of Engels on the Matriarchy. In: Jenness, L.: Feminism and Socialism, New York 1972, S. 108–112.

Reitzenstein, F. v.: Der Kausalzusammenhang zwischen Geschlechtsverkehr und Empfängnis in Glaube und Brauch der Natur- und Kulturvölker. In: Zeitschrift für Ethnologie 41 (1909), S. 644–683.

Rosenast, D.: Strukturen der Reproduktion im Universum des vedischen Kultes. In: Müller, E. W. (Hg.): Geschlechtsreife und Legitimation zur Zeugung, Freiburg/München 1985, S. 177–211.

Schlesier, E.: Die Grundlagen der Klanbildung, Göttingen 1956.

Schneider, O.: Die Macht der Frau, Salzburg/Leipzig 1938.

Schreier, J.: Göttinnen. Ihr Einfluß von der Urzeit bis zur Gegenwart, München 1977 (1968).

Thurnwald, R.: Familie. In: Ebert, M. (Hg.): Reallexikon der Vorgeschichte, Bd. 3, Berlin 1926, S. 169–187.

–: Patriarchat. In: Ebert, M. (Hg.): Reallexikon der Vorgeschichte, Bd. 10, Berlin 1926, S. 51–63.

–: Vaterrecht. In: Ebert, M. (Hg.): Reallexikon der Vorgeschichte, Bd. 14, Berlin 1926, S. 95–103.

–: Mutterrecht. In: Ebert, M. (Hg.): Reallexikon der Vorgeschichte, Bd. 8, Berlin 1927, S. 360–380.

Vivelo, F. R.: Handbuch der Kulturanthropologie, Stuttgart 1981.

Wesel, U.: Der Mythos vom Matriarchat, Frankfurt/M. ²1981.

3. Die Entdeckung des Vaters und der Väterlichkeit

Neolithikum und Altes Ägypten

In der Epochalisierung der Vor- und Frühgeschichte ist es üblich geworden, das Paläolithikum (Altsteinzeit), das von 600000 bis 10000 bzw. 8000 v. Chr. angesetzt wird, von einer relativ kurzen Epoche des Mesolithikums (Mittelsteinzeit) zu differenzieren. Seine Charakteristika beziehen sich eher auf die Form der ökonomischen Reproduktion. In dieser Phase wird, zumindest für einige Kulturen, von dem Beginn einer geschlechtsspezifischen Arbeitsteilung dergestalt ausgegangen, daß die Frau für die Erfüllung des Bedarfs an pflanzlicher Nahrung zuständig wird. Die Quellenlage für diese Epoche ist so spärlich, daß keine aus ihr folgenden Besonderheiten für die Vaterschaft bekannt sind.

Dieses gilt nicht für die sich daran anschließende, circa zwischen 5000 und 4000 v. Chr. beginnende Jungsteinzeit (Neolithikum). Diese Epoche bezieht ihren Namen in erster Linie aus Erscheinungen, die für die Geschichte der Vaterschaft gar nicht charakteristisch sind. Die Megalithkultur Spaniens, Frankreichs, Englands, Irlands, der Schweiz und anderer Länder hat dieser Epoche ihren Stempel eingeprägt, obgleich zur selben Zeit in den geographisch unterschiedlichen Räumen Nordafrikas bis Skandinaviens ein großes kulturelles Gefälle besteht. So bietet die Megalithkultur für die Geschichte der Vaterschaft keine neue Etappe. Man muß dort davon ausgehen, daß der Zusammenhang zwischen Zeugung und Schwangerschaft weiterhin unbekannt war oder zumindest nicht als bekannt nachgewiesen werden kann. Im Gegenteil, es wird den für diese Kulturen typischen großen Steinen, den etwa in der Bretagne aufgereihten Menhiren, jene Veranlasserrolle zugeschrieben, die eine Schwangerschaft bei der Frau auslöst. Von dieser Vorstellung zeugen noch bis zum Anfang dieses Jahrhunderts in Frankreich übliche Praktiken junger Frauen, die ihren Leib an den Felsen dieser Megalithkultur rieben, um schwanger zu werden. Die dem psychoanalytisch geschulten Blick naheliegende Vermutung, daß damit an die phallische Form der Menhire appelliert wird, kann aus religionshistorischer Sicht nicht bestätigt werden. Die Menhire stellten, als Stellvertreter des Leibes, verwandelte Ahnen dar. Sie waren von den Toten belebte Steine und damit eine Quelle für die Fruchtbarkeit der Frauen, so daß man von einer vermittelten Veranlasserrolle der Steine sprechen muß. Sie sind die Instrumente der veranlassenden Ahnen (vgl. Eliade 1978, S. 116).

Für die Geschichte der Vaterschaft muß demgegenüber die Entstehung der sogenannten Hochkulturen für wichtiger erachtet werden, insbesondere die der Sumerer, die um 3200 bis 2800 im Süden Mesopotamiens siedelten, der Akkader, beginnend 2350, gleichfalls in Mesopotamien, Teilen Syriens und Kleinasiens sowie Elams, Babylons, beginnend mit dem Regierungsantritt Hammurabis 1728 v. Chr., Kretas, Israels (vgl. Kap. 4) und allem voran Ägyptens. Die Aufzählung ist unvollständig. Sie beschränkt sich auf die für die Geschichte der Vaterschaft in Europa wichtigeren Kulturen. Aber auch hier ist die Quellenlage von sehr unterschiedlicher Qualität. Immerhin findet sich für die Zeit nach 1728 v. Chr. in Altbabylonien eine Textstelle im Atram-hasis-Epos (vgl. Lambert/Millard 1969; Wilcke 1985, S. 295–298) und bei Eannatum von Lagas (a. a. O., S. 299–301):

(a) «Geehrt werde der Mutterleib Nintu! Ihr (= eorum) . . . soll Mami nennen!
Sie soll den Mutterleib (. . .), sie soll die Matte [?] hinlegen! In (ihren Häusern), indem sie Betten aufstellen, sollen die (Ehe)frau und ihr Ehemann einander erwäh(len)!»

(b) «(Da Zeu)gte (N)in(ger)su E(an)natum. (Baba gebar ihn. Die Mutter) B(aba) freute sich über (ihr Kind).»

Diese Textstellen dürften die Kenntnis des Zusammenhangs zwischen Zeugung und Schwangerschaft unstreitig belegen. Zudem zeigt eine linguistische Analyse der Vater- und Verwandtschaftsterminologie (vgl. Wilcke a. a. O., S. 219ff), daß nicht nur die Bezeichnung «Vater» existiert, sondern daß sie zum einen mit «ab-ba» den Vater als individuelle Bezugsperson meint, sodann aber auch als «ad-da» in Verbindung mit «É-ad-da» (Vaterhaus, väterliches Vermögen) auftaucht. Sowohl «ab-ba» als auch «ad-da» kommen in anderen Funktionen vor. So bezeichnet «ab-ba-uru(k)» den Stadtältesten und «ad-da» an einer anderen Stelle den Stadtfürsten.

Die Analyse der Verwandtschaftsterminologie Babyloniens zeigt aber noch mehr. So wird deutlich, daß die junge Ehefrau im Akt der Gattenwahl ausschließlich Objekt ist. Sie wird von ihrem Schwiegervater *gewählt*, von ihrem eigenen Vater dem Ehemann *gegeben*, der sie *nimmt*. In dieser Nomenklatur wird besonders durch die Auswahltätigkeit des Gattenvaters eine besondere Bedeutung der Vaterschaft offenkundig. Die Patrilinearität scheint Grundlage dieses Systems zu sein, und: Vaterschaft enthält neben der genetischen Funktion die einer genetischen Selektion durch die Auswahl der Ehefrau in der sprachlichen Nähe des Vaterterms. Zur Bezeichnung lokaler Autoritäten zeigt sich zumindest eine semantische Konjektur zwischen genetischer Vaterschaft und Führungsfunktionen für nicht genetische ‹Kinder›. Diese Funktion ist als die des *Stadtfürsten* konsequenterweise an die Seßhaftigkeit gebunden.

Man mag die Frage stellen, ob sich exakter datieren läßt, zu welchem Zeitpunkt der für die Entdeckung der genetischen Vaterschaft wichtige Zusammenhang zwischen Zeugung und Schwangerschaft erstmals bekannt gewesen ist. Die Beantwortung dieser Frage führt zu der für den späteren christlichen europäischen Raum wichtigsten ältesten Hochkultur, nach Ägypten. Es läßt sich zeigen, daß mit dem Auftauchen des Osiris-Mythos der Zusammenhang zwischen Zeugung und Schwangerschaft bekannt gewesen sein muß. Da der Osiris-Mythos im 5. Jahrtausend v. Chr. lokalisiert werden muß, gilt dieses auch für die Entdeckung der genetischen Vaterschaft (vgl. Dupuis 1987, S. 25). Für die bloße Datierung der Entdeckung genetischer Vaterschaft ist der Umweg über den Osiris-Mythos aber unnötig umständlich. Es gibt aus der überlieferten Literatur Ägyptens hinreichende Belege darüber, daß die Ägypter sich des Zusammenhangs von Zeugung und Schwangerschaft bewußt waren. In dieses Wissen war sogar der Zusammenhang zwischen Menstruationsblutung und Ausbleiben der Regel im Falle einer Schwangerschaft eingeschlossen. Zwei Originalbelege zeigen dieses:

«Du bist Chnum (der Widder- und Bildnergott), der männliche Begatter,
der die Frauen schwanger werden läßt,
und ihre Monatsblutungen aufhören läßt im rechten Augenblick»
(Sauneron 1962, S. 209).

«Der den Samen sich entwickeln läßt in den Frauen,
der Wasser zu Menschen macht,
der den Sohn am Leben erhält im Leib seiner Mutter
und ihn beruhigt, indem er seine Tränen stillt;
Amme im Mutterleib,
der Luft gibt, um alles zu beleben, was er geschaffen hat.
Wenn er herauskommt aus dem Leib, um zu atmen (?) am Tag seiner Geburt,
dann öffnest du seinen Mund zum Sprechen (?) und sorgst für seinen Bedarf»
(zit n. Assmann 1975, S. 218).

Dieser Beleg ist übrigens auch in anderer Hinsicht interessant. Er weist nämlich dem väterlichen Sonnengott Aton entscheidende Funktionen für das Heranwachsen des Fötus zu.

Hinsichtlich einer Beschreibung der Vaterschaft im alten Ägypten muß also unterschieden werden zwischen Quellen des Alltagslebens und solchen der ägyptischen Mythologie. Diese Unterscheidung kann jedoch nur analytischer Natur sein, weil das Alltagsleben wie in jeder Kultur durchsetzt war von Mythologemen. Umgekehrt können die Inhalte und Struktur der Mythen nur vor dem Hintergrund bestimmter Tatsachen des alltäglichen Lebens verstanden werden. Nimmt man diese beiden Quellentypen zusammen, so gelangt man zu der Einsicht, daß das alte Ägypten über eine hochdifferenzierte Vatervorstellung verfügte, die dem Vater eine ganze Reihe von Funktionen zuweist. Wichtig ist in diesem Zusammenhang die Verbindung zwischen Vater und Sohn, wobei die Vater-Sohn-Beziehung zu Lebzeiten des Vaters von derjenigen nach dem Ableben des Vaters unterschieden werden muß. Hier spielt der Totenkultus eine besondere Rolle, der mythologisch gesteuert ist und einen weiteren Beleg für den Zusammenhang alltäglicher und mythologischer Vorstellungen liefert.

Zunächst zum Alltag. Man mag es als ein Relikt aus matrifokaler Zeit werten, wenn im alten Ägypten der Kindesname noch nach dem der Mutter bestimmt wird. Trotz der Kenntnisse um den Zusammenhang zwischen Zeugung und Schwangerschaft hat sich die Entdeckung der genetischen Vaterschaft nicht so verfestigt, daß daraus weitere Momente von Vaterschaft resultieren. Über die genetische Tatsache hinaus hat sich Vaterschaft (und im übrigen auch Sohnschaft) erst durch zusätzliche Leistungen zu erweisen. Weiter noch: Es besteht durchaus die Möglichkeit, daß der Vater seinen Sohn verstößt, wenn er sich seiner nicht als würdig erweist. So liest man bei Ptahhotep:

«Aber der Same ist aufsässig.
Wenn er in die Irre geht, deine Pläne übertritt,
wenn er sich allem Gesagten widersetzt,
und sein Mund geht mit üblen Reden:
verstoße ihn, er ist nicht dein Sohn, er ist dir nicht geboren»
(zit. n. Assmann 1976, S. 14).

Vaterschaft muß also allererst begründet werden. Der Vater erkennt seinen Sohn an, indem er ihn wiedererkennt. Damit ist keine körperliche, sondern eine geistige Ebenbildlichkeit gemeint. Der Sohn soll lebendes Abbild seines Vaters sein. Diese Konstellation bietet das Muster für das Verhältnis von Gott und König und umgekehrt. Assmann bezeichnet die Annahmenotwendigkeit als eine «adoptianische Komponente». Mir scheint dieser Begriff ungeeignet zu sein, weil er für Annahmevorgänge nicht leiblicher beziehungsweise nicht ehelicher Kinder vorbehalten sein muß. Ich bevorzuge deshalb die Bezeichnung *suszipitive Vaterschaft* und folge damit dem römischen Rechtsterminus vom «infantem suscipere», der genau den gemeinten Vorgang beschreibt.

Die Annahme des Kindes durch den Vater implizierte Verpflichtungen für den Vater, aber, wie man zeigen muß, auch wiederum für die Kinder. Die väterliche Versorgung der Kinder erfolgte in einer Art Tauschgeschäft, das in der jüngeren Zeit auch auf das Verhältnis eines Vaters gegenüber anderen Familienmitgliedern und sogar gegen Hausgenossen übertragen wurde, die nicht mit dem Vater verwandt waren. Das Tauschobjekt gegen Versorgungsleistungen waren Dienstleistungen. In der Literatur wird die Ansicht vertreten, daß die väterlichen Versorgungsleistungen Nähren und Beschützen umfassen. Mit diesen Komponenten seien väterliche Eigenschaften wie Zärtlichkeit, Milde, Güte und Barmherzigkeit, Großzügigkeit, Gastfreundschaft und Gerechtigkeit verbunden gewesen (vgl. Assmann, a. a. O., S. 17). Dieser Schluß ist vielleicht ein bißchen weitgehend. Immerhin zeigt eine Grabinschrift die Fülle väterlicher Leistungen:

«Ich war ein guter Mann in seiner Stadt,
ich rettete ihre Leute aus dem großen Unglück,
als es im ganzen Land entstanden war.
Nichts Gleiches geschah in diesem Land.
Ich schützte den Schwachen vor dem Mächtigen
und rettete den Furchtsamen, wenn sein Fall an die Reihe kam.

Ich erwies ihnen alle Wohltaten, als es Zeit war, es zu tun.
...
Ich bereitete ein Begräbnis dem, der keines hatte,
ich erhielt alle ihre Kinder am Leben,
ich begründete alle ihre Häuser fest,
ich erwies ihnen alle Wohltaten
wie ein Vater für seinen Sohn,
als das große Unglück in diesem Gau entstanden war
als ein sehr großes Unglück, das im ganzen Lande herrschte»
(zit. n. Assmann, a. a. O., S. 19).

Die Konjektur väterlicher Eigenschaften zwischen Vater-Kind- und Vater-Untergebenen-Beziehungen läßt es ratsam erscheinen, diese Dimension der Vaterschaft als Patronage zu bezeichnen. Ich möchte deshalb von *patronistischer Vaterschaft* als einer weiteren Dimension der ägyptischen Vaterkonzeption sprechen.

Der Vater hat ferner eine pädagogische Funktion gehabt. Es wird sogar die Meinung vertreten, dies sei seine Hauptfunktion gewesen (Assmann, a. a. O., S. 20). In Geschichten der Pädagogik, die die pädagogische Tätigkeit in der Regel mit der griechischen Antike anbrechen sehen, fehlen Darstellungen Ägyptens. Die Folgen dieser Vernachlässigungen sind erheblich. Wenn man nämlich Pädagogik mit der griechischen Antike ansetzen läßt, versteht man die Erziehung von vornherein als eine auf Professionalität angelegte Erscheinung, die dem Familienzusammenhang bereits tendenziell entrissen ist. Obwohl es im alten Ägypten auch schulische Erziehung gibt, ist die erzieherische Funktion des Vaters dominant. Sie ist eine doppelte: Er vermittelt die kulturelle Tradition gegenüber seinem Sohn (nicht gegenüber seinen Töchtern). Seine Aufgabe ist es, den Sohn zu lehren, was ein guter Vater sei, damit jener, zukunftsgewandt, eines Tages die Rolle des Vaters übernimmt, wenn dieser zurücktritt. Der Gedanke des Nachkommen ist hier in deutlicher Weise angelegt.

Diese Tatsache hat eine besondere Bewandtnis, die mit der Rolle des Vaters post mortem, also mit der Funktion des gestorbenen Vaters, zusammenhängt. Im Gegensatz zu unserer nachaufklärerischen Vorstellung, der zufolge der pädagogische Prozeß zur Mündigkeit des Kindes und damit zur Ablösung vom Elternhaus leiten soll, damit das Kind vor, aber auch nach dem Tod der Eltern selbständig ist, gewinnt der Vater für den ägyptischen Sohn nach seinem Tod an Bedeutung.

Der Sohn ist es nämlich, der durch den für seinen Vater vollzogenen und immer wieder zu vollziehenden Totenkult die Bindung an seinen Vater zunehmend festigt. Dadurch, daß der Sohn den Totenkult kontinuierlich vollzieht, sichert er seinem Vater als Totem eine Präsenz im Bewußtsein der Lebenden. Vater und Sohn bleiben über den Tod des Vaters hinaus miteinander verbunden. Noch mehr: Der Sohn, der seinem Vater ein Denkmal errichtet, bringt den Vater als Vater allererst hervor, indem er seine Würde zum Ausdruck bringt. Diese Konstruktion ist nur verständlich, wenn man sich dem zweiten Fundament des altägyptischen Vaterbegriffs zuwendet, dem mythologischen. Der Mythos von Isis und Osiris, von Seth und Horus ist die Grundlage für das Verständnis der spezifischen Vater-Sohn-Beziehung. Die Überlieferung des Osiris-Mythos liegt in der vollständigsten Fassung von Plutarch aus dem 2. nachchristlichen Jahrhundert unter dem Titel «De iside et osiride» vor (vgl. Plutarch 1967).

Osiris, Seth, Isis und Nephtys sind die Söhne von Geb, dem Erdvater. Dieser übergab die Thronfolge seinem Sohn Osiris, weil er ihn für geeignet hielt, die Macht über Unter- und Oberägypten innezuhaben. Osiris lebte mit seiner Schwester Isis zusammen in einer Geschwisterehe. Seth, beider Bruder, geriet in Rivalität zu Osiris, tötete ihn, als er ihn allein traf, zerstückelte seine Leiche und zerstreute die 14 Teile über das ganze Land. Die Ehefrau und Schwester Isis durchreiste das Land, sammelte die Teile wieder ein, fügte sie zusammen und empfing, da sie eine große Zauberin war, in der Gestalt eines Sperbers den Sohn Horus von ihrem toten Brudergatten Osiris (vgl. Abb. 10). An dieser Stelle entsteht die Verpflichtung des Sohnes Horus, seinen Vater zu rächen. Bei dem ersten Kampfesversuch verliert Horus ein Auge, das sein Onkel Seth ihm ausreißt. Dennoch siegt Horus endlich, kann das Auge wieder an sich nehmen und gibt es seinem Vater, der auf diese Weise zum Leben erweckt wird. Der Mörderbruder Seth wird von den Göttern dazu verurteilt, Osiris künftig zu tragen. Anstelle seines Auges erhält Horus von den Göttern die göttliche Schlange, die zum Symbol des Königtums wird, das heißt, er wird als legitimer Nachfolger seines Vaters akzeptiert. Dieses ist der eigentliche ‹Erweckungsvorgang›, der mit der Formulierung ‹er setzt seine Seele in Bewegung› umschrieben wird. Da Osiris nicht wirklich, sondern ‹nur› als ‹Geistperson› zum Leben wiedererweckt wird, bleibt er im Reich der Toten und übernimmt dort die Rolle eines Gottes der Fruchtbarkeit. In dieser

Abb. 10: *Osiris-Bett. Isis als Sperberweibchen empfängt von Osiris den Sohn Horus. Schwarzer Granit. Aus Abydos. Spätzeit, wohl Saïtische Periode (26. Dynastie). 633–525 v. Chr.*

Funktion konnte Osiris die faktische Herrschaft seines Sohnes sichern, weil das Land davon profitierte. In einer Lobpreisung des mittleren Reiches wird dieses zum Ausdruck gebracht:

«Ob ich lebe oder sterbe, ich bin Osiris. Ich durchdringe dich, und durch dich erscheine ich wieder; ich vergehe in dir, und ich wachse in dir... Die Götter leben in mir, weil ich in dem Getreide, das sie ernährt, lebe und wachse. Ich bedecke die Erde; ob ich lebe oder sterbe, ich bin die Gerste, mich zerstört man nicht. Ich habe die Ordnung durchdrungen... Ich bin zum Herrn der Ordnung geworden, ich tauche aus der Ordnung auf...» (Sargtext, zit. n. Eliade 1978, S. 99).

Aber der Osiris-Mythos ist noch nicht detailliert genug erzählt: Horus rächt den Vater im Auftrag der Mutter Isis, die ihm befiehlt, sich mit dem Namen «des Falken, der auf den Mauern des Hauses des Gottes mit verborgenem Namen sitzt» (vgl. Abb. 11), die Macht anzueignen. Wichtig ist der auf die Rache an Seth vollzogene Totenkult an dem Vater Osiris. Dem öffnet er nämlich mit Hilfe des Ptah den Mund, und mit der Unterstützung des Thot verklärt er ihn. Er gibt Osiris Herz und Erinnerungsvermögen zurück, speist ihn und bereitet ihm im Jen-

Abb. 11: *Der Horusfalke als Erscheinungsform der Pharaonen. Über den Säulen des Palastes ist das Emblem des Königs, die*

seits die Möglichkeit einer Herrschaft, die der seinen in Ägypten analog ist. In einem der religiösen Texte lesen wir: «Horus aber herrschte auf der Erde über die beiden Länder und ließ den Namen seines Vaters groß werden vor den Menschen und den Göttern.»

An dieser Stelle berührt sich die mythische Welt mit der realen. Dazu muß man wissen, daß die altägyptische Geschichtsschreibung von der Existenz einer «Zeit des Re» ausging, die auch als die goldene Zeit bezeichnet wurde. Sie gilt als die Entstehungszeit Ägyptens und reicht von dem Erscheinungspunkt des sich selbst schöpfenden Schöpfergottes über den Urwassern bis zur Machtübernahme durch Horus. Diese Kosmogonie gibt das Muster für die soziale Ordnung an. Das Königtum gilt als mit dem Schöpfungsakt gesetzt, so daß der Schöpfer zugleich als erster König verstanden wird, der dem ersten Pharao, seinem Sohn und Nachkommen, diese Funktion überträgt. Mit anderen Worten: Die Rolle des realen Herrschers, des Pharao, wird in der Vorstellung der Nachkommenschaft zurückverfolgt bis in die Zeiten der sich

Urgeschichte	
um 4500	Kultur von Merimde
...	
um 2950–2660	1. und 2. Dynastie
Frühdynastische Zeit, altes Reich und erste Zwischenzeit	
2660–2590	3. Dynastie
...	
2134–2040	9. und 10. Dynastie
Mittleres Reich und zweite Zwischenzeit	
um 2040	Neuvereinigung des Landes in der 11. Dynastie
...	
1559	Vertreibung der Hyksos in der 17. Dynastie
Neues Reich und dritte Zwischenzeit	
1559–1320/19	18. Dynastie (u. a. Echnaton...)
...	
730–715	24. Dynastie
Spätzeit, hellenistische Zeit und römische Zeit	
715–656	25. Dynastie
...	
641 n. Chr.	Eroberung Ägyptens durch die Araber

Abb. 12: *Übersicht zur ägyptischen Geschichte*

selbst schöpfenden Götter. Dieses gilt in gleicher Weise für Horus, obwohl er auf ungewöhnliche Weise an die Macht gekommen ist. Bei genauer Betrachtung durchbricht er ja die Macht des Mutterbruders Seth, der noch an die Matrilinearität erinnert zugunsten der Patrilinearität. Es ist also besonders das Moment des Totenkults, den der Horus an seinem Vater Osiris vollzieht, welcher die bloße Nachkommenschaft in eine gewissermaßen verdiente oder erworbene Nachfolgeschaft des Sohns verwandelt. Wir müssen davon ausgehen, daß die Funktionsübernahme des Osiris seit dem mittleren Reich zwischen 2040 und 1730 v. Chr. stattgefunden hat (zur Chronologie Ägyptens vgl. Abb. 12).

Während also die frühdynastische Zeit durch die besondere Rolle Res gekennzeichnet war, tritt Osiris im mittleren Reich gewissermaßen an seine Stelle. Echnaton, im neuen Reich, wird dann zum Urheber einer Synthese aus Re und Osiris; es findet also gewissermaßen eine Monotheisierung statt. Über einen komplizierten mythologischen Mechanismus wird Osiris als von der Seele Res durchdrungen angesehen. Für die Geschichte der Vaterschaft ist dieses nun ein einzigartiger Vorgang. Die Vaterfigur Osiris wird mit der des Urschöpfers identifiziert, so daß im Umkehrschluß der Vater gleichzeitig deifiziert, also vergöttlicht wird. Der Vater ist einzig. Der Vater ist Schöpfer. Der Vater ist Gott, mit Gott verbunden.

Man mag der Ansicht sein, daß diese Gedankenverbindung sich lediglich im Reich der Mythen abspielt. Dies ist indessen keineswegs der Fall. Die im Osiris-Mythos durch Horus vollzogene Transfiguration (Sakh) des Menschen zu einem verwandelten Geist gilt fortan generell. Der Tote wird zu einem Akh (verwandelter Geist). Osiris wird in seiner Vater- und zugleich Schöpferrolle Muster nicht nur für die Dynastien, sondern für die alltägliche Vater-Sohn-Beziehung in der ägyptischen Familie.

Aber diese alltägliche Bewußtheit der besonderen Vater-Sohn-Beziehung bleibt rückgebunden an die Mythologie und erfährt aus ihrer Kenntnis ihren eigentlichen Sinn. Ein solcher Zusammenhang ist in dem ägyptischen Begriff des KA gesehen worden (vgl. Assmann 1976, S. 47–49), der zwei mythische Konstellationen zusammenfaßt, die Horus-Konstellation im Totenkult und die Kamutef-Konstellation. KA bedeutet etwas Doppeltes, zum einen «in den Armen», zum anderen «Stier». Die erste Bedeutung spielt auf den Horus-Mythos an. Horus hält den toten Vater Osiris in den Armen und belebt ihn.

«Oh mein Vater,
erhebe dich von deiner linken Seite,
leg dich auf deine rechte Seite,
nimm dir dieses Brot, das ich dir gegeben habe, ich bin dein Sohn,
dein Erbe!
...
Erwache, erwache, oh mein Vater Osiris!
Ich bin dein Sohn, der dich liebt,
ich bin dein Sohn Horus, der dich liebt»
(a. a. O., S. 38).

Dieser Gestus wird im alltäglichen Totenkult wiederholt. Für die Ägypter wird diese Leistung des Sohnes in der Formel «was Horus tat für seinen Vater Osiris» zusammengefaßt. – Aber die durch KA ausgedrückte Umarmung ist eine doppelte. So wie der Sohn Horus seinen Vater Osiris belebt, hat Osiris seinen Sohn Horus belebt durch Erziehung, was ihn allererst in den Stand versetzt hat, die Stelle seines Vaters einzunehmen. So bekommt die Umarmung die doppelte Bedeutung der Vermittlung von Lebenskräften des Vaters an den Sohn und nachfolgend des Sohnes an den Vater. Mit anderen Worten: Die eine Bedeutung von «KA» spielt auf die Generationendifferenz zwischen Sohn und Vater an. Diese durch die Altersdifferenz und zuletzt durch den Tod belastete Beziehung erfährt eine Art von kultureller Korrektur des Natürlichen. Der Totenkult des Sohns heilt, das ist die verborgene Bedeutung, den Tod des Vaters, läßt ihn unter den leiblich Lebenden wiederbeleben und konstituiert ihn dadurch erst zu einem Vater, der seinen Sohn in rechter Weise erzogen hat, was sich wiederum an dessen reichem Vollzug des Totenkultes manifestiert.

KA in der anderen Bedeutung von «Stier» spielt nicht auf die Generationen-, sondern auf die Geschlechterdifferenz an. Genauer genommen bedeutet Kamutef «Stier seiner Mutter». Auch hier wird auf eine Lebenskraft angespielt, dieses Mal jedoch im Sinne von Zeugungskraft. Diese später stark vergeistigte Vorstellung sieht den Sohn in einer Partnerschaft mit der Himmels- und Muttergottheit Nut. Aus dieser Partnerschaft bezieht er eine Art von Unsterblichkeit durch einen Zyklus von Wiedergeburten. Darin wird der Tod als Vereinigung mit der Mutter gedeutet. Die Zyklizität gewährleistet, daß der Lebensstrom nicht enden kann. Wir treffen hier auf Rudimente einer Vorstellung, die wir in der Betrachtung der Vaterschaft im Paläolithikum bereits vorfanden, wenn davon die Rede war, daß das Kind Vater seines Vaters ist. Auch hier wird der sich mit dem Weib vereinigende Mann gewissermaßen zum Vater seiner selbst und bringt sich im Sohn hervor. – KA wird in einer weit ausgreifenden Interpretation unter Zusammenfassung der beiden Konstellationslinien deshalb als mit einer dreifachen Bedeutung versehen interpretiert:

- «Stier» – der Vater als Erzeuger,
- «Nahrung» – der Vater als Ernährer,
- «Geist, Wille, Unterscheidungsvermögen» – der Vater als Erzieher (a. a. O., S. 49).

Die durch die Rückbindung an den Mythos erfolgte Deifizierung des Vaters muß nun noch einmal einer genaueren Betrachtung unterzogen werden, damit sie nicht, womöglich feministisch affiziert, überinterpretiert wird. Es geht um die ‹Reform› Echnathons. Er reduziert die vielgestaltige Götterwelt in die Richtung auf einen Monotheismus.

Aton (auch Atum) ist dieser Übergott. Sein Name bedeutet Sonne, aber im Ägyptischen gleichzeitig «mein Vater». Für das Sprachempfinden der Ägypter muß dieses bedeutet haben, daß Gott die Sonne ist und daß er sich im König als «mein Vater» manifestiert. Die Monotheisierung bringt allerdings ein Problem mit sich, das die Logik des Mythos lösen muß, die Frage nach dem ersten Anfang. Woher kommt der erste Gott? Die Antwort ist in einem Hymnus aus der Zeit Ramses' II. zu lesen:

«Kein Gott ist vor ihm entstanden, kein anderer Gott war bei ihm, daß er ihm seine Gestalt gesagt hätte. – Er hatte keine Mutter, die ihm seinen Namen gegeben, keinen Vater, der ihn erzeugt und gesagt hätte: ‹Das bin ich.› – Der sein Ei selbst bildete, ein Mächtiger von geheimer Geburt, der seine Schönheit selber schuf, der göttliche Gott, der von selbst entstand, und alle anderen Götter entstanden erst, nachdem er selbst den Anfang gemacht» (zit. nach Junker 1956, S. 571).

Man könnte nun die Vermutung hegen, daß die göttliche Selbstschöpfungskraft (Autochthonie) eine solche ist, die mythisch in jeder auch noch so alltäglichen Vaterfigur verankert worden wäre. Das ist indessen nicht der Fall. Denn: Nur «wer ‹mein Vater› zu dir sagt, der ist Herr über die neun Bogen!» (so heißt es in einem Hymnus Ramses' III. an Amun-Re; vgl. Assmann, a. a. O., S. 43). Im Umkehrschluß: Nur ein König darf Gott mit «Vater» titulieren. Dieses bedeutet, daß, zumindest in altägyptischer Zeit, die Wahrscheinlichkeit dafür sehr gering ist, daß die alltägliche Sohn-Vater-Verbindung in Analogie zur König-Gott-Verbindung gesehen wurde. Zumindest hätte es sich dabei um einen Fall extremer Blasphemie gehandelt. Dieses schließt nicht aus, daß in späteren Zeiten eine solche Analogiebildung stattgefunden hat. Dieses schließt also nicht aus, daß die Vaterfigur leibhaftiger Männer eine Deifizierung erfuhr. Eines ist allerdings auch für das alte Ägypten zu markieren: Vaterschaft als solche erhält eine göttliche Komponente, Vaterschaft wird deifiziert.

Dabei darf man allerdings nicht aus dem Auge verlieren, daß es sich dabei keineswegs um ein einliniges Herrschaftsverhältnis (in irgendeinem vordergründigen Sinne von Patriarchat) handelt; sondern der Gedanke der wechselseitigen Umarmung, der Gedanke des Horus als «Harendotes» («Horus, der für seinen Vater eintritt») gewährleistet ein *wechselseitiges* Verhältnis des Belebens als Ausdruck wechselseitiger Liebe. Die Rede von der väterlichen Liebe wird in den altägyptischen

Abb. 13: *Ägyptische Adelsfamilie*

Texten immer wieder hervorgehoben, auch wenn in den Übersetzungen die späteuropäische Vorstellungswelt für die Begriffsfindung eine Rolle gespielt haben mag. Das Bedeutungsgesamt des Vaterumkreises läßt eine solche Formulierung auch aus nüchterner Distanz angemessen erscheinen. Der erhebliche lyrische Gehalt, den insbesondere Formulierungen besitzen, die dem Kult des Sohns gegenüber dem toten Vater angehören, lassen eine bemerkenswerte emphatische Verbindung durchscheinen. Mit einem Patriarchat im Sinne einer womöglich illegitimen Herrschaftsausübung männlicher genetischer oder suszipitiver Väter über unterworfene Kinder, Frauen und Sklaven hat das alles nichts zu tun. Wie sehr das alltägliche Bewußtsein von einer Gleichwertigkeit der kindlichen Bezüge zu Vater *und* Mutter geprägt war, zeigt eine charakteristische zeitgenössische Darstellung einer «Adels»-familie (vgl. Abb. 13).

Aufgrund der verfügbaren Quellen ist heute nur eine Rekonstruktion des Diskurses über Vaterschaft möglich, eine Rekonstruktion der Vaterkultur. Ob und in welchem Ausmaß einzelne Väter-Könige tatsächlich Gewalt über ihnen Unterworfene ausgeübt haben, kann aus solchen Quellen nicht erlesen werden. So wie kein auch noch so spät Nachgeborener vernünftigerweise auf den Gedanken kommen könnte, aus Goethes Faust die Tatsache ablesen zu wollen, daß an der Wende vom 18. zum 19. Jahrhundert ein leibhaftiger Teufel existiert habe, sowenig können wir aus der Interpretation kultischer und mythologischer Literatur etwas über die Wirklichkeit, die soziale Wirklichkeit von Vaterschaft ableiten. Dieses gilt aber in doppelter Hinsicht, in Verteidigung wie in Diskriminierung der Väter.

An dieser Überlegung läßt sich jetzt die Möglichkeit der vorliegenden Rekonstruktion der Vaterschaft besser präzisieren: Diese Analyse kann uns kulturelle Möglichkeiten des Dispositivs ‹Vaterschaft› wieder vor Augen führen, die womöglich verloren sind, die überformt sind von sozialen Wirklichkeiten, welche ihnen nicht entsprachen, oder von Diskriminierungen, die die differenzierten menschlichen Möglichkeiten von Vaterschaft im Sinne von *Väterlichkeit* nicht wahrhaben wollen.

Literatur

Assmann, J.: Ägyptische Hymnen und Gebete, Zürich / München 1975.
Beltz, W.: Die Mythen der Ägypter, Düsseldorf 1982.
Brunner, H.: Altägyptische Erziehung, Wiesbaden 1957.
Dupuis, J.: Au Nom du Père, Le Rocher 1987.
Eliade, M.: Geschichte der religiösen Ideen, Bd. 1, Freiburg / Basel / Wien 1978.
–: Die Schöpfungsmythen, Darmstadt 1980.
Feucht, E.: Gattenwahl, Ehe und Nachkommenschaft im Alten Ägypten. In: Müller, E. W. (Hg.): Geschlechtsreife und Legitimation zur Zeugung, Freiburg / München 1985, S. 55–84.
Gottschalk, H.: Sonnengötter und Vampire, Berlin 1978.
Grumbach, J.: Untersuchungen zur Lebenslehre der Amenope, Berlin 1972.
Hohenwart-Gerlachstein, A.: Zur «Geschwisterehe» im alten Ägypten und in Afrika. In: Institut für Völkerkunde der Universität Wien (Hg.): Kultur und Sprache, Wien 1952, S. 234–243.
Jensen, A. E.: Gab es eine mutterrechtliche Kultur? In: Studium generale 3 (1950), S. 418–433.
Junker, H.: Die Religion der Ägypter. In: König, F. (Hg.): Christus und die Religionen der Erde II, Wien ^{2}1956, S. 565–606.
Lambert, W. G. / Millard, A. R.: Atra-hasis, Oxford 1969.
Mann, V.: Schöpfungsmythen, Stuttgart / Berlin 1982.
Otto, E.: Bildung und Ausbildung im alten Ägypten. In: Zeitschrift für Ägyptische Sprache und Altertumskunde 79 (1954), S. 41–48.
Plutarch: Über Isis und Osiris. Erster Teil. Die Sage, Text, Übersetzung und Kommentar v. Th. Hopfner, Darmstadt 1967.

–: Über Isis und Osiris. Zweiter Teil. Die Deutungen der Sage. Übersetzung und Kommentar v. Th. Hopfner, Darmstadt 1967.

Sauneron, S.: Esna V, les Fêtes Religieuses d'Esna. In: Publications de l'Institut Français d'Archéologie Orientale, 1962.

Sollberger, E./Kupper, J.-R.: Inscriptions royales sumeriennes et ahhadiennes, Paris 1971.

Vandier, J.: La religion égyptienne, Paris 1949.

Wilcke, G.: Familiengründung im Alten Babylonien. In: Müller, E. W. (Hg.): Geschlechtsreife und Legitimation zur Zeugung, Freiburg/München 1985, S. 213–318.

4. Der göttliche Patriarch und der väterliche Vater

Das alte Israel

Obgleich die Rolle des ägyptischen Vaters den Vorstellungen nahekommt, die in kritischer Absicht mit dem Terminus ‹Patriarch› verbunden sind, ist der eigentliche historische Ort der patriarchalischen Vaterkonzeption nicht Ägypten, sondern Israel. U. v. Wilamowitz hat diesen Begriff aus dem jüdischen Zusammenhang herangezogen, auf die spätere griechische Welt übertragen und so verallgemeinert, daß er in der Folgezeit zur Charakterisierung väterlicher Herrschaftsformen generell verwendet wurde. Dabei hat die Bezeichnung Patriarch so viele Bedeutungsverschiebungen erfahren, daß dasjenige, was ursprünglich damit gemeint war, verlorengegangen ist. Daraus ergibt sich ein wichtiger Grund für einen Blick auf die Geschichte Israels. Ein zweiter liegt darin, daß die Geschichte des Vaterkonzepts im altjüdischen Raum in der Tat eine zusätzliche Dimension bekommen hat, die für die christliche Folgegeschichte von erheblicher Bedeutung gewesen ist.

Zum Verständnis des Lebenszusammenhangs, in dem die patriarchalische Vaterkonzeption entsteht, ist zunächst ein Blick auf die Geschichte Israels erforderlich. Ab etwa 1500 v. Chr. dringen israelitische Stämme in Palästina ein, und um 1250 verlassen unter der Führung Moses' Teile der Stämme Ägypten, um sich neben den schon früher angesiedelten Stämmen in Palästina niederzulassen. Der Exodus israelischer Stämme aus Ägypten markiert gleichzeitg den historischen Ort der Entstehung des Jahwe-Glaubens. So soll der *eine* Gott ‹Jahwe› dem Moses am Berg Sinai erschienen sein und sich ihm offenbart haben. Daraus entsteht der Bund zwischen diesem Gott und den von diesem Gott auserwählten israelitischen Stämmen. Das ist die erste wichtige Station für die Entstehung des Vaterkonzepts. Bezeichnend ist, daß es nur einen Gott gibt und daß dieser Gott sein Volk erwählt. Diese Struktur wird später auf die Vater-Kind-Beziehung übertragen, anders formuliert: Diese Beziehung dient als Muster für das Verständnis der Gott-Volk-Israel-Beziehung. Die zweite wichtige Station ist die Entstehung des israelitischen Königtums. Um 1010 v. Chr. wird Saul, der Führer im Kampf gegen die Ammoniter, zum König proklamiert. Er unterliegt aber in einer Auseinandersetzung mit den Philistern. Es gibt zu diesem Zeitpunkt zwei Reiche, das Reich Israel und das Reich Juda. Der ‹Südkönig› David vollzieht die Vereinigung Judas und Israels zwischen 1006 und 966. Er ist ein erfolgreicher Führer seines Volkes. Unter seiner Regentschaft wird Jerusalem erobert. Die Stadt wird politischer und religiöser Mittelpunkt insbesondere dadurch, daß sie Aufbewahrungsort der Bundeslade wird. Diese Epoche ist deshalb bedeutsam, weil in ihr eine Stabilisierung der Gottesvorstellung stattfindet und gleichzeitig eine erste ‹Säkularisierung›. Es setzt sich die Vorstellung durch, daß Jahwe selbst ein ausgezeichneter Gott ist, der durch sein Ausgezeichnetsein als Erwählender das Volk Israel auszeichnet. Er wird vom Volksgott zum Weltgott transformiert (vgl. Baur 1899, S. 486). Daneben wird die spezifische Beziehungsstruktur zwischen Gott und dem Volk Israel nunmehr auf den Repräsentanten des Volkes Israel, den König David, übertragen, indem er gleichsam an die Stelle des gesamten Volkes rückt. Diese Übertragung ermöglicht es, die Beziehung Gott – Volk Israel als eine Beziehung zwischen zwei ‹Individuen› zu deuten. Hier spätestens befestigt sich die Vorstellung, daß Gott (Jahwe) der Vater und daß König (David) der Sohn ist, der durch sein Erwähltsein in die göttliche Sphäre gehoben wird (a. a. O., S. 499). Es gibt zahlreiche Textstellen, in denen das Verhältnis zwischen Jahwe und Israel als Vater-Sohn-Relation ausgedrückt wird, so in Exodus 4,22; Deuteronomium 32,6; Jesaja 63,16; 64,7; Hosea 11,1. Besonders deutlich lesen wir es bei 2 Samuel 7,14: «Ich werde ihm ein Vater sein, und er wird mir ein Sohn sein.» Und unter Verwendung der gesetzlichen Adoptionsformel im Psalm 2,7: «Mein Sohn bist du, heute habe ich dich gezeugt.» Die Tragweite dieses Vorgangs kann nicht überschätzt werden: Es liegt nämlich nahe, die ‹Adoption› des Sohns durch seinen Vater grundsätzlich als einen Heiligungsvorgang zu deuten, wie umgekehrt die Existenz eines erwählten und damit geheiligten Sohns den Rückschluß auf die Existenz nicht nur irgendeines Vaters, sondern eines Vaters erlaubt, der durch den Erwählungsvorgang als solchen sich selbst als ein Heiliger erweist. Bis hierhin ist also die Gottvaterschaft zum einen durch eine adoptianische, zum anderen durch eine numinose Komponente gekennzeichnet.

Die weitere Geschichte Israels ist die Geschichte eines kurzen Aufschwungs unter König Salomo zwischen 966 und 926, gefolgt vom Zerfall des Reiches 926, von einer ziemlich wirren Geschichte interner Auseinandersetzungen bis zur Eroberung und Zerstörung Jerusalems 587, der sogenannten Babylonischen Gefangenschaft von 586 bis 538 und der Eingliederung in das Persische Weltreich 539. In dieser Zeit, vermutlich um 458, entsteht das sogenannte Heiligkeitsgesetz, die Priesterschrift (Pentateuch), wodurch die jüdische Religion in eine Gesetzesreligion transformiert wird. Diese Schriften sind von besonderer Bedeutung für die Gestaltung des alltäglichen Lebens. Ihre Auslegung bedarf einer Lehrtätigkeit; hier ist der Entstehungsort eines Priestertums mit wichtigen erzieherischen Funktionen. Man muß davon ausgehen, daß dieser Vorgang eine nächste Übertragung der Beziehungsstruktur Jahwe – Volk Israel eingeleitet oder zumindest unterstützt hat. Zwar ist die Idee eines persönlichen Gottes, den man als Individuum ansprechen kann, neutestamentarisch, aber nach der Übertragung der Sohnesvorstellung auf den König ist der Weg für eine Übertragung dieser Vorstellung zunächst auf Teile des Volkes (z. B. Hesekiel 14,12) und später auch auf das Individuum (vgl. z. B. Jeremias 20,7ff) möglich geworden. Im Psalm 103,13 scheint eine individuell-erzieherische Komponente durch: «wie sich ein Vater über Kinder erbarmt, so erbarmt sich Jahwe über die, die ihn fürchten, ...» und der berühmte Vers: «wen Jahwe lieb hat, züchtigt er, und wie ein Vater den Sohn, an dem er Wohlgefallen hat.» Gott erscheint hier als Vater in der Rolle des großen Pädagogen, der gerade in seinen unbegreiflichsten Veranstaltungen seine Herrlichkeit offenbart, deshalb wird von den Menschen verlangt: «verachte nicht die Züchtigung Jahwes» (Proverbia V 11 und Hiob 5,17).

Die in solchen Passagen des Alten Testaments enthaltene tendenzielle Indidivualisierung hat für die alltäglichen israelitischen Väter eine besondere erzieherische Aufgabe mit sich gebracht. Der Vater steht gleichsam in der verlängerten pädagogischen Funktion Jahwes, er ist der eigentliche Erzieher. Im Zentrum seiner und der leibhaftigen Vätererziehung steht das historische Handeln des Gottes (Deuteronomium 6,20 f). Aus diesem Zusammenhang entsteht das Vaterhaus in seiner Bedeutung als zentrale Kultstätte, und der Familienvater repräsentiert Jahwes Tun nicht nur pädagogisch in der Familie, sondern auch in der Verrichtung kultischer und priesterlicher Dienste innerhalb seines Hauses.

Die weitere Geschichte Israels enthält erst am Ort seiner endgültigen Problematisierung durch Jesus von Nazareth für die Vaterkonzeption eine neue Dimension. Diese kann aber nicht mehr als Geschichte Israels beziehungweise des Alten Testaments erzählt werden, sondern gehört zu der Veränderung der Vatervorstellungen in der Zeit des Frühchristentums (vgl. Kap. 7).

Die drei skizzierten Stationen der Ausweitung und Übertragung der Jahwe = Gottvatervorstellung ist aber nur scheinbar so glatt verlaufen, wie sie sich heute rekonstruieren läßt. Tatsächlich bestand ein erhebliches Interferenzproblem zwischen zwei Gottesvorstellungen zu dem Zeitpunkt, als die israelitischen Stämme das Land Kanaan bevölkerten. Die dort ansässige bäuerliche Kultur verehrte nämlich eine El-Gottheit, die in Kategorien genetischer Vaterschaft konzipiert war. Wie wir am Beispiel Ägyptens gesehen haben, war diese Vorstellung, womöglich selbst aus dem ägyptischen Raum, inzwischen verfügbar geworden. Der Zusammenhang zwischen Zeugung und Schwangerschaft war bekannt. Die Vergöttlichung des zeugenden Vaters war offenbar nicht nur in Ägypten ein Faktum. Mit den Vorstellungen der El-Religion und denjenigen der jahwistischen Religion der zuwandernden Stämme treffen mithin eine genetische Gottvatervorstellung und eine eher pädagogische Gottvatervorstellung zusammen, die in der theologischen Literatur in der Regel als ‹geistige› Vatervorstellung bezeichnet wird. Damit ist die Tatsache gemeint, daß der Adoptionsvorgang die Bedeutung der genetischen Vaterschaft in den Hintergrund drängt zugunsten einer Vaterschaft, die wir heute eher als soziale Vaterschaft bezeichnen würden. Diese Begrifflichkeit läßt sich indessen auf den theologischen Zusammenhang nicht ohne weiteres übertragen, weil es kaum eine Sozialität zwischen realen Individuen und einer fiktiven Gestalt des Glaubens geben kann. Wie die Diskursgeschichte der Vaterschaft im historischen Prozeß Israels zeigt, wird die geistige beziehungsweise pädagogische Vaterschaft nicht unterdrückt, sondern sie geht eine Verbindung mit der Konzeption der Urbevölkerung ein. Dieses jedoch nicht, ohne daß die genetisch akzentuierte Gottvateridee ihre Spuren hinterläßt. Es ist davon auszugehen, daß sie den Individualisierungs- und Übertragungsvorgang der Gottvatervorstellung auf die König-Sohnvorstellung und später auf die Konzeption des Vaterhauses stark begünstigt hat. Es ist deshalb wichtig, der geistigen respektive pädagogischen Vaterkonzeption eine besondere Aufmerksamkeit zu widmen.

Fragen wir uns zunächst, welche Vorstellungen von Väterlichkeit das Alte Testament enthält. Ich verwende den Begriff des Väterlichen dabei in dem Sinne, daß genetische Vaterschaft keine Väterlichkeit, sondern Väterlichkeit Qualitätsmerkmale einer Beziehung zwischen Vater und Kind (im Alten Testament Vater und Sohn) konstituiert, die durch die Tatsache der genetischen Vaterschaft zwar begünstigt sein mögen, jedoch im sozialen Prozeß erst erworben werden müssen. – Interessanterweise enthält auch das Alte Testament (Deuteronomium 1,31 sowie 7,12 und 28,5) als zuerst zu nennendes Väterlichkeitsmerkmal die Tatsache der leiblichen Versorgung des «schmachtenden Kindes». Eine zweite Determinante ist die der Aufzucht. Gott leitet das Volk. Der Vater leitet den Sohn (Deuteronomium 8,5). Sodann, davon nur in der Nuance unterschieden, die Aufgabe der Erziehung. In Jesaja 1,2 lesen wir: «Kinder habe ich großgezogen und emporgebracht, und sie – empören sich.» Auch der Adoptionsgedanke des Erwählens gehört hierhin. Als vierte Komponente ist die Tatsache der Ein-Vaterschaft zu markieren. Sowie es nur einen Gott gibt, gibt es nur einen Vater, der Kompetenzen über seinen Sohn hat (Maleachi 2,10). Weiterhin ist natürlich die Tatsache der genetischen Vaterschaft nicht zu übersehen. Der Vater ist Vater über seinen Sohn, wie Gott als Erschaffer Vater über die Menschen ist. In Jesaja 43,1 ist zu lesen: «Du bist unser Vater, Jahwe! Wir sind Ton, Du hast uns gebildet, wir sind alle das Werk Deiner Hände.» Schließlich die Dimension, die für die Folgegeschichte vielleicht die wichtigste ist, wenngleich sie in den Denunziationen der patriarchalen Vaterschaft systematisch unterdrückt zu werden droht, die Väterlichkeit als das Waltenlassen unverdienter Liebe. Diese im Neuen Testament dann in das Zentrum rückende Vorstellung ist auch im Alten Testament zu finden: «Wie könnte ich Dich verlassen, Ephraim, wie Dich preisgeben, Israel! Mein Herz kehrt sich um in mir, mein Mitleid ist entbrannt!» (Hosea V, 3 u. 8f) Diese Elemente als Elemente der Väterlichkeit bezeichnen Einstellungen, Vorstellungen, Dispositionen, sie sagen nichts über die Wirklichkeit von Vater-Sohn-Beziehungen im alten Israel. Sie sind Elemente des Diskurses, der Diskursgeschichte, nicht der Sozialgeschichte. Das schließt natürlich nicht aus, daß beispielsweise die besondere Vorstellung von der unverdienten Liebe tatsächlich einen breiten Raum im alltäglichen Leben zwischen Vater und Sohn besaß. Entscheidend ist nur, daß Mentalitäts- und Sozialgeschichte analytisch auseinandergehalten werden müssen, weil anders Mißverständnisse entstehen und einen fruchtlosen Streit provozieren.

Ein Beispiel dafür sind die zahlreichen Versuche der jüngsten Zeit, die Gottvatervorstellung durch geeignete hermeneutische Operationen zu demontieren. So wird, um einen der noch seriösesten Autoren dieses Genres zu zitieren, die Vorstellung von Jahwe als Gottvater als ein «theologischer Betriebsunfall» bezeichnet (vgl. Gerstenberger 1988, S. 96). In einer akribischen Interpretation des Alten Testements, die allerdings die oben zitierten Elemente der Väterlichkeitskonzeption ausnahmslos ignoriert, versucht der Autor, die Behauptung zu belegen, die Zuschreibung der Vaterschaft Jahwes für Israel im Alten Testament sei äußerst selten. Vielmehr sei der Gedanke der biologischen Mutterschaft in die Vatervorstellung aufgenommen worden; so könne man bei Jesaja 66, 13 lesen: «Ich will Euch trösten, wie einen seine Mutter tröstet.» Jahwe habe darüber hinaus viele weibliche Elemente, so das Erbarmen und die Geisteskraft. Zum Beleg verweist der Autor darauf, daß im Hebräischen das Wort für «Geist» ein Femininum sei. Schließlich gehöre die Weisheit und die Liebe zu den weiteren weiblichen Elementen in der Jahwe-Vorstellung. Man muß sich diese Argumentation genau anschauen, um ihr nicht unreflektiert zu verfallen. Ausgehend von der legitimen Feststellung einer Benachteiligung der Frau in unserer Gesellschaft und dem Gedanken, daß diese unter anderem auch im Raum der Religionsgeschichte entstanden sein könnte, versucht der Autor mit anthropologischen Vorstellungen zu operieren, die normativ sind. Die Eigenschaften der Liebe, der Weisheit, des Erbarmens und der Geisteskraft sind beileibe keine universal weiblichen Eigenschaften, und schon gar nicht deshalb, weil sie in einer bestimmten Sprache ein feminines Genus besitzen. Charaktermerkmale wie Liebe und Erbarmen und womöglich auch Weisheit und Geisteskraft als weibliche zu charakterisieren, ist nur in einer bestimmten Kultur für einen bestimmten historischen Zeitraum möglich. Die Diskussion um die neue Väterlichkeit in den 80er Jahren des 20. Jahrhunderts zeigt das deutlich. Eine normative Anthropologie läßt sich nicht mehr rechtfertigen. Es gibt keine menschlichen Merkmale, nicht einmal die leibgebundenen, von denen wir heute sagen könnten, sie seien universal. Spätestens mit dem Aufkommen der Gentechnik ist uns klargeworden, daß selbst Elementaria wie Schwangerschaft und Geburt keineswegs a priori an ein bestimmtes Geschlecht gebunden sind. Mit anderen Worten: Es ist unmöglich, von dem Verstehenshorizont des 20. Jahrhunderts ausgehend, geschlechtsspezifische Merkmale in einem Text deutend zu identifizieren, der 3000 Jahre älter ist.

Der zitierte Autor Gerstenberger steht mit seinen Versuchen natürlich nicht allein. So gibt es eine Fülle von Predigtliteratur innerhalb der evangelischen wie auch der katholischen Kirche der jüngeren Zeit, in der für den gottesdienstlichen Alltag versucht wird, die mütterlichen Dimensionen eines Gottesbegriffs in den Vordergrund zu rücken zu Lasten der patriarchalen, die beispielsweise mit der Richterfunktion des Vaters im Alten Testament verbunden waren (vgl. Loh 1984, S. 48 ff). In dieser Literatur wird versucht, die Erfahrungen der kindlichen Primärsozialisation, jedenfalls in ihrer emphatischen Variante, also die Erfahrungen des durch die Mutter Behütetseins, in den Vordergrund zu rücken. Es wird sogar vorgeschlagen, von Gott Mutter statt von Gott Vater zu sprechen. Solche Versuche werfen die Frage nach dem Zustand des Generationenverhältnisses in einer Kultur auf, in der solche semantischen Verschiebungen für nötig gehalten werden. Bei dieser Verschiebung ist auffällig, daß es sich um eine Vorverschiebung der Generationenbeziehung im Lebenslauf handelt. Zunächst wird der väterliche Gott in Beziehung zum Sohn in Analogie zu einer Lebensphase gezeichnet, in der der Sohn aufgrund seines Entwicklungsstatus virtuell in der Lage ist, die religiösen Belehrungen des Vaters überhaupt zu verstehen. Jetzt soll Gott in Analogie zu einer früheren Lebensphase konzipiert werden, zu der Phase nämlich, in der die Beziehung eines Kindes zur anderen Generation wegen der Ernährungsfunktion nicht zufällig diejenige zur Mutter ist. Mit anderen Worten: So wie wir diskursgeschichtlich einen Infantilisierungsprozeß unserer Kultur beobachten können (vgl. Lenzen 1985), so manifestiert sich dieser selbst in Umdeutungsversuchen der tradierten Gottesvorstellung. Da diese Beziehung zwischen Gott und dem Individuum, zwischen Vater und Sohn offenbar nicht mehr als eine ernsthafte Einführung in das Leben, die Tradition, die Religion gedacht werden kann, wird in der Infantilisierung das Generationenverhältnis auf das eines Kindes zu seinem Kuscheltier reduziert. So geht die Infantilisierung dieser Vorstellungen mit einer Maternalisierung der Gottesvorstellung und umgekehrt diese Maternalisierung mit einer Infantilisierung des Generationenverhältnisses einher.

Eine weitere hermeneutische Operation muß in diesem Zusammenhang kritisiert werden. So behauptet Gerstenberger, daß die Übertragung der Vater-Gott-Vorstellung auf die Familie schon sehr viel früher selbstverständlich gewesen sei, als dieses in der theologischen Literatur nachzulesen ist. Des weiteren unterstützt er eine Position, die in der Theologie für einige Aufregung gesorgt hatte, nämlich die von Albrecht Alt, wonach die Urväter Abraham, Isaak und Jakob noch nicht den Jahwe-Glauben gehabt haben sollen. Diese Information soll dazu dienen, die These von dem theologischen Betriebsunfall zu unterstützen. Sie verkennt, daß die Frage des Entstehungszusammenhangs patriarchaler Vorstellungen auf der Ebene des Diskurses für die Beurteilung und womöglich Verbesserung der Lebenssituation von Frauen 3000 Jahre später nicht auf der Ebene des Diskurses, sondern der Wirklichkeit völlig irrelevant ist. Wer für eine Verbesserung der Situation von Frauen eintreten will, benötigt dazu keine Legitimation aus einer Diagnose der Auslegungsgeschichte des Alten Testaments, die diese Auslegung gewissermaßen als nicht ‹werkgetreu› disqualifiziert. Dieses wäre nur dann der Fall, wenn wir in einer Kultur lebten, in der die Auslegung der Bibel für die Gestaltung des täglichen Lebens von irgendeiner Bedeutung wäre. Dieses ist indessen nicht mehr der Fall. Insofern besteht kein Anlaß dazu, die Entstehungsgeschichte des Diskurses über den Vater als Patriarchen im nachhinein umzudeuten. Insbesondere darf die Frage einer Vatervorstellung nicht mit derjenigen der Vaterwirklichkeit zu einer bestimmten historischen Epoche verwechselt werden.

Eine andere Frage ist, ob man im nachhinein die Entstehung der patriarchalen Vater-Gottes-Konzeption *erklären* kann. In diesem Zusammenhang ist es durchaus möglich, davon auszugehen, daß das Eindringen der israelitischen Stämme in ein bereits besiedeltes Gebiet eine Notwendigkeit mit sich brachte, vor der Völker in der Geschichte immer wieder gestanden haben, wenn sie andere Völker unterwarfen: Sie mußten die vorhandenen religiösen Vorstellungen überformen. Es ist nicht von der Hand zu weisen, daß die bäuerliche Kultur Kanaans in ihrer El-Gottheit, womöglich aus einer matriarchalen Vorzeit, mütterliche Elemente in ihrem Kult und ihrer Gottesvorstellung bewahrt hat.

Diese Tatsache mag dazu geführt haben, daß die patriarchalen Konzeptionselemente der einwandernden Stämme eine Betonung erfahren haben, die nur durch den Dominanzanspruch der Einwanderer zu erklären ist.

Erst wenn wir uns die soziale Wirklichkeit des Vaters im alten Israel ansehen, gelangen wir in die Zone von Fakten, die vor dem Horizont beurteilt werden können, ob sie für eine Zukunft gewollt oder nicht gewollt werden. Dabei darf nicht aus dem Auge verloren werden, daß eine Option für Elemente der Väterlichkeit keineswegs identisch ist mit einer Option für Elemente einer sozialen Vaterwirklichkeit, die möglicherweise nicht mehr gewollt wird. Schauen wir uns diese Wirklichkeit näher an. Wir müssen davon ausgehen, daß der Zusammenhalt der Stämme eine hervorragende Bedeutung für die Überlebensmöglichkeit besaß. Daraus resultiert beispielsweise die – kontrafaktische – Annahme einer Blutsverwandtschaft aller Stammesmitglieder. Dieser Kohärenzgedanke wird auf die Familie übertragen. Das «Bet 'ab» ist das Vaterhaus, die Familie, in der auch die verheirateten Söhne mit ihren Frauen und Kindern lebten. Die herrschende Form der Familienlozierung ist also die der Patrilokalität. Der Vater ist der Herr (=«ba'al») über sein Haus und entscheidet in der Frühzeit Israels sogar über Tod und Leben. Im 8. Jahrhundert scheint er diese Richtergewalt verloren zu haben, selbst dann, wenn die Kinder gegen ihn opponierten (vgl. De Vaux 1968, S. 51). Es war dem ba'al, den wir jetzt mit Milamowitz als Patriarchen bezeichnen wollen, erlaubt, mehrere Frauen zu haben. Man muß aber wohl davon ausgehen, daß schon aus ökonomischen Gründen diese Praxis nicht sonderlich verbreitet war. Immerhin berichtet die Genesis davon, daß Abraham nicht nur Sarah zur Frau hatte, sondern später auch die Magd Hagar wegen der Unfruchtbarkeit Sarahs heiratete (Genesis 16,1f). Später kam Ketura hinzu (Genesis 25,1). Im Dekalog und in Exodus 20,17 wird die Frau unzweideutig als Eigentum des Mannes definiert. Der Mann ist ihr Herr (Exodus 21,3; 22; Samuel 11,26; Prediger 12,4). Das spiegelt sich auch sprachlich darin, daß die Bezeichnung für «heiraten» dieselbe Wurzel hat wie «Herr, Eigentümer werden». Daraus zu schließen, daß die Frau eine Ware gewesen sei, ist ebenso wie im Paläolithikum ein Fehlschluß. Die Auswahl der Frau vollzog sich nicht nach Kriterien der Empathie. So läßt Abraham für Isaak eine Frau durch einen Diener aussuchen (Genesis 24,33–53). Isaak läßt seinen Sohn Jakob eine seiner

Cousinen heiraten (Genesis 28,1 f). Das Ehebündnis war nicht auf Lebenszeit definiert. Der Mann konnte die Frau entlassen, beispielsweise wenn er einen «Makel» an ihr fand (vgl. Deuteronomium 24,1) oder wenn die Frau nicht «gehorchte» (Sirach 25,26). – Bis hierhin ist stillschweigend davon ausgegangen worden, daß die Generationenbeziehung als Vater-Sohn-Beziehung konzipiert war. Dieses ist keine Willkür. Besondere Bedeutung des erstgeborenen Sohnes ergibt sich aus Genesis 43,33. Sie ist das Muster für die Vater-Kind-Beziehung.

Das Alte Testament enthält eine Fülle von Belegstellen für die faktische Verantwortung, die der Vater zu dem Zeitpunkt übernahm, zu dem seine Kinder belehrbar waren. In allererster Linie gehörte dazu die religiöse Unterweisung (Exodus 10,2; 12,26; 13,8; Deuteronomium 4,9; 6,7 20–25; 32,7 46). Die Erziehung muß als eine strenge, von körperlichen Züchtigungen begleitete Unterweisung gesehen werden (vgl. Proverbia 1,8; 6,20; Sirach 30,1–13; Proverbia 13,24; 22,15; 29,15 und 17; ferner: Deuteronomium 8,5; 2 Samuel 7,14; Proverbia 3,12; Sirach 30,1). Elementartechniken (insbesondere die Fähigkeit zu schreiben) erwarb das Kind bei einem Lehrer, der ebenso wie der lehrende Meister als Vater bezeichnet wurde. Das lernende Kind hieß auch dort Sohn. Diese vierte Übertragung der Gottvater-Israel-Beziehung nunmehr auch auf bloß pädagogische Verhältnisse zwischen Nicht-Vätern und Lernenden ist, wie wir heute wissen, für die abendländische Geschichte der Schule und der schulischen Unterweisung folgenreich gewesen. Während im 19. Jahrhundert der Lehrer zunehmend an die Stelle des Vaters tritt, bestand diese Gefahr im alten Israel nicht, weil die Familie in der Regel eine Produktionsfamilie war. Das bedeutet, daß die Arbeit des Vaters sich in der Familie vollzog und mithin die Ausbildung des Sohns im Beruf des Vaters in der Familie durch den Vater stattfinden konnte.

Was die Inhalte der religiösen Unterrichtung angeht, so ist die zentrale Funktion des Vaters für die Unterweisung in den Volksüberlieferungen hervorzuheben, eingeschlossen die Lebensgesetze und Verhaltensvorschriften.

Das später an den Staat abgetretene Richteramt umfaßte tatsächlich die Entscheidungsgewalt über Tod und Leben in einer Reihe von Fällen. Dieses galt für den Fall, daß ungewünschte Töchter geboren wurden, dann, wenn Töchter sich hatten verführen lassen, bei Ehebruch, gegenüber unehelichen Kindern und auch bei kindlicher Gehorsamsverweigerung. Diese weitgehende Berechtigung des Vaters wird nur verständlich vor dem Hintergrund einer Gesellschaftsstruktur, die aus ihrer Tradition auf der Grundlage einer funktionierenden Familie fußt. Die genannten Fälle sind dysfunktional für das Funktionieren dieser Struktur. So hat ein uneheliches Kind beispielsweise keinen Vater, und sie bedrohen den einzigen Garanten von Recht und Ordnung, nämlich den Patriarchen selbst.

Die Gewährung des Lebensunterhalts war eine der weiteren Verpflichtungen des Vaters und Patriarchen, angefangen von der kostspieligen Beschneidung des Sohns über die Auslösung des Erstgeborenen bis zur Finanzierung des Unterrichts in der Thora, der Berufsausbildung, der Verheiratung der Kinder und gegebenenfalls der Mitgift für die Tochter.

Man könnte aus der Herrschaftskompetenz des Vaters den Fehlschluß ableiten, daß dieses zu Lasten der ihm unterworfenen Kinder und der Frau stattgefunden hätte. Auf dem Hintergrund moderner Emanzipationsvorstellungen ist die Bereitschaft zur Unterwerfung kaum nachvollziehbar. Jedoch muß deutlich gesehen werden, daß das Bedürfnis nach Selbständigkeit bei den Kindern kaum entstand. Gegenüber den Kindern war die Härte im übrigen religiös motiviert. Milde wäre als Gotteslästerung interpretiert worden. So wirft Jahwe einem schwachen Vater vor: «Du hast deine Söhne mehr geliebt als mich» (vgl. z. B. 1 Samuel 2,12–17 und 22–25). In Jesaja 3,1 ff und Micha 7,6 wird im übrigen die Gefahr einer Herrschaftsübernahme durch die Jugend skizziert. Das Beispiel der Geschichte des Hauses Davids zeigte, was einem schwachen König als Vater passiert. Sein Sohn Absalon erhebt sich gegen ihn und muß erschlagen werden. Was die Beziehung zwischen dem Patriarchen und seiner Frau betrifft, so dürfte die Interpretation eines Herrschaftsverhältnisses falsch sein. In der jüngeren Literatur wird bedauerlicherweise die Rolle des Patriarchen als Herrscher über die Frau in den Vordergrund gerückt, obgleich das Alte Testament, abgesehen von der Möglichkeit der Ausgliederung der Ehefrau, von einer Gleichrangigkeit von Vater und Mutter ausgeht (vgl. Jeremias 16,3 f; 20,14 f; 2 Samuel 19,32 ff; 5 Mose 21,13; 1 Samuel 22,1; 1 Mose 28,7). Man mag sich fragen, wie trotzdem das Urteil von der rücksichtslosen Beherrschung der jüdischen Frau durch den Patriarchen entstanden ist. Hier muß deutlich zwischen der im Alten Testament beschriebenen Praxis und der späteren jüdischen sozialen Wirklichkeit unterschieden werden. Der bis zum 6. nachchristlichen Jahrhundert abgeschlossene babylonische Talmud enthält gegenüber den Formulierungen des Alten Testaments inzwischen eine Fülle von Belegen dafür, daß die pejorative Beurteilung des Patriarchen ihre Berechtigung hat, wenn man sie auf diese ‹Gesetzestexte› der späteren Zeit bezieht. Einige Passagen verdeutlichen dieses:

«Folgende Arbeiten hat die Frau für ihren Mann zu verrichten: Mahlen, Backen, Waschen, Kochen, ihr Kind säugen, ihm das Bett machen und in Wolle arbeiten. Brachte sie ihm eine Sklavin mit, so braucht sie nicht zu mahlen, zu backen und zu waschen; wenn zwei, so braucht sie auch nicht zu kochen und ihr Kind zu säugen; wenn drei, so braucht sie ihm auch nicht das Bett zu machen und in Wolle zu arbeiten; wenn vier, so kann sie im Lehnstuhl sitzen. R. Eliezer sagt, selbst wenn sie ihm 100 Sklavinnen mitgebracht hat, könne er sie in Wolle zu arbeiten zwingen, denn Müßiggang führt zur Unzucht. R. Shsimon B. Gamliel sagt, auch wenn jemand seiner Frau die Arbeitsleistung abgelobt hat, müsse er sie entlassen und ihr die Morgengabe auszahlen, denn Müßiggang führt zum Wahnsinn.»

«Wenn (eine Frau) gegen ihren Mann widerspenstig ist, so ziehe er ihr sieben Denare wöchentlich von ihrer Morgengabe ab...»

«Der Fund einer Frau und ihre Händearbeit gehören ihrem Manne; von ihrer Erbschaft gehört ihm bei ihren Lebzeiten der Fruchtgenuß...»

Die wichtige Differenz zwischen einer sozialgeschichtlichen und einer diskursgeschichtlichen Betrachtung der Vaterschaft im alten Israel scheint nun durch eine Episode des Alten Testaments Lügen gestraft zu werden, die den meisten Menschen der abendländischen Folgekultur bekannt ist: Isaaks Opferung. Hier scheint, und das mag ein weiterer Grund für die Diskurs- und Sozialgeschichte vermischende Denunziation des Patriarchen sein, Wirklichkeit und Diskurs so miteinander verwoben zu sein, daß der Schluß berechtigt ist, zwischen der brutalen patriarchalen Herrschaft des Alltags und der sie legitimierenden Diskurstradition des Alten Testaments bestehe kein Unterschied. Da Isaaks Opferung also gerade das Musterstück für den Beleg patriarchaler Gewalt im alten Israel zu sein scheint, die selbst vor dem Mord am eigenen Kind nicht zurückschreckt (vgl. z. B. Milburn 1982, S. 100ff), bedarf diese Geschichte einer eingehenderen Betrachtung.

In der Literatur besteht nach langem Zweifel inzwischen Einigkeit darüber, daß es sich bei den Patriarchenerzählungen, zu denen diejenige von Isaaks Opferung gehört, um historische Ereignisse handelt, deren Datierung allerdings noch umstritten ist. De Vaux tritt für eine Datierung im 19./18. Jahrhundert v. Chr. ein, Bardtke datiert um das

14. / 13. Jahrhundert v. Chr. Für die Einschätzung des diskursiven Stellenwerts der Isaaks-Geschichte ist die Datierung indessen irrelevant. Ich verweise allerdings darauf, daß die Geschichte sich aus mehreren Versionen konstituiert. Die uns in Luthers Bibelübersetzung tradierte Fassung ist die elohistische Erzählung, hier in der Übersetzung Kilians:

«1 Nach diesen Ereignissen geschah's, Elohim versuchte Abraham. Er sprach zu ihm: Abraham! – Er sprach: Hier bin ich.

2 Da sprach er: Nimm deinen Sohn, deinen einzigen, den du liebst, den Isaak und gehe in das Land 'el jir'ae und bringe ihn dort als Brandopfer dar.

3 Da machte sich Abraham frühmorgens auf, sattelte seinen Esel und nahm seine beiden Knechte mit sich und Isaak, seinen Sohn, spaltete Holz für ein Brandopfer, machte sich auf und ging zu der Stätte, die Elohim ihm gesagt hatte.

4 Am dritten Tag erhob Abraham seine Augen, und er sah die Stätte von ferne.

5 Da sprach Abraham zu seinen Knechten: Bleibet hier mit dem Esel. Ich aber und der Knabe, wir gehen dorthin, um anzubeten, dann kehren wir zu euch zurück.

6 Dann nahm Abraham das Holz fürs Brandopfer und lud es Isaak, seinem Sohn, auf. Er selbst nahm das Feuer und das Messer in die Hand. So gingen die beiden miteinander.

7 Da sprach Isaak zu Abraham, seinem Vater, er sprach: Mein Vater! – Er sprach: Hier bin ich, mein Sohn. – Da sprach er: Hier ist Feuer und Holz, wo aber ist das Schaf für das Brandopfer?

8 Da sprach Abraham: Elohim wird sich das Schaf für das Brandopfer ersehen, mein Sohn. So gingen die beiden miteinander.

9 Und sie kamen zu der Stätte, die Elohim ihm gesagt hatte. Dort baute Abraham den Altar, schichtete das Holz auf, fesselte den Isaak, seinen Sohn, und legte ihn auf den Altar, oben auf das Holz.

10 Dann streckte Abraham seine Hand aus und ergriff das Messer, um seinen Sohn zu schächten.

11 Da rief ihn (der Bote) Elohim(s) vom Himmel her an. Er sprach: Abraham, Abraham! – Er sprach: Hier bin ich.

12 Da sprach er: Strecke deine Hand nicht gegen den Knaben aus, tue ihm nichts an! Denn jetzt weiß ich, daß du gottesfürchtig bist, da du mir deinen Sohn, deinen einzigen, nicht vorenthalten hast.

13 Da erhob Abraham seine Augen und sah, siehe, hinten war ein Widder, der sich mit seinen Hörnern im Gestrüpp verfangen hatte. Da ging Abraham hin, nahm den Widder und brachte ihn als Brandopfer dar anstelle seines Sohnes.

14 Und Abraham nannte den Namen dieser Stätte: 'el (lohîm) jir'ae (= ‹Gott sieht›).

15 Dann kehrte Abraham zu seinen Knechten zurück. Sie machten sich auf und gingen miteinander nach Beerscheba. Und Abraham blieb in Beerscheba wohnen.»

Die bekannteste exegetische Tradition interpretiert diese Geschichte dahin gehend, daß das Ungeheuerliche dieses Vorgangs nur dadurch nachvollziehbar gemacht werden kann, daß man von einer Versuchung Abrahams ausgeht. Dieser Auslegung zufolge legt Gott es nicht darauf an, Isaak tatsächlich zu opfern, sondern die Glaubenskraft, der Glaubensgehorsam Abrahams soll auf die Probe gestellt werden. Abraham besteht die Probe, und dadurch wird die Katastrophe abgewendet. Die Entstehungsgeschichte von Genesis 22 zeigt nun aber, daß es mehrere Versionen des Textes gibt (vgl. Kilian, a. a. O.). Die älteste Traditionsstufe soll eine kultätiologische Erzählung gewesen sein, die gewissermaßen eine Erklärung für die besondere Bedeutung des Opferplatzes bot, der der Kultgemeinde als heiliger Ort bekannt war. Eine zweite Stufe wird darin gesehen, daß diese Kultätiologie durch eine fast populistische Erzählung überdeckt wurde, deren Inhalt im wesentlichen in der Errettung eines zum Opfer bestimmten Sohns durch Gott bestand. Erst auf einer dritten Stufe ist die Abrahamsgestalt in die Geschichte eingebracht worden. Und auf einer vierten Stufe, der elohistischen Erzählung, erhält sie den Charakter einer theologischen Versuchungsgeschichte. Danach ist gewissermaßen auf einer fünften Stufe der Jerusalemer Tempelberg als Ort des Isaak-Opfers ausgegeben und das Motiv von Verdienst und Lohn hinzugefügt worden.

Aber damit nicht genug – das Isaaks-Motiv durchzieht die gesamte folgende Kulturgeschichte. Dabei rückt in der Literatur wie in der bildenden Kunst ein Problem in den Mittelpunkt: Wie kann die zunehmend als Monstrosität empfundene Differenz zwischen der Tötungsbereitschaft Abrahams und dem alttestamentarischen Motiv von der unverdienten Liebe des Vaters gegenüber seinem Sohn erträglich gemacht werden? So hat Theun-Matthias Schmidt in einer differenzierten Analyse von Sarkophagfragmenten die zunehmende Psychologisierung des Vater-Sohn-Verhältnisses bei der Darstellung von Isaaks Opferung nachzuweisen versucht (vgl. Schmidt 1990). Danach wird in der zweiten Hälfte des 4. nachchristlichen Jahrhunderts in Rom neben dem Darstellungstyp, der Isaak stehend neben dem Altar zeigt, eine seltene Variante geläufig, bei der Isaak auf dem Altar sitzt. Die Deutung, wonach solche Darstellungen die Gefühlsqualität zwischen den beiden handelnden Personen in den Vordergrund rücken, wird durch zusätzliche Elemente unterstützt. Dazu gehört beispielsweise der Darstellungstyp, bei dem Abraham Isaak in den Mantel faßt, statt ihn zu packen. Wenn diese Interpretationen zutreffend sind, dann zeigen sie eine Tendenz auf. Das Vaterbild soll in die Richtung des Elements der unverdienten Liebe im Konstrukt Väterlichkeit verändert werden. Es ist keineswegs so, daß diese Tendenz sich in den folgenden Jahrhunderten gehalten hat. Gerade das 16. und 17. Jahrhundert bieten eine Fülle von Darstellungen, die in ihrer Realistik brutaler kaum sein können (vgl. Abb. 14–16).

In der Geschichte der Literatur wechseln Klärungs- und Lösungsversuche für die ungeheuerliche Diskrepanz zwischen väterlicher Liebe und versuchtem Kindesmord einander ab. So besteht der Kern der meisten Varianten des Kindsopfermotivs in der englischen Literatur darin, die Rolle eines neuzeitlichen Abraham in der Gestalt eines Staats- oder Volksführers dadurch positiv herauszustellen, daß er zum Wohle der Gemeinheit in erster Konsequenz sogar bereit ist, das eigene Kind zu opfern (vgl. Späth 1988, S. 292). Zu den prominentesten gehört die sehr späte literarische Auseinandersetzung Sören Kierkegaards mit dem Motiv in «Furcht und Zittern» und in der «Lobrede auf Abraham». Für Kierkegaard wird die Opferungsgeschichte, auch biographisch, zu einem Paradox des Glaubens, «das einen Mord zu einer heiligen und gottwohlgefälligen Handlung machen kann». In dem mit «Problemata» überschriebenen Hauptteil von «Furcht und Zittern» untersucht Kierkegaard diese anhand dreier Fragen:

1. «Gibt es eine teleologische Suspension des Ethischen?»

2. «Gibt es eine absolute Pflicht gegen Gott?»

3. «Konnte Abraham es ethisch verantworten, daß er Sara, Elieser, Isaak sein Vorhaben verschwieg?»

Für den nichtgläubigen Menschen ist die monströse Differenz zwischen der väterlichen Liebesbehauptung und dem mörderischen Gehorsam des Vaters gegenüber Gott heute nicht mehr nachvollziehbar. Dieses macht die Denunziation des absoluten Patriarchen um so leichter. Auch ist die Sozialgeschichte des Patriarchen und der ihm Untergebenen im alten Israel alles andere als geeignet, Vertrauen in seine Verantwortung zu legen, wenn man diese Sozialgeschichte aus dem historischen Kontext herauslöst und wie so oft auf die familiale Wirklichkeit des 20. Jahrhunderts projiziert. Dabei geht insbesondere bei den Kritikern, die selbst in einer christlichen Tradition stehen, die Sensibilität für das verloren, was das Konzept der Väterlichkeit auf der Ebene des Diskurses im Alten Testament enthielt. Die entdeckten

Abb. 14: *Tizian: Abrahams Opfer*

Merkmale von Liebe, Trost und Geborgenheit werden flugs als weibliche normativ anthropologisiert.

In der jüngsten jüdischen Literaturgeschichte gibt es Beispiele dafür, daß das nicht zwangsläufig so sein muß. Zu den erschütterndsten und gleichzeitig melancholischen Erinnerungen an das, was einmal mög-

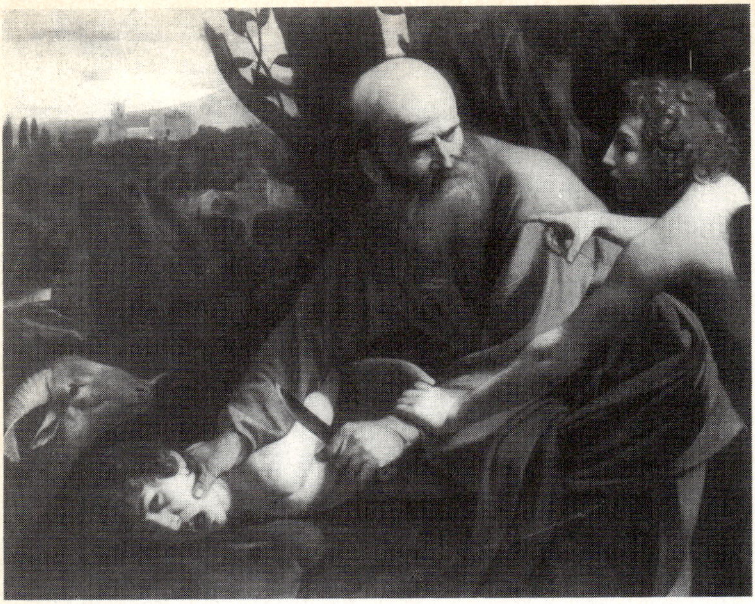

Abb. 15: *Caravaggio: Opferung Isaaks*

lich gewesen ist, in der Diskurs- wie *Sozial*geschichte der Vaterschaft gehört der Bericht von Janina David aus dem Warschauer Ghetto, «Ein Stück Himmel». Einige kommentarlos zitierte Passagen verdeutlichen das Gemeinte:

«Geduldig wartete ich, daß Vater heimkam. Sobald ich seine Schritte draußen auf der Stiege hörte – er hatte es immer eilig, nahm immer zwei Stufen auf einmal –, stürzte ich in die Diele und öffnete ihm die Tür, und dann gab es einen Freudenschrei, wenn er mich hochhob und mich in die Luft warf, und meine ganzen aufgestauten Gefühle machten sich Luft in meinem Schrei, halb Angst, halb Jubel, denn ich war sicher, daß er mich rechtzeitig wieder auffangen würde.

Dann kam Mutter mit zusammengekniffenen Lippen und trennte uns, denn er rege mich zu sehr auf, ich würde noch krank werden davon« (David, 1981, S. 36f).

«Auch ich fand, daß Mutters Benehmen unverzeihlich war, und ich war entsetzt darüber, daß ich so eine Mutter hatte. Was konnte denn ich von ihr erwarten, wenn sie Vater auf diese Art behandelte? Mein Herz blutete für ihn. Ich ging hinein und sagte, ich hätte ihm noch keinen richtigen Gutenacht-Kuß gegeben – das war immer meine Ausrede, wenn ich noch ein bißchen zärtlich mit ihm sein wollte. Wir blieben

Abb. 16: *Rembrandt: Abrahams Opfer, 1635*

eine lange Zeit beieinander sitzen, er vergrub sein Gesicht in meinem Haar, und ich bemühte mich, ihm einfach durch die Stärke meines Gefühls zu verstehen zu geben, wie heiß ich ihn liebte» (a. a. O., S. 58).

«Vater verbrachte natürlich seine ganze freie Zeit mit mir. Wir spielten unsere Spiele, und er erzählte mir Geschichten. Manchmal, wenn ich mich zu matt fühlte, um zuzuhören, stand er am Fuß des Betts und beugte sich über das Nickelgestell zwischen den Rüschen und Schleifen des weißen Vorhangs, und in seinen Augen lag eine unendliche Traurigkeit, aber zugleich eine Wärme, die mich zu umschließen und zu ihm zu ziehen schien, obwohl doch mein Körper schwer unter den Kissen lag. Aber ich konnte meine Augen nicht von seinen abwenden und spürte, wie vollkommen wir beide zueinander gehörten. Wir konnten einer des anderen Gedanken lesen und zur gleichen Zeit die gleichen Gedanken denken. Ich hätte das nie laut zu sagen gewagt, aber ich war ganz sicher: Wenn Vater mir jetzt wortlos, mit seinem Willen allein, befohlen hätte irgendetwas zu tun, z. B. aufzustehen und zu tanzen, es wäre mir ein leichtes gewesen. Ich wußte, daß er sich große Sorgen um mich machte, daß er wollte, daß ich bald gesund würde, und sobald ich das einmal begriffen hatte, wollte ich auch gesund werden und bald wieder aufstehen. Ich versuchte zu lächeln, um ihm zu zeigen, daß ich ihn verstanden hatte, und sofort stieg aus den Tiefen seiner Augen ein Lächeln als Antwort herauf und strömte zu mir herüber, und ich hatte ganz plötzlich das Gefühl, als würde ich an einem warmen Sommertag in einem kleinen Teich aus lauter Sonnenstrahlen liegen. Vater lächelte oft auf diese Art. In seinen Zügen veränderte sich dabei fast nichts, aber auf einmal strahlte diese Wärme von ihm aus, und seine Augen leuchteten in einem neuen Glanz, als wären von einem Sommerhimmel die Wolken weggefegt» (a. a. O., S. 65 f).

Literatur

Alt, A.: Der Gott der Väter. In: Ders.: Kleine Schriften zur Geschichte Israels, Bd. 1, München 1953, S. 1–78.

Bardtke, H.: Bibel, Spaten und Geschichte, Göttingen 1969.

Baur, P.: Gott als Vater im Alten Testament. In: Theologische Studien und Kritiken, o. Jg. (1899), S. 483–507.

David, J.: Ein Stück Himmel. Erinnerungen an eine Kindheit, München/Wien 1981.

De Boer, P. A. H.: Fatherhood and Motherhood in Israelite and Judean Piety, Leiden 1974.

De Vaux, R.: Die Patriarchenerzählungen und die Geschichte, Stuttgart 1968.

Gerstenberger, E. S.: Jahwe – ein patriarchaler Gott? Traditionelles Gottesbild und feministische Theologie, Stuttgart [u. a.] 1988.

Graetz, H.: Volkstümliche Geschichte der Juden, Bd. 1, München 1985.

Kierkegaard, S.: Lobrede auf Abraham, Hamburg 1956.

–: Furcht und Zittern, Frankfurt/M. 1984.

Kilian, R.: Isaaks Opferung. Zur Überlieferungsgeschichte von Gen 22, Stuttgart 1970.

Kornemann, E.: Die Stellung der Frau in der vorgriechischen Mittelmeerkultur, Heidelberg 1927.

Leese, K.: Die Mutter als religiöses Symbol, Tübingen 1934.

Lenzen, D.: Mythologie der Kindheit, Reinbek bei Hamburg 1985.

Loh, J.: Gott der Vater. Ein Beitrag zum Gespräch mit der Psychologie über den praktisch-theologischen Sinn der Vater-Symbolik, Frankfurt/Bern/New York 1984.

Milburn, D.: Kindesmord, Berlin/Schlechtenwegen 1982.

Patai, R.: Sitte und Sippe in Bibel und Orient, Frankfurt/M. 1962.

Reckling, F.: Immolatio Isaac. Die theologische und exemplarische Interpretation in den Abraham-Isaak-Dramen der deutschen Literatur, insbesondere des 16. und 17. Jahrhunderts, Diss. Münster 1961.

Rendtorff, R.: Väter, Könige, Propheten. Gestalten des Alten Testaments, Stuttgart/Berlin 1967.

Schmidt, T.-M.: Studien zu den Bildwerken der Frühchristlich-Byzantinischen Sammlung V: Neuinventarisierte Sarkophagfragmente mit Abrahamsopfer und Petrusszenen. In: Forschungen und Berichte der Staatlichen Museen zu Berlin (Ost) 29/30 (1990), S. 43–58.

Simon, E.: Der Vater im Judentum, ... Der babylonische Talmud, neu übertragen durch Lazarus Goldschmidt, Bd. 4, Königstein/Ts. 1980.

Späth, E.: Isaak, Iphigenie und andere. Zum Thema des Kindsopfers in der englischen Literatur. In: Germanisch-romanische Monatsschrift 29 (1988), H. 3, S. 291–303.

Wilamowitz-Moellendorff, U. v./Niese, B.: Staat und Gesellschaft der Griechen, Berlin/Leipzig 1910.

5. Vom Oikosherrn zum Pädagogen

Erste Deszendenz des Vaters: das antike Griechenland

Das antike Griechenland in eine womöglich chronologische Folge zwischen dem alten Israel und dem antiken Rom zu plazieren, ist keine Selbstverständlichkeit. Dafür gibt es zwei Gründe. Erstens umfaßt das antike Griechenland circa 2000 bis 2500 Jahre, und zwar den Zeitraum von circa 2500 bis nahe an Christi Geburt, etwa mit dem Ende des letzten Diadochenreiches um 64 v. Chr. Das bedeutet, daß ein erheblicher Raum zeitlicher Parallelität zwischen der griechischen Entwicklung und derjenigen im alten Israel, aber auch im alten Ägypten existiert hat. Wir können also nicht davon ausgehen, daß die griechische Vaterkonzeption gewissermaßen eine historische Fortsetzung einer der uns bekannten Konzeptionen vorangehender nichtgriechischer Epochen gewesen ist. Der zweite Grund reicht noch weiter: Unlängst glaubt der Norweger Kjell Aartun bei einer Untersuchung der minoischen Sprache herausgefunden zu haben, daß diese semitische Wurzeln hat. Daraus folgert er, daß nicht, wie bisher angenommen, das minoische Volk auf Kreta vom griechischen Festland oder aus Kleinasien gekommen war, sondern seine Wurzeln im semitischen Raum hat, genauer in Äthiopien. Die Richtigkeit dieser Hypothese vorausgesetzt, würde daraus folgen, daß Griechenland von den Minoern auf Kreta beeinflußt wurde. Nach Auffassung Aartuns haben die Griechen die Schriftsprache und auch die Religion vom minoischen Volk übernommen. Es liegt damit auf der Hand, daß eine solche historische Entwicklung die Frage nach den Quellen der griechischen Vaterkonzeption ganz neu zu stellen erlaubt. Da die Untersuchungen Aartuns indessen gegenwärtig noch nicht zum allgemein anerkannten Erkenntnisgut der alten Geschichte gehören, muß diese Frage hier unbearbeitet bleiben. Ich beschränke mich deshalb auf eine Darstellung der Vaterkonzeptionen des alten Griechenland.

In der Tat muß man für den Berichtszeitraum von mindestens drei

Konzeptionen ausgehen, die zum Teil in chronologischer Folge, teilweise aber auch parallel zueinander entstanden. Um diese Phasierung zu verstehen, ist zunächst ein Blick auf die griechische Geschichte erforderlich. Im Zeitraum zwischen 2500 und 1850 v. Chr. ist im ägäischen Raum, insbesondere in Griechenland, eine Bauernkultur entstanden, die nach dem bisherigen Wissen die Basisbevölkerung darstellte. Zwischen 1850 und 1600 v. Chr. hatte die Einwanderung indogermanischer Stämme, insbesondere der Ionir und der Aioler, stattgefunden, die sich relativ bruchlos mit der ‹Urbevölkerung› verbanden. Erst die zweite Einwanderungswelle um 1250 und der Beginn der sogenannten griechischen Völkerwanderung zwischen 1200 und 1000 v. Chr. führte zu einer Überlegenheit der griechischen Stämme, ihrer Sprache und ihrer Kultur. Letzteres betrifft neben der Kunst insbesondere die Staatsform der Polis; ihre Entfaltung beginnt im 6. Jahrhundert und findet im 5. und 4. Jahrhundert ihren Höhepunkt. Damit lassen sich für die Geschichte der Vaterschaft des antiken Griechenland drei Phasen unterscheiden:

- Die epische Zeit. Ihr Name resultiert aus den Hauptüberlieferungsquellen, den Epen Homers und der Theogonie Hesiods. Sie reicht weit zurück in die Geschichte des alten Griechenland mit mythischen Quellen. Religionsgeschichtlich ist davon auszugehen, daß seit etwa 1600 die indogermanischen religiösen Vorstellungen mit den Vorstellungen der ‹Urbevölkerung› verschmelzen und daß die so entstehende griechische ‹Adelsreligion› der olympischen Götterwelt im 8. bis 7. Jahrhundert den Höhepunkt ihrer Entwicklung zeigt. Im 7. Jahrhundert zieht nämlich der vermutlich aus Thrakien übernommene Weingott Dionysos als letzter Gott in den Olymp ein.
- Sparta. Eine zweite Vaterkonzeption läßt sich für den spartanischen Raum, beginnend mit dem ausgehenden 7. vorchristlichen Jahrhundert, identifizieren. Sparta, um 900 gegründet, erhält unter dem Eindruck massiver äußerer Bedrohung um 700 eine Verfassung, die der Sage nach von Lykurg geschrieben worden sein soll. Die besondere Rolle der militärischen Verteidigung impliziert tendenziell einen Funktionsverlust für den Vater in Sparta. Die spartanische Entwicklung stellt also keine eigene Epoche, sondern eher eine regionale Besonderheit dar, an die in der folgenden Geschichte der Vaterschaft allerdings immer wieder appelliert wird.

– Die attische Polis. Das 5. und das 4. vorchristliche Jahrhundert markiert den Höhepunkt der griechischen Demokratieentwicklung. Diese Phase gilt als die klassische Zeit der Polis. Unter veränderten Bedingungen der ökonomischen Reproduktion verändern sich Staatsform und in ihr die Funktion der Familie und des Vaters.

Die epische Zeit. Für das Verständnis der altgriechischen Götterwelt muß man sich zunächst den zentralen Schöpfungsmythos vor Augen führen. Nach Hesiod war der Anfang der Welt durch das Chaos (= Abgrund) gekennzeichnet, dem zwei Gestalten entwuchsen, Gaia (Erde) mit dem Beinamen «die Breitbrüstige» und Eros. In der Theogonie des Hesiod lesen wir, daß Gaia ein Wesen gebar, gleich ihr selbst, das sie ganz bedecken konnte, «den gestirnten Uranos, den ‹Himmel›». Uranos, der seiner Kinder vom ersten Tag an überdrüssig war, verbarg diese in Gaias Leib. Als der als monströs geschilderte Gott Uranos Gaia ein weiteres Mal penetrieren wollte, kastrierte sein Sohn Kronos ihn mit des Vaters eigener Sichel. Damit wurde der Regreß immer neuer ‹verborgener› Kinder durchbrochen, und Kronos konnte an die Stelle seines Vaters treten. Aus der Verbindung, die Kronos mit seiner Schwester Rheia unterhielt, gingen fünf Kinder hervor, die Kronos bei ihrer Geburt ausnahmslos verschlang. Nur dem sechsten Kind, Zeus, gelang das Überleben, weil seine Mutter Rheia ihn auf der Insel Kreta versteckte und Kronos einen Stein zum Verschlingen gab. Zeus wächst nun zum eigentlichen Handelnden heran; er zwingt seinen Vater, die verschlungenen Geschwister wieder auszuspeien, befreit die Brüder seines Vaters, die dieser gefangenhielt, und bekam zum Dank von jenen Donner und Blitz geschenkt, so daß er von diesem Augenblick an über die «Sterblichen» und «Unsterblichen» herrschen konnte. Daran ändert sich auch nach der Fülle von Intrigen und Anschlägen gegen ihn nichts, die er in der Folgezeit zu bestehen hatte. Für die Geschichte der Vaterschaft sind diese von minderer Bedeutung. Wesentlich ist dieses: Zeus, der in der Ilias (1,544) als Gott des «unermeßlichen Himmels», als «der Vater der Götter und der Menschen» charakterisiert wird, erwarb diese Position durch eigenes Handeln. Und: Seine Position wird im Terminus der Vaterschaft gefaßt. Aber der Aktivismus des Vatergottes hatte aus der Sicht Hesiods eine erhebliche negative Komponente: Die Zeit der Herrschaft des Kronos, die Zeit vor Zeus, war eine paradiesische, in der die Menschheit nur aus Männern bestand, die nicht arbeiten mußten, sondern zeitlos das unbegrenzte Leben genossen. Es war nämlich Zeus, der aufgrund einer Empörung über einen Täuschungsversuch des Prometheus den Menschen ein «glänzendes Übel» (Theogonie 585) sandte, die Frau. Sie ist nach Hesiod als «tiefe und ausweglose Falle den Menschen bestimmt», «denn ihr entstammte das schlimme Geschlecht und die Stämme der Frauen. Unheilbringend wohnen sie unter den sterblichen Männern» (Theogonie 529ff). Der Prometheusmythos, der aus Hesiods Sicht für das Eindringen des Bösen in die Welt steht, ist bei einem anderen, bei Äschylos, umgekehrt gedeutet worden. Der Diebstahl des Feuers durch Prometheus ist aus dessen Sicht nicht der Beginn einer Verfalls-, sondern der Beginn einer Fortschrittsgeschichte. Prometheus steht für den Menschen, der die Entwicklung der Menschheit vorantreibt.

Bis hierhin können wir als Fazit des episch-theogonischen Schöpfungsmythos also festhalten: Der herrschende Gott ist synonym mit dem Vaterbegriff. Der Vatergott hat das paradiesische Leben durch die ‹Erfindung› der Frau vernichtet, dieses allerdings für den Lohn einer Menschenkonzeption, der zufolge der Mensch ein Handelnder ist. Dieser Zusammenhang wird in der griechischen Geistesgeschichte ambivalent beurteilt.

Aber noch mehr: Die Vaterkonzeption, die im Gottvater Zeus steckt, ist keine rein geistige, sie ist genetisch mitbedingt. Diese genetische Determinante überwuchert aber nicht. Aus Homers Sicht entsteht die Legitimation des Vaters und der durch ihn gekennzeichneten vaterrechtlichen Ordnung nicht aus genealogischen Gründen, sondern aus der Vergeistigung und Gesittung der menschlichen Beziehungen. Dabei steht die Beziehung zwischen Vater und Sohn im Vordergrund, der ‹Fortschritt›, den die ‹Erfindung› der Frau über den Prometheusmythos mit sich bringt, ist nämlich in der Existenz von Söhnen zu sehen, deren Ziel es ist, besser zu werden als der Vater. Diese Dynamik ist die Triebkraft der griechischen Paideia, der griechischen Vorstellung von Erziehung und Nachfolge. Ziel der Erziehung ist die Areté, die Tüchtigkeit des Sohns. Wie dominant die soziale Qualität der Vater-Sohn-Beziehung ist, zeigt die Gestalt des Phönix. Dieser Kinderlose adoptiert ein Kind und demonstriert dadurch die Bedeutung des Geistigen und Erzieherischen in der Vaterfunktion. Für Homer ist er geradezu ein «patriarchalischer Stereotyp» (Lemke 1976, S. 126).

Angesichts der umstandslosen Durchsetzungskraft der göttlichen und halbgöttlichen Protagonisten, seien es nun Zeus, Prometheus oder Phönix, könnte die Vermutung naheliegen, daß das Vater-Sohn-Verhältnis als ein von Über- und Unterordnung gekennzeichnetes gesehen werden muß. So ist im Uranos-Kronos-Mythos der Vater-Sohn-Konflikt tendenziell sicher angedeutet (vgl. Gadamer 1976, S. 102). Aber die Denkfigur, die uns in einer anderen Variante schon einmal begegnet ist, existiert auch hier. Hippolytos schreibt: «Der Vater, wenn er Vater wird, ist Sohn seiner selbst.» Der Vater schafft sich also selbst in seinem Sohn als Sohn, und es besteht kein Anlaß anzunehmen, daß er sich selbst als Ungeheuer produziert. Im Gegenteil, der Zusammenhang zwischen Vater und Sohn wird so eng gesehen, daß Heraklit davon spricht, daß beide *«eines»* seien. Keineswegs konstituiert der Vater sich selbst als herrschsüchtiger Tyrann. Bei Homer ist immer wieder die Formel zu lesen: «mild und gütig wie ein Vater». Diese besondere Emotionalität der Vaterschaft in epischer Zeit dürfte nur nachvollziehbar sein, wenn man sich die Qualität der Göttercharaktere genau vor Augen führt, weil sie in wechselseitiger Analogie zur Vaterfigur konzipiert sind. Wir dürfen also davon ausgehen, daß die emotionalen Qualitäten auch für die Vaterkonzeption galten, die man hegte, wenn man an den Göttervater dachte. Walter F. Otto hat in seiner «Theophania» versucht, den Geist der altgriechischen Götterwelt zu rekonstruieren. Danach ist der Gott immer das ganze Sein der Welt. In ihm herrscht ewige Ruhe und Seligkeit. Das Göttliche schenkt dem Menschen die großen Augenblicke der Ewigkeit in seiner Gegenwart.

Zwei für unsere rationale Welt vielleicht fremd klingende Gefühlsmerkmale brachte der griechische Mensch dem Gott = Vater entgegen, Aidos und Charis. Aidos ist die Scham als heilige Scheu. In den Worten Ottos: «Sie ist die Ergriffenheit und das Entzücken des Geistes, dem sich die Tiefe alles Seins geöffnet hat, und der aus dieser Tiefe sein eigenes Dasein neu empfängt wie aus Götterhänden. Denn in der Gestalt des Gottes, in ihr allein, ist das Sein der Welt ganz, ist Erkenntnis und Wahrheit, Subjektives und Objektives ausgeglichen und eins» (Otto 1956, S. 70). Darin wird deutlich, daß der Gott in seinem Vatersein nicht als Wiederliebender, väterlich Sorgender oder gar Erlösender konzipiert wird wie in der christlichen Religion. Er ist dem weit enthoben und doch ein Liebbarer. Das spiegelt sich auch in dem Element Charis', dem «Freudigen». Es bedeutet, daß der griechische Gott kein Herr, kein Gehorsam, Anerkennung und Ehrerbietung Verlangender ist, sondern ein solcher, der mit ästhetischen Kategorien besser beschrieben wäre als mit rationalen oder moralischen. Die göttliche Gestalt ist «nicht bloß das Anmutig-Reizende, Schenkend-Beglükkende…, sondern auch die Freude und Erkenntlichkeit des Beglücktseins, des Beschenktseins. Es ist… das wunderbare Reich des Schenkens und Dankens in Einem, des liebevollen Gebens und liebevollen Nehmens, wo Recht und Gerechtigkeit, Anspruch und Genugtuung keinen Zutritt haben, das Reich der Gnadenfülle. Wahrhaftig eine ganze Welt, in der das Subjekt und das Objekt beide eines sind, aufgehoben in den göttlichen Glanz eines höheren Seins» (a. a. O., S. 75). «*Liebe* statt *Wille* und *Gehorsam*» ist die Formel, in die Otto die Beziehung zwischen den Menschen und dem griechischen Gott gekleidet hat. Sie darf als Beschreibung der altgriechischen Vaterkonzeption aus der epischen Zeit übernommen werden.

Wenn wir über die epische Zeit des alten Griechenland sprechen, reden wir über Diskurse, nicht über soziale Wirklichkeit. Wir wissen nicht, ob die geschilderte Emphase der Vater-Sohn-(Kinder-)Beziehung ein reales Pendant besaß. Aus den Epen Homers kann in aller Vorsicht allenfalls ein Rückschluß zumindest auf jene Wirklichkeit versucht werden, die im Vordergrund jener Epen steht. Danach nehmen die zahlreichen Väter, in ihrer Gesamtheit betrachtet, drei Grundfunktionen wahr, jeweils die Vermittlung und den Schutz des sozialen Status der Familie, des Besitzes, und (zumindest bei Königen) der Herrschaft (vgl. Martin 1984, S. 86). Es spricht einiges dafür, daß die soziale Wirklichkeit jener Epoche solche Funktionen erforderlich gemacht hat. Der Oikos, das «Haus», war die entscheidende Bezugseinheit des Handelns in einer Gesellschaft, die von großer Unsicherheit geprägt war. Das Verhältnis der ‹Adelsfamilien› zu ihrer bäuerlichen Umwelt war prinzipiell bedroht. Dieser ‹struggle for life› begünstigte ein Wertesystem, das auf Konkurrenz der Familien untereinander begründet war. Die naheliegende Implikation solcher Verhältnisse ist es, daß die Familie, der Oikos, sich auf die Leistungsfähigkeit seiner Mitglieder stützen muß. Insofern darf die Wahrnehmung der Vaterfunktionen nur so verstanden werden, daß diese Funktionen erst in wechselseitiger Unterstützung von Vater und Sohn wirksam ausgeübt werden konnten. Nur wenn der Sohn die Aussicht vermittelte, die Stärke des Vaters zu verlängern, ja zu übertreffen, nur dann gab es eine Aussicht für den Oikos, in Konkurrenz zu den anderen zu überdauern.

Wenn wir die Aufmerksamkeit von der epischen Zeit auf eine zeitliche wie geographische Episode Griechenlands hinüberlenken, die eine ganz andere Vaterkonzeption verrät, dann wechseln wir gleichzeitig die Bezugsebene. Wir reden nicht mehr von Diskursen in der Gestalt von Epen, sondern unsere Quelle ist ein juristischer Text, die Verfassung *Spartas*. Von einer solchen Quelle kann mit einem größeren Recht angenommen werden, daß die soziale Wirklichkeit ihm nahekam, zumindest virtuell, denn dieses ist der Sinn kodifizierten positiven Rechts. Sparta hatte sich bis zum Ende des 7. Jahrhunderts ‹unauffällig› entwickelt, wenn man von der Tatsache absieht, daß die Spartaner eine Vermischung mit der Landbevölkerung, den Heloten, vermieden. Deren Zahl wuchs im Lauf der Zeit allerdings beträchtlich. Aus diesem Grund entstand der Bedarf einer gründlichen militärischen Absicherung Spartas. In der Verfassung erfuhr das Leben der Bürger eine grundlegende Umgestaltung in Richtung einer formierten Gesellschaft. Die Bürger sollten künftig ein Privatleben weder kennen noch wünschen (vgl. Lykurg 25). Diese Orientierung des individuellen Lebens am sozialen Gesamtzweck bezog sich in erster Linie auf die männliche Bevölkerung. Sparta war der erste Erziehungsstaat. Das bedeutet, daß die männliche Jugend eine Gemeinschaftserziehung vom 7. bis 20. bzw. 30. Lebensjahr erfuhr, die als «agoge» bezeichnet wurde. In diesem Erziehungsprozeß, dessen militärischer Anteil eine hervorragende Bedeutung besaß, spielte die Beziehung zwischen dem Zögling und seinem Erzieher eine besondere Rolle. Der Zögling, der in der Schlacht die Funktion eines ‹Nebenmannes› hatte, wurde im Erziehungsprozeß ab etwa dem 12. Lebensjahr Objekt päderastischer Aktivitäten seines ‹Liebhabers› (vgl. Abb. 17).

Die Geschichtsschreibung des alten Griechenland ist voll von Versuchen, diese Tatsache zu ignorieren, zu bagatellisieren oder umzudeuten. Der Grund dafür liegt in einer Unverträglichkeit zwischen der Griechenbegeisterung des 19. Jahrhunderts und seiner gleichzeitigen Prüderie in sexuellen Fragen, die den Gedanken an eine ‹normale› homosexuelle Aktivität verwerflich finden mußte, welche nicht nur geduldet wurde, sondern ein integraler Bestandteil einer bestimmten historischen Phase des alten Griechenland gewesen war. Noch Hermann Nohl hat 1933 versucht, die körperlich sexuelle Dimension des pädagogischen Verhältnisses rein geistig zu deuten:

Abb. 17: *Ein Mann umwirbt einen Knaben*

«Ein noch tieferer Grund liegt in dem ganz besonderen Verhältnis der pädagogischen Freundschaft junger Männer zu jüngeren Knaben. Man hat gemeint, durch das Bewußtmachen ihrer Sexualgrundlage, den einzelnen von dem dunklen Druck solchen gleichgeschlechtlichen Verhältnisses zu befreien (Blüher). Das Gefährliche dabei ist aber doch, daß hier die wunderliche Täuschung des Geschlechtes in jenen Jahren durch eine Theorie der Inversion umgedeutet wird, damit aber auch der ganze Reichtum dieses Verhältnisses, in dem eben viel mehr als das sexuelle Moment enthalten ist, ausgeleert und nur noch der eine mißgeleitete Trieb übrig behalten wird, der sich jetzt gerechtfertigt glaubt» (Nohl 1933, S. 23).

Der heutige Forschungsstand läßt allerdings keinen Zweifel: Nicht nur in Sparta, sondern auch in der griechischen Polis-Gemeinschaft Attikas war die Päderastie Bestandteil eines pädagogischen Verhältnisses mit Initiationscharakter. Als erster hat Erich Bethe (1907) erkannt, daß der rituelle Scheinraub eines heranwachsenden Knaben durch einen erwachsenen Mann, mit dem er eine längere Zeit verbrachte, einen Initiationsvorgang darstellte. Bethe deutete den Koitus des erwachsenen Mannes mit dem Knaben als «eine Art Übertragung der männlichen

Vollkraft... die numinos am Sperma haftend gedacht ist» (a. a. O., S. 11). Die Beziehung zwischen dem Liebhaber, der wegen seiner unterrichtenden Funktion auch ‹Einbläser› genannt wurde, und dem Knaben, der dementsprechend ‹Hörender› hieß, war nicht nur üblich, sondern gesellschaftlich anerkannt und angesehen. Für einen Knaben aus gutem Hause galt es geradezu als schimpflich, nicht von einem erwachsenen Mann begehrt und rituell geraubt zu werden. Deshalb wurde der ‹Räuber› auch nur zum Schein verfolgt und nach der Zeit der Gemeinsamkeit mit dem Knaben festlich empfangen. Der Knabe wurde durch seinen ‹Liebhaber›, den Erastes, am Ende mit einer Waffenrüstung, einem Stier als Opfer an Zeus und einem Trinkbecher beschenkt. Das sexuell gelöste Verhältnis wirkte im übrigen außersexuell weiter, indem der so initiierte Knabe dem erwachsenen Mann in der Schlacht, eben als ‹Nebenmann›, beigeordnet war. Der Liebhaber war nun aber nicht irgendein ‹Ausbilder›, sondern er hatte am Ansehen ‹seines› Knaben erheblichen Anteil. Das galt auch im negativen Fall, wenn ein Liebhaber beispielsweise von den Oberen dafür bestraft wurde, daß der Knabe im Kampfgefecht sich unmännlich feige gezeigt hatte (vgl. Lykurg 18,4).

Ab dem 4. Jahrhundert beginnt die Knabenliebe ins Gerede zu geraten. Der rituelle Charakter rückt in den Vordergrund, zu Lasten des Erzieherischen. In Attika werden Sklaven damit beauftragt, die Jünglinge zu begleiten (‹Pädagogen› = Knabenführer), um potentielle Liebhaber von den Knaben fernzuhalten. Für Aristoteles ist die Päderastie bereits ein Laster. Aber das ist eine spätere Entwicklung. Für Sparta und die griechischen Städte, in denen die Päderastie zwischen der epischen und der klassischen Zeit üblich war, impliziert sie Erhebliches für die Vaterkonzeption: Der leibliche Vater wird im erzieherisch-sozialisatorischen Sektor zurückgedrängt. Die zumindest für die männlichen Kinder entscheidende Erziehung zwischen dem 7. und 20. Lebensjahr wird öffentliche Aufgabe. Dabei entsteht das Kuriosum, daß diese öffentliche Aufgabe wiederum durch Personen durchgeführt wird, die dem leiblichen Vater strukturell verwandt sind, sowohl in ihrem Sein wie in ihrem Tun. Der Liebhaber ist ein erwachsener Mann, ein Führer, der eine erzieherische Aufgabe wahrnimmt, die er aber durch einen Akttypus bekräftigt, der der Zeugung des Knaben nachgebildet ist. Der Koitus mit ihm dient der Vermittlung von Eigenschaften. Mit anderen Worten, das Kind, genauer der Knabe, wird als

Produkt zweier Väter gedacht, eines leiblichen, der seinen Körper zeugt, und eines ‹sozialen›, der in der Simulation der Zeugung seinen Charakter formt, denn die Tüchtigkeit (Areté) steckt im Samen des Liebhabers. Es deutet sich an, daß in dieser Konstruktion der Gedanke enthalten ist, das Kind der nachwachsenden Generation bedürfe, um ‹weiterzukommen›, mehr als eines Vaters. Es kann den Vater nur übertreffen, wenn es einen zweiten Vater hat. Der zweite Vater ist der Liebhaber. Hier ist ein Ursprung des Erziehers, der sehr viel später kein zweiter, sondern der alleinige ‹öffentliche› Vater sein wird.

Wie weit die öffentlichen Erzieher und ‹Zweitväter› von dem Bild der Vaterliebe aus epischer Zeit abrückten, zeigen im übrigen einige zeitgenössische Zitate. So schreibt Xenophon:

«Lykurgos, statt daß er es jedem Vater überließ, einen Sklaven als Aufseher zu bestimmen, übertrug die Aufsicht über die Knaben einem Angehörigen jener Volksklasse, die die höchsten Ämter innehat. Er war ‹Aufseher› genannt. Er übertrug diesem Manne die Aufgabe, die Buben zu sammeln, sich um sie zu kümmern, sie streng zu bestrafen, falls sie sich schlecht aufführten. Er gab ihm eine Anzahl jugendlicher Helfer bei mit Peitschen, die sie, wenn nötig, züchtigen mußten. Das Ergebnis davon ist, daß Bescheidenheit und Gehorsam in Sparta unzertrennliche Gefährten sind... Damit die Knaben nie ohne Aufsicht seien, auch dann nicht, wenn ihr Vorgesetzter abwesend sein sollte, gab er jedem Bürger, der gerade da war, das Recht, von den Knaben zu verlangen, was ihm gerade richtig erschien und sie bei schlechtem Betragen zu bestrafen. So wurde bei ihnen der Respekt gefördert. Daher kommt es, daß sowohl Knaben wie auch Männer ihre Vorgesetzten über alles ehren. Und damit auch dann die Aufsicht nicht fehle, wenn kein Erwachsener zugegen war, wählte er die kühnsten unter den größeren aus und übertrug ihnen den Befehl über eine Abteilung. So sind in Sparta die Jungen nie ohne Aufsicht...»

Und bei Plutarch lesen wir:

«Eïren nennen sie diejenigen, die zwei Jahre über das Knabenalter hinaus sind, Melleïren die ältesten Knaben. Dieser Eïren nun, zwanzig Jahre alt, befehligt die ihm Unterstellten in den Wettkämpfen, und zu Hause, bei der Mahlzeit, sind sie seine Bedienten. Den kräftigen befiehlt er, Holz heranzuschaffen, den kleineren Gemüse. Sie müssen es aber stehlen, teils indem sie in die Gärten gehen, teils indem sie sich in die Tischgesellschaft der Männer einschleichen; aber höchst gerissen und vorsichtig; denn wenn einer erwischt wird, bekommt er viele Peitschenhiebe...

Hatte der Eïren gespeist, so legte er sich nieder und befahl den einen Knaben zu singen, den anderen legte er eine Frage vor, die eine wohlüberlegte Antwort erforderte, z. B.: Wer ist der beste unter den Männern? Oder: Wie ist die Handlung des oder des Mannes zu beurteilen? So wurden sie von Anfang an daran gewöhnt, gut und schlecht zu unterscheiden und sich über die Bürger Gedanken zu machen. Denn wenn einer auf die Frage, welcher Bürger tüchtig und welcher nicht angesehen wäre, keine Antwort wußte, so nahm man das für ein Zeichen eines trägen und nicht eifrig nach der Tugend strebenden Geistes. Die Antwort mußte auch mit treffender Begründung versehen und in eine kurze und gedrängte Form gebracht sein. Wer keine treffende Antwort zu geben wußte, wurde von dem Eïren durch einen Biß in den Daumen bestraft. Oft strafte der Eïren auch die Knaben in Gegenwart von Älteren und Oberen, um zu zeigen, ob er vernünftig und in der gehörigen Weise strafte. Während er strafte, wurde er nicht gehindert. Aber wenn die Knaben gegangen waren, hatte er Rechenschaft abzulegen, ob er schärfer als nötig durchgegriffen hatte oder zu nachsichtig und schlapp.»

Wenn es gerechtfertigt wäre, das spartanisch-attische Muster der Päderastie in einem Wirkungszusammenhang zu der Vaterkonzeption der klassischen Zeit zu sehen, dann ließe sich sagen, daß das antike Griechenland sich von diesem Schlag gegen die Konzeption des einen heiteren, liebevollen, göttlichen Vaters nicht wieder erholt hat. – Die griechische *Polis* der klassischen Zeit funktionalisiert den Vater zu einem anderen Zweck. Die Polis reproduziert sich weniger durch die Produktionsgemeinschaft eines Oikos als über das Militär, ihre Flotte. Die Oiken sind nicht mehr auf sich selbst gestellte autarke Einheiten, sondern sie müssen innerhalb der Staatsgemeinschaft fungieren. Diese Staatsgemeinschaft erhält sich durch strikte Regeln der Mitgliedschaft. Bürger der Polis kann nur sein, wer väter- wie mütterlicherseits von Polis-Bürgern abstammt. Vaterschaft erhält deshalb eine erste Rolle bei der Regelung des Zugangs zum Bürgerrecht. So hatte der Vater einen gesetzlich vorgeschriebenen Eid zu leisten, wonach das Kind aus einer rechtmäßigen Ehe mit einer Bürgerstochter stammt. Dieser Eid fand statt im Rahmen der Aufnahme eines Kindes in die ‹Phratrie›, die Gemeinschaft.

Die zweite Funktion, vielleicht sogar die erste, bestand angesichts der besonderen Bedeutung des Militärs natürlich in der Sicherung des Nachwuchses für die Armee.

Sodann übernahmen die Oiken bestimmte Verantwortlichkeiten für einzelne Aufgaben des Staates, beispielsweise die Unterhaltung eines bestimmten Schiffs. Hier übernahm der Herr des Oikos, der Vater also eine ökonomische Funktion für den Staat.

Schließlich sicherte der Oikos als Traditionsort den Vollzug des Totenkults an den verstorbenen Vätern. Auch dieser Totenkult besaß nicht nur eine Funktion für den Toten, sondern für die gesamte staatliche Gemeinschaft, weil man davon ausging, daß bei entsprechenden rituellen Unterlassungen von den Gestorbenen Unheil für die gesamte Gesellschaft ausging.

Diese wenigen Kennzeichen (vgl. Martin 1984) zeigen die grundlegende Wandlung, die der Oikos in der klassischen Zeit erfahren hatte. Er war nicht mehr der zentrale Bezugspunkt seiner Mitglieder, sondern er war über ein erhebliches Stück funktionalisiert durch den Staat. Diese Funktionalisierung blieb nicht ohne Folgen für die Rolle des Vaters. Er konnte in seinem Oikos keineswegs weiter frei schalten und walten, wie er wollte. Die Gesetzesregelungen des Staates reichten, wie am Beispiel des Eides über die Legitimität des Kindes zu sehen, weit in die ursprüngliche väterliche Gewalt hinein. Die Funktion des Vaters läßt sich deshalb im wesentlichen als auf drei Elemente reduziert beschreiben:

– die genetische Funktion,
– die legitimatorische Funktion,
– die hereditäre Funktion.

Die genetische Funktion hing mit der legitimatorischen, wie gezeigt, eng zusammen. Der Zeuger des Kindes muß bezeugen, daß das Kind Produkt einer legitimen Ehe ist. Oder, andersherum formuliert: Der Vater hat die Pflicht, legitime Kinder zu zeugen.

Wir müssen davon ausgehen, daß die Fokussierung der Vaterfunktion auf seine Rolle als Kindeszeuger durchaus nicht negativ gesehen wurde. In der Orestie des Äschylus scheint die Emphase durch, mit der man die besondere Zeugungsrolle des Vaters betonen wollte (Vers 658–666).

«Nicht ist die Mutter des Erzeugten, Kind genannt, Erzeugerin – Pflegerin nur des neugesäten Keims. Es zeugt der Gatte; sie, des Gasts Gastgeberin, Hütet den Sproß, falls ihm nicht Schaden wirkt ein Gott. Für die Behauptung führ ich also den Beweis: Vater kann werden ohne Mutter man; vor uns Als Zeugin steht die Tochter des Olympiers Zeus, In keines Mutterschoßes Dunkelheit genährt, Doch solch ein Kind, wie's keine Göttin je gebar.»

Eine pädagogische Funktion des Vaters wird nicht wiederhergestellt. Die Ausbildung der Kinder (in der Regel der Knaben) fand außerhalb des Oikos in Schulen statt, zu denen selbst die Angehörigen sozial schlechter gestellter Schichten in der Regel Zugang fanden. Der Vater verliert seine Funktion als Vorbild, dem nachzueifern oder das zu übertreffen Ziel des Sohns sein könnte. Dieser Funktionsverlust bleibt zwangsläufig nicht ohne Folgen. In der Literatur der klassischen Zeit häufen sich Beispiele für die Entstehung feindseliger Beziehungen zwischen Vater und Sohn. Das am häufigsten zitierte Beispiel ist der Dialog zwischen einem Vater und seinem Sohn in den «Wolken» des Aristophanes. Der Vater, der seinen Sohn bei Sokrates hat sophistisch schulen lassen, muß erfahren, wie diese außerhäusliche Erziehung sich gegen ihn selbst richtet. Folgende Szene der Komödie zeigt, wie der Vater von seinem Sohn mit Prügeln bedroht wird:

«*Sohn:* Ich komme wieder auf den Satz, wo du mich unterbrochen, und frage dich vor allem: hast du mich als Kind geschlagen?
Vater: Nun ja, aus Lieb und Sorge nur für dich!
Sohn: Aha! Nun sage:
Ist's da nicht billig, daß auch ich dir meine Liebe zeige und prügle dich, da offenbar dies Lieben heißt: das Prügeln? Warum soll deine Haut allein gesichert sein vor Prügeln, die meine nicht? Ich bin doch auch, bei Gott, ein Freigeborner! ‹Die Kinder sollen heulen, doch der Vater nicht?› Weswegen? Du sagst vielleicht, das sei einmal der Brauch so bei den Kindern? Gut, sag ich dann, die Alten sind bekanntlich zweimal Kinder, Und zweimal mehr verdienen sie drum Prügel als die Jungen, da ihre Schuld auch größer ist, wenn sie sich doch vergehn.
Vater: Nein, das verbeut in aller Welt doch das Gesetz den Kindern!
Sohn: Hat denn nicht aber dies Gesetz ursprünglich vorgeschlagen ein Mensch, wie du und ich, und dann es durchgesetzt mit Gründen? Darf ich denn nicht auch ein Gesetz uns für die Zukunft schaffen, ein neues, dem gemäß die Schläg heimzahlt der Sohn dem Vater? Die Prügel, die wir kriegten, eh noch dies Gesetz erlassen, die schenken wir euch überdies als längst verjährte Schulden.»

Ähnliche Auflösungserscheinungen zeigen sich an verschiedenen anderen Quellen. Naturgemäß hatte die Konzentration auf die genetische Funktion des Vaters noch eine Implikation für die Zeit nach seinem Ableben: Seine Vaterschaft regelte die Frage der Vermögensvererbung. Als Erblasser erhielt er eine hereditäre Funktion, die im übrigen der ökonomischen Tendenz des klassischen Griechenland entsprach, in welchem die ‹Sachwerte› nicht ohne Bedeutung waren. Genaugenommen sind die drei Vaterfunktionen im klassischen Griechenland Bestandteile ein und desselben Zusammenhangs. Die Zeugerschaft des Vaters wird für die Regelung sozialer Fragen des Staates instrumentalisiert. Die genetische Vaterschaft sichert die Reproduktion der Bevölkerung und legitimiert die Zugehörigkeit zur Bürgerschaft sowie die Zuordnung des Vermögens zu Personen.

Faßt man die Entwicklung des Vaterkonzepts im alten Griechenland zusammen, so läßt sich jetzt resümieren, daß Griechenland der Ort der ersten Vaterdeszendenz zu sein scheint. Was leicht und paradiesisch und göttlich in epischer Zeit begann, endet bei einer pädagogischen Enteignung des Vaters, des leiblichen Vaters, und seiner Reduktion auf genetische und legitimatorische Funktionen. Man kann, von einem anderen Standpunkt aus, das natürlich als einen Fortschritt interpretieren: Die Auffassung, daß es zur Aufzucht eines Kindes mehr als *eines* Vaters bedarf, muß vor dem Hintergrund einer fortschrittsorientierten Geschichtsphilosophie geradezu als Ausgangspunkt für eine Höherbildung der Menschheit gewertet werden. Und in der Tat hat man sich an der Wiege der Pädagogik als eines staatlichen Berufs an der Wende vom 18. zum 19. Jahrhundert auf Griechenland immer wieder bezogen. Dabei hat, wie wir sehen werden, der Gedanke der Marginalisierung des leiblichen Vaters keine Rolle mehr gespielt. Er geriet angesichts der Begeisterung über die staatlichen Väter ohnedies aus dem Zentrum der Aufmerksamkeit.

Literatur

Bethe, E.: Die dorische Knabenliebe, Rheinisches Museum, o. O. 1907.

Bieber-Lux, D.: Die Frau in der griechischen Sage und Geschichte, Berlin 1927.

Bühler, G. (Hg.): Das Kind und seine Umwelt im Laufe der Zeiten, Bd. 1, Zürich 1990.

Burck, E.: Die Frau in der griechisch-römischen Antike, München 1969.

Dover, K. J.: Homosexualität in der griechischen Antike, München 1983.

Eliade, M.: Geschichte der religiösen Ideen, Bd. 1, Freiburg/Basel/Wien 1978.

Erdmann, W.: Die Ehe im alten Griechenland, München 1934.

Gadamer, H.-G.: Das Vaterbild im griechischen Denken. In: Tellenbach, H. (Hg.): Das Vaterbild in Mythos und Geschichte, Stuttgart u. a. 1976, S. 102–115.

Gronbech, V.: Hellas, Reinbek bei Hamburg 1965.

Just, R.: Women in Athenian Law and Life, London/New York 1989.

Kroll, W.: Freundschaft und Knabenliebe, München 1927.

Kunstler, B. L.: Women and the Development of the Spartan Polis: A Study of Sex Roles in Classical Antiquity, Diss. Ph. D. Boston 1983.

Lemke, W.: Das Vaterbild in der Dichtung Griechenlands. In: Tellenbach, H. (Hg.): Das Vaterbild in Mythos und Geschichte, Stuttgart u. a. 1976, S. 116–135.

Lenzen, D.: Mythologie der Kindheit, Reinbek bei Hamburg 1985.

Lesky, E.: Die Zeugungs- und Vererbungslehren der Antike und ihr Nachwirken.

Abhandlungen der Geistes- und Sozialwissenschaftlichen Klasse der Akademie der Wissenschaften und der Literatur, Nr. 19, Mainz 1950.
Lieberg, G.: Die Lehre von der Lust in den Ethiken des Aristoteles, München 1958.
Martin, J.: Zur Stellung des Vaters in antiken Gesellschaften. In: Süßmuth, H. (Hg.): Historische Anthropologie, Göttingen 1984, S. 84–109.
Müller, C.: Kindheit und Jugend in der griechischen Frühzeit, Gießen 1990.
Nohl, H.: Die Theorie der Bildung. In: Nohl, H. / Pallat, L. (Hg.): Handbuch der Pädagogik, Bd. 1, Langensalza 1933, S. 3–80.
Otto, W. F.: Theophania. Der Geist der altgriechischen Religion, Hamburg 1956.
Patzer, H.: Die griechische Knabenliebe, Wiesbaden 1982.
Ranke-Graves, R. v.: Griechische Mythologie, 2 Bde., Reinbek bei Hamburg 1960.
Rumpf, E.: Eltern-Kind-Beziehungen in der griechischen Mythologie, Frankfurt a. M. / Bern / New York 1985.
Vogt, J.: Von der Gleichwertigkeit der Geschlechter in der bürgerlichen Gesellschaft der Griechen. Abhandlungen der Geistes- und sozialwissenschaftlichen Klasse der Akademie der Wissenschaften und der Literatur, Nr. 2, Wiesbaden 1920.
Wilamowitz-Moellendorff, U. v. / Niese, B.: Staat und Gesellschaft der Griechen und Römer, Berlin / Leipzig 1910.
Zoepffel, R.: Geschlechtsreife und Legitimation zur Zeugung im alten Griechenland. In: Müller, E. W. (Hg.): Geschlechtsreife und Legitimation zur Zeugung, Freiburg / München 1985, S. 319–402.

6. Der Mythos vom Patriarchat

Die römische Antike

Rom, bei diesem Namen assoziieren die braven Verächter der Väterlichkeit eine uneingeschränkte Machtfülle des Vaters, die mit außerordentlicher Brutalität verübt wurde: männliche Herrschaft auf allen Linien, von den Göttern bis zum kleinen Weinbauern. Abscheu macht sich breit. Rom, das ist *der* patriarchale Sündenfall der abendländischen Geschichte. Spätestens hier begann das Elend der Frauen, ihre Unterdrückung und mit ihr diejenige ihrer Kinder. Wenn von Rom die Rede ist, dann denkt man an die patria potestas, an die Regelungen des römischen Rechts, die angeblich bis in das 20. Jahrhundert fortgewirkt haben und womöglich immer noch unauslöschliche Spuren in einem juristischen System besitzen, das zweifelsohne eine wichtige Quelle im römischen Recht fand. Wenn von Rom die Rede ist, dann pflegt man nicht über emphatische Beziehungen zwischen Vätern und ihren Kindern zu reden, das aufgeregte Interesse am pater familias ist immer das Interesse an seiner Verurteilung als Beherrscher der Frauen. Die Kinder als Objekt seiner Willkür werden in der Regel im Zusammenhang mit ihren Müttern gesehen. Dieses ist eine Wahrnehmung, die nur vor dem Hintergrund einer späten Geschichte verstanden werden kann, die seit der Aufklärung Kinder wenn nicht als Besitz, so als Bestandteil der Mütter wahrzunehmen pflegt.

Die Überlieferungsgeschichte des römischen ‹Patriarchats› macht es außerordentlich schwierig, den Tatsachen auf die Spur zu kommen. Denn es gilt natürlich auch hier: Unsere Quellen sind in der Regel Texte, unter denen Rechtstexte erstmalig eine besondere Rolle spielen. In diesen Rechtstexten ist in der Tat die Dominanz des pater familias befestigt worden. Die Konzentration der Überlieferung auf solche juristischen Texte, die für das bürgerliche Recht vieler europäischer Nationalstaaten orientierend geworden sind, brachte es zwangsläufig mit sich, daß diese Literatur für das Ganze der väterlichen Wirklichkeit im antiken Rom gehalten wurde. Quellenstudien, die sich mit der Geschichte des Vaters in Rom jenseits rechtlicher Regelungen befassen, stehen noch aus. Der Ansatz, dem sich die folgende Darstellung an einigen Stellen anschließt, ist eher die Ausnahme (vgl. Wlosok 1978). Dort ist nämlich erstmals versucht worden, auch literarische Quellen heranzuziehen und auf diese Weise eine zweite Diskurstradition aufzuzeigen.

Aber die Probleme beginnen bereits an einer banalen Stelle. Von der Stellung des Vaters in Rom zu sprechen, ist entschieden zu pauschal. Hier ist es ebensowenig möglich wie für die griechische Antike. Der Zeitraum von der Gründung Roms (der Sage nach: 753 v. Chr.) bis zu seiner weitgehenden Christianisierung im 3. nachchristlichen Jahrhundert umfaßt tausend Jahre. Diese Zeit ist nicht nur durch einen Prozeß gekennzeichnet, den man gern als sukzessive Humanisierung schon vor, insbesondere in der Nachfolge des Christentums deutet. Man darf nicht übersehen, daß die römische Entwicklung eine erhebliche zeitliche Parallelität zur griechischen Antike aufweist und daß gerade der Hellenismus für jenen ‹Humanisierungsprozeß› nicht ohne Folgen geblieben ist. Anders als in Griechenland scheint es aber für die römische Zeit nicht möglich zu sein, zwei oder mehrere Entwicklungsphasen für die Geschichte des Vaters auszumachen, in denen klar voneinander unterscheidbare Vaterkonzepte vorgelegen hätten. Der Grund dafür mag in einer kontinuierlichen Expansionsgeschichte Roms gesehen werden. Entscheidender dürfte aber die hohe Kontinuität in der römischen Rechtsentwicklung gewesen sein, die keine Entwicklungssprünge kennt, welche für die rechtliche Position des Vaters hätten bedeutsam werden können. Die römische Antike stellt vielleicht die erste Epoche dar, in der Veränderungen des kodifizierten Rechts nach einem Muster ablaufen, wie wir es aus der Rechtspraxis parlamentarischer Demokratien kennen. Veränderungen erfolgen eklektisch, langsam, das eine aus dem anderen entwickelnd. Auf diese Weise lassen sich aus der juristischen Literatur die Einflüsse grundlegender politischer und vor allem religiöser Veränderungen immer eher im nachhinein analytisch identifizieren, sie sind fast nie expliziter und vor allem intentionaler Ausdruck einer veränderten ‹ideologischen› Lage.

Vielleicht kann die römische Gründungssage dazu verhelfen, die große Bedeutung etwas verständlicher zu machen, die dem römischen pater beigemessen wird. Danach beginnt alles damit, daß zwei Knaben, Romulus und Remus, Söhne einer Mutter Sylvia, die dem Geschlecht eines unteritalienischen Stammesfürsten entsprang und von Mars geschwängert wurde, ausgesetzt, von einer Wölfin gesäugt und als Adoptivkinder von einer Schäferfamilie großgezogen wurden. Dieses Brüderpaar entledigte sich eines Großonkels mütterlicherseits, der für die schwierigen Machtverhältnisse in ihrem Herkunftsland verantwortlich war und damit für ihre Aussetzung; sie verließen ihre Heimat mit der Absicht, eine neue Stadt zu gründen. Über diesen Gründungsakt gerieten die Brüder in Streit, Romulus tötete seinen Bruder und wurde zum Gründer Roms. Er und seine Helfer waren mittellos und vor allem ohne Frauen. Aus dieser Tatsache resultiert die Legende vom Raub der Sabinerinnen, der die junge Männergesellschaft in den Besitz von Frauen und damit der Möglichkeit brachte, sich genetisch zu reproduzieren. Es ist viel darüber spekuliert worden, ob diese Gründungslegende einen Hinweis auf matriarchale Lebensformen im italienischen Raum vor der Gründung Roms enthält. In der Tat hat bei den Etruskern die Frau wohl eine besondere, von Freiheiten gekennzeichnete Position gehabt, die in der antiken Welt allenfalls den griechischen Hetären zustand. Für die Geschichte der Vaterschaft ist diese Überlegung aber nur eine Seitenlinie. Was sich mit der Gründungsgeschichte Roms in das Bewußtsein der Römer fest eingegraben haben dürfte, ist vielmehr dieses: Die Römer können ihre Herkunft väterlicherseits auf einen Gott, Mars, zurückführen. Die leidvollen, schwierigen Umstände der Gründung und des Lebens der Gründergenerationen sind aber gekennzeichnet durch die Abwesenheit von Frauen und die Abwesenheit eines helfenden Vaters. Das, was Rom war und wurde, war es aus sich selbst, aus der Tatkraft seiner Gründer.

Oberflächlich betrachtet, könnte man vermuten, daß aus dieser Tatsache eine Kultur erwachsen müßte, in der die helfende Hand des Vaters vergleichsweise bedeutungslos wäre, weil die Gründer auch ohne sie auskommen mußten. Daß diese Überlegung falsch ist, verdeutlicht sich sehr schnell, wenn man die gleichzeitige Tatsache der Frauenabwesenheit hinzuzieht, die erst durch den Raub der Sabinerinnen kompensiert wird. Wenngleich ohne väterlich-göttliche Hilfe, waren die Gründer Roms doch eben Männer und nicht Frauen. Sie *nahmen* sich Frauen und wurden dadurch zu Vätern. Die Gründungstat mag diejenige von Männern gewesen sein, die noch keine Väter waren. Daraus erwächst aber gerade die Verpflichtung für die nachwachsenden Generationen, diese sodann zu Vätern gewordenen Gründer in besonderer Weise zu verehren. Dafür sorgten, in den römischen religiösen Vorstellungen, die Gründer als inzwischen Verstorbene schon selbst: Während dreier Tage des Jahres, den Lemuria, kamen die toten Vorfahren in die Häuser ihrer Nachkommen zurück. Es war wichtig, sie zu besänftigen und sie daran zu hindern, Lebende in das Totenreich zu transferieren. Zu dieser Besänftigung bedurfte es über das ganze Jahr hinweg des Vollzugs eines Totenkults, der unter anderem in der Bereitstellung von Nahrungsmitteln auf den Gräbern der Toten bestand. Diese und andere Akte gehörten zum Vollzug der pietas, die geeignet war, die «animas placare paternas» (Ovid, Fasti II, 533), die Seelen der Vorväter zu besänftigen.

Der Begriff der pietas steht nun im Zentrum einer Beschreibung des Verhältnisses von Vätern zu ihren Kindern und umgekehrt. Die pietas wird als Motiv und Grund für Verhaltenserwartungen herangezogen, die sich auf alle möglichen Pflichten gegenüber den Vätern beziehen, angefangen vom Gehorsam gegenüber den Anweisungen des Vaters bis zur Unterhaltspflicht der Söhne gegenüber ihren alten Vätern. Mit anderen Worten: Die Verpflichtungen der Kinder, insbesondere der Söhne (aber auch der anderen Mitglieder des Hauses) gegenüber dem Vater werden aus der Gründungsgeschichte des Staates abgeleitet. In dem Maße, in dem diese Geschichte eine Erfolgsgeschichte ist, wird die pietas als das Moment wahrgenommen, welches Garant dieses Erfolgs war und, wenn man sich ihr weiter verschreibt, sein wird. Höchst differenzierte rechtliche Regelungen wie die des Alimentations- und Erbrechts finden also ihre Legitimation in einer mythischen Vorgeschichte. Alle Veränderungen an diesem Recht sind deshalb keine Veränderungen an der grundsätzlichen Aufgabe der pietas. Auch nach dem Eindringen des Christentums wird sich daran nichts ändern, weil der christliche Gott so konzipiert wird, daß er mit der Vorstellung des pater omnipotens, mit dem allmächtigen Vater (= Gott), zur Dekkung gebracht werden kann. Der Gott der Christen, der eine gnädige und eine zornige Seite in sich birgt, paßt trefflich auch auf die Vorstellung vom pater familias, die das eindringende Christentum vorfindet. Der pater familias trägt nämlich zwei Elemente in sich, das Element des pater und das des dominus; dabei steht die erste Komponente für die Schutzfunktion des Vaters, die zweite für seine Straffunktion.

Mit dieser Aufgliederung geraten wir schon mitten in die Strukturbeschreibung des pater familias. Der Vater als pater besitzt eine Machtstellung, die weniger auf genetischer Vaterschaft beruht als auf einer institutionellen Befestigung seiner Funktion in der Familie. Zu den aus späterer Sicht ungeheuerlichen Kompetenzen des pater familias gehört die «vitae necisque potestas», das Entscheidungsrecht über Leben und Tod. Wir haben uns daran gewöhnt, die Verhältnisse in der römischen Familie so oder ähnlich geschildert für wahr zu nehmen:

«An der Spitze der Familie steht der Hausvater (Pater familias) mit allumfassender, unbeschränkter und unteilbarer Herrschaftsgewalt (Patria potestas) über Ehefrau (Mater familias), Kinder (Liberi), Sklaven (Servi), Vieh, bewegliches und unbewegliches Eigentum. Mit dem Tode des Hausvaters erlischt die Patria potestas, und die Söhne werden freie Herren über ihr Leben und ihr Vermögen. Wahrung der Hauszucht (Disciplina, potestas) erreicht der Hausvater durch Autorität (Auctoritas), die sich gründet auf seine Erfahrung (Sapientia), sein reifes Urteil (Consilium) und seine Rechtschaffenheit (Probitas). Bedächtigkeit (Diligentia), Strenge (Severitas) und Selbstbeherrschung (Continentia, Temperantia) bestimmen sein feierliches und würdevolles Handeln und Tun (Gravitas). Durch Fleiß (Industria) und Zähigkeit (Constantia) erreicht er sein Ziel. Die jüngere Generation wird nach dem Beispiel der Älteren (Mos majorum) erzogen. Bescheidenheit (Modestia) und Ehrfurcht (Reverentia) kennzeichnen das Verhältnis der jungen Generation zur älteren, die Gehorsam (Obsequium), Wahrhaftigkeit (Verecundia) und Reinheit (Pudicitia, Integritas morum) verlangt. Dieses Verhalten im Haus (Disciplina domestica) ist die Grundlage der militärischen Disziplin (Disciplina militaris) und damit der röm. Macht und Größe» (Kinder/Hilgemann 1964, S. 86).

Diese Sicht auf die Dinge vernachlässigt, daß beispielsweise das Tötungsrecht des Vaters keineswegs willkürlich ausgeübt werden konnte, sondern an ein Hausgericht gebunden war und praktisch wohl nur sehr selten vollstreckt worden ist. Literarisch sind lediglich zwei Fälle verbürgt, die in der Darstellung zusätzlich, durchaus nicht unkritisch, gewertet werden. 374 n. Chr. wurde diese Regel unter Valentinian förmlich abgeschafft, obgleich sie zu dem Zeitpunkt schon längst keine Praxis mehr war. Solche Darstellungen vernachlässigen weiter, daß die brutale Ausübung der Rechte grundsätzlich unter der Kritik der Öffentlichkeit stand. So kann man bei Marcianus lesen, daß die väterliche Gewalt auf pietas und nicht auf atrocitas (Unbarmherzigkeit) beruhen dürfe. Cicero und Seneca rücken Unterstützung und Gnade in den Vordergrund ihrer Auffassungen über den pater familias und die etymologisch wohl falsche zeitgenössische Übersetzung des Götternamens Iuppiter als iuvans pater, als «hilfreicher Vater», verdeutlicht ein weiteres Mal, daß die Konzeption des pater familias völlig mißverstanden wäre, wenn sie eine emphatische Beziehung leugnete und die pietas, wie in der Regel aber falsch dargestellt, nur als Verpflichtung der Söhne und Unterworfenen gegenüber dem Hausvater verstünde. Nur vor diesem Hintergrund wird verständlich, daß es in der gesamten römischen Literatur keine Quelle gibt, in der ein Vater negativ dargestellt würde, mit Ausnahme des negativen Vaterporträts bei Augustinus. In der späteren Kaiserzeit mehren sich Berichte über die öffentliche Kritik an der Ausübung väterlicher Gewalt. So lesen wir im «Codex juris civilis», daß die väterliche Gewalt sich in Zuneigung und nicht in Grausamkeit äußern sollte. Dem entsprechen auch Urteile gegen Väter, beispielsweise durch Kaiser Traianus, die gegen diese Regel verstoßen haben.

Zu dem historischen Arsenal der Fürchterlichkeiten des pater familias gehört auch die Praxis des Verkaufs der eigenen Kinder. Dabei wird übersehen, daß es sich hierbei um einen rituellen Akt der Entlassung des Sohns (und mit anderen Merkmalen auch der Tochter) aus der väterlichen Gewalt handelte. Sowie rituell zum Kauf einer Sache oder eines Sklavin die Berührung mit der Hand – mancipium – gehörte, wurde umgekehrt die ‹Emanzipation› aus der Hand eines Vaters mit denselben rituellen Momenten versehen wie ein Kauf, das heißt also nicht nur mit der Berührung des Kindes durch die Hand, sondern durch einen rituellen ‹Verkauf›, den Gaius in seinen «Institutiones» (I, S. 132) im zweiten nachchristlichen Jahrhundert wie folgt beschreibt:

«Übrigens: Durch die Entlassung aus der Väterlichen Gewalt hören die Kinder auf, unter der Gewalt ihres Erzeugers zu stehen. Der eigene Haussohn aber muß mittels *dreier* förmlicher Verkäufe, die anderen Kinder – d. h.: Die Kinder männlichen Geschlechts (Gaius denkt vielleicht an die adoptierten ‹Kinder›) und die Kinder weiblichen Geschlechts – scheiden durch *einen* förmlichen Verkauf aus der Väterlichen Gewalt. Das XII-Tafelgesetz spricht nur in bezug auf den Sohn von drei förmlichen Verkäufen, und zwar mit diesen Worten: ‹Wenn ein Vater seinen Sohn dreimal verkauft hat, ist der Sohn vom Vater frei›. Bei dieser Angelegenheit geht man folgendermaßen vor: Der Vater verkauft seinen Sohn formgerecht einem anderen. Dieser entläßt ihn ebenso förmlich wieder, indem er ihn mit dem Stab berührt. Dadurch geht der Sohn neuerdings in die Gewalt seines Vaters über. Dieser verkauft ihn wiederum formgerecht entweder demselben (Käufer) oder einem anderen: Es ist aber üblich, daß man ihn wiederum dem gleichen verkauft. Dieser entläßt ihn alsbald ebenso förmlich wieder aus seiner Gewalt, wodurch der Sohn zum zweitenmal in die Gewalt seines Vaters übergeht. Ein drittes Mal verkauft ihn der Vater der Form entsprechend entweder demselben oder einem anderen. Doch auch da will es die Gewohnheit, daß er ihn demselben verkauft. Durch diesen Verkauf hört nun der Sohn auf, unter der Gewalt seines Vaters zu stehen, auch wenn er noch nicht förmlich wieder entlassen worden ist, sondern immer noch im Stand eines käuflich Erworbenen steht.»

Diese Schilderung des Entlassungsritus eines Kindes aus dem Hause des Vaters verdeutlicht, wie problematisch es ist, Formulierungen der Quellen wörtlich zu nehmen wie, wenn in diesem Falle vom ‹Verkaufen› die Rede ist.

Daraus folgt aber auch, daß die gelegentlich geäußerte Vermutung mit Vorsicht aufzunehmen ist, der zufolge der griechische Einfluß seit etwa dem 3. Jahrhundert v. Chr. zum massenhaften Verkauf von Söhnen an erwachsene Männer geführt habe, die diese als Objekt päderastischer Interessen mißbrauchten. Zwar steht fest, daß diese griechische Sitte eine Zeitlang übernommen worden ist und daß daran in besonderem Maße wohl Sklaven beteiligt gewesen sind. Auch wird man in vielen Fällen davon ausgehen müssen, daß zwischen dem Päderasten und seinem Knaben ein ‹pädagogisches Verhältnis› bestand oder zumindest reklamiert wurde. Andererseits ist nicht zu übersehen, daß die öffentliche Billigung dieser Praxis auf wachsenden Widerstand stieß. So erzählt Petronius davon, daß die Sklaven selbst in den Verdacht gerieten, ihre Aufgabe als Beschützer der Knaben päderastisch zu mißbrauchen.

Von besonderem Interesse ist der Dank des Horaz an seinen Vater, daß er angesichts dieser Wirrnisse die Rolle des Pädagogen ihm gegenüber selbst übernommen habe, so daß er frei von jedem Verdacht bleiben konnte. Daraus ist zu schließen, daß es nicht selbstverständlich, sondern bereits zur Zeit des Horaz, also noch im ersten vorchristlichen Jahrhundert, für ehrenrührig gehalten wurde, Lustknabe eines Päderasten gewesen zu sein. Aus der Bemerkung des Horaz ist aber noch eine viel weitergehende Überlegung abzuleiten: Offensichtlich bewegte sich die Vorstellung von den Aufgaben des Vaters durchaus in eine Richtung, in der dazu auch pädagogische Funktionen gehörten. Mit anderen Worten, die Textpassage verrät eine schwindende Bereitschaft, die pädagogische Rolle von der des leiblichen Vaters abzutrennen, wie wir es zeitgleich in Griechenland erleben müssen. Diese Entwicklung könnte dadurch unterstützt worden sein, daß Juden und

Christen gegenüber der Päderastiepraxis schärfste Kritik übten. Es scheint also so zu sein, daß die für Ägypten und Israel noch selbstverständliche Einheit des Pädagogen und des Vaters in Rom bestehenbleibt beziehungsweise gegen den griechischen Einfluß wiederhergestellt wird. Diese Auffassung läßt sich auch durch Äußerungen Quintilians im ersten nachchristlichen Jahrhundert stützen, wenn dieser schreibt:

«Die Eltern hätte ich gern so gebildet, wie immer möglich. Dabei spreche ich nicht nur von den Vätern. Es ist ja bekannt, daß zur Beredsamkeit der Gracchen ihre Mutter Cornelia sehr viel beigetragen hat» (Quintilian: Institutio oratoria I, 1,6).

«Ein Vater sollte schon von der Geburt an die höchsten Hoffnungen in seinen Sohn setzen; denn dann wird er mit mehr Sorgfalt dessen Erziehung an die Hand nehmen. Es ist durchaus irrig zu behaupten, nur sehr wenige hätten die Kraft, all das tatsächlich in sich aufzunehmen, was ihnen geboten wird, und daß wegen der Schwerfälligkeit des Geistes ihre Erziehung (eine höhere Ausbildung) eine Verschwendung an Zeit und Mühe sei. Ganz im Gegenteil: Die meisten (Kinder) sind flink im Überlegen und bereit zum Lernen» (a. a. O., 1,1).

Diese Differenz zwischen der römischen und griechischen Antike wird für die weitere Geschichte des Vaters, insbesondere in Deutschland, wichtig werden. Die Ablösung der pädagogischen Rolle von der des Vaters kann nämlich zu einem Zeitpunkt erst greifen, zu dem die Basis der gemeinsamen christlichen Weltanschauung verlorengeht und gleichzeitig die griechische Antike zum Vorbild des europäischen Bildungsdenkens wird: an der Schwelle vom 18. zum 19. Jahrhundert. Es ist kein Zufall, daß die Übertragung weitreichender pädagogischer Funktionen in die Hände des ‹Vaters Staat› zu jenem Zeitpunkt mit der Griechenbegeisterung der deutschen Klassik einhergeht.

Der Hinweis auf die pädagogische Funktion des römischen Vaters ist ein Hinweis auf seine Pflicht, nicht auf sein Recht als pater familias. Diese Differenz wird leicht aus dem Auge verloren. Sie gilt auch für einen anderen Bereich seiner Beziehungen zu den ihm Anvertrauten im Bereich der Alimentation. Ulpian verfaßt um 200 n. Chr. eine juristische Schrift über das Alimentationsrecht, an deren Anfang er die Regel stellt, daß Kinder von ihrem Vater Unterhalt begehren können. Die Entwicklung des römischen Unterhaltsrechts ist nun dadurch gekennzeichnet, daß die Alimentationsidee im Laufe der Zeit zunehmend ausgeweitet wird. Dieses gilt hinsichtlich der wachsenden Kreise von Alimentationsberechtigten, aber auch, später, für die Unterhaltsverpflichteten. Die Entwicklung beginnt mit einem Unterhaltsrecht für den filius, den Sohn, dem wenig später auch die filia, die Tochter, beigeordnet wird. Im Falle des Absterbens des Unterhaltsverpflichteten reichte die Unterhaltspflicht in männlicher Linie weiter zurück auf die Voreltern, die parentes. Die Voraussetzung dafür ist allerdings immer die eheliche Abstammung gewesen. Das Ende der Unterhaltspflicht war zunächst von dem Zeitpunkt gekennzeichnet, zu dem der Vater seinen Sohn beziehungsweise seine Tochter aus seiner Gewalt entließ. In der zweiten Hälfte des zweiten nachchristlichen Jahrhunderts dehnte sich das Unterhaltsrecht allerdings auf die emanzipierten Söhne aus, später sogar auf diejenigen, die aus dem Hause ausgeschieden waren. Noch zu Ulpians Zeiten findet eine Übertragung des Unterhaltsrechts auf adopierte, also nicht blutsverwandte Kinder statt. Eine Unterhaltsverpflichtung gegenüber ihren Kindern bestand für die Mutter in der agnatischen, also auf Patrilinearität begründeten Ehe naturgemäß nicht. Ausgenommen davon war eine Unterhaltspflicht der Mutter gegenüber eventuellen unehelichen Kindern, für die beim Ausfall der Mutter der Vater der Mutter eintreten mußte. Der Vater der unehelichen Kinder war nicht unterhaltspflichtig, er wurde nicht als Vater im rechtlichen Sinn angesehen. Zwischen dem Vater und seinem unehelichen Kind bestanden keine aus der Vaterschaft begründeten Beziehungen. Diese Auffassung hat sich bis in die 80er Jahre des 20. Jahrhunderts gehalten; danach spielt nicht die Tatsache der natürlichen Vaterschaft die ausschlaggebende Rolle, sondern die der ‹legalen›. – Im zweiten nachchristlichen Jahrhundert entsteht dann die Frage, ob Kinder auch alimentationspflichtig gegenüber ihren Eltern sind. Diese Pflicht wird erstmalig «ex officio pietatis» begründet, das heißt aus Gründen der pietas gegenüber dem Vater. Ulpian erweitert diese Alimentationsverpflichtung dergestalt, daß auch die väterlichen agnatischen Verwandten, das heißt der Groß- und gegebenenfalls Urgroßvater, das Recht besitzen, Alimente von ihrem Enkel beziehungsweise Großenkel zu empfangen.

Diese Rechtssituation ist in byzantinischer Zeit durch Justinian radikalisiert worden. Der Kreis der zu Unterhalt verpflichteten Personen wurde derartig erweitert, daß der Unterhalt eines Kindes unter allen Umständen gesichert war. Die männlichen väterlichen Verwandten in der Haupt- wie der Seitenlinie, die Mutter einschließlich ihrer Vorfahren und Seitenverwandten wurden gegenüber den ehelichen Kindern unterhaltspflichtig. Justinian führte auch eine Unterhaltspflicht des Ehemanns im Falle der Scheidung gegenüber den Kindern ein, welche der Mutter überlassen werden. Hier ist im übrigen die Quelle für das moderne Scheidungsrecht, das zwar in der Bundesrepublik Deutschland seit 1975 von einer wechselseitigen Unterhaltsverpflichtung sowie einer beidseitigen Unterhaltsverpflichtung der geschiedenen Eheleute gegenüber dem Kind ausgeht, aufgrund der faktischen ökonomischen Verhältnisse aber, mit wenigen Ausnahmen, als reine Alimentationspflicht der Väter gegenüber den Kindern aus geschiedener Ehe praktiziert wird.

Für die Einschätzung der Position des pater familias lassen sich aus dieser Entwicklung vielleicht folgende Überlegungen gewinnen: Der alleinigen Gewalt des Vaters korrespondiert zunächst eine alleinige Versorgungspflicht für seine Kinder. Diese Pflicht wird sogar über den Kreis der leiblich verwandten Kinder ausgedehnt. Allerdings entsteht eine Verpflichtung der Kinder gegenüber ihren Vätern und später auch Müttern, wie mit zunehmender Auflösung der patria potestas die Alimentationsverpflichtungen auch auf andere Personengruppen aus der Verwandtschaft übertragen werden. Dominant bleibt der Gesichtspunkt der Blutsverwandtschaft. Eine soziale Zuständigkeit für die Kinder gibt es nicht. Immerhin stehen am Ende dieses Prozesses die Interessen des Kindes im Vordergrund. Der entscheidende Gesichtspunkt ist dabei dieser: Es gibt eine Korrespondenz zwischen dem Ausmaß der väterlichen Entscheidungsgewalt und seiner Alimentationsverpflichtung. Wenn das Ausmaß der ersten sinkt, schwächt sich auch die Alimentationsverpflichtung durch Übertragung auf andere Personengruppen ab. Diese ‹Gesetzmäßigkeit› gilt nicht grundsätzlich für alle historischen Phasen. So wird zu zeigen sein, daß das Unterhaltsrecht in der zweiten Hälfte des 20. Jahrhunderts geradezu eine umgekehrte Entwicklung aufweist. Bei sinkenden väterlichen Entscheidungsrechten über das Kind sind steigende Unterhaltsverpflichtungen festzustellen. – Man mag die römische Praxis als eine solche deuten, die eine gewisse Logik der Gerechtigkeit impliziert. Aber das ist nicht der entscheidende Gesichtspunkt. Wichtig ist die Tatsache, daß eine heute verbreitete Sicht, die die patria potestas als verpflichtungslose willkürliche Rechtsausübung kennzeichnet, den historischen Tatsachen nicht entspricht.

In diesem Sinne muß auch das Bild korrigiert werden, dem zufolge zwischen Kind und Vater keinerlei emotionale Beziehungen bestanden oder zumindest nicht überliefert sind. Antonie Wlosok hat eine Reihe von Belegen zusammengetragen, die dem widersprechen. So charakterisiert Catull die väterliche Liebe in einem Satz: «Ich liebte dich, nicht wie der gemeine Mann seine Freundin, sondern wie der Vater die Söhne liebt und die Schwiegersöhne.» In den Komödien des Terenz sieht Wlosok eine Tendenz zur Humanisierung der Vaterrolle aus Gründen der Begegnung mit der griechischen Welt. In den im zweiten vorchristlichen Jahrhundert entstandenen «Adelphen» läßt Terenz den Vater Micio auftreten, der sich Sorgen um den Verbleib seines ausgegangenen Adoptiv(!)sohns Aeschinus macht. Im Selbstgespräch hören wir die Worte:

«Ich, da mein Sohn nicht heimgekommen ist, was male ich mir jetzt nicht aus in meiner Sorge! Ich fürchte, er hat sich erkältet, ist irgendwo gestürzt oder hat sich gar etwas gebrochen. Ach, daß ein Mensch etwas so sehr ins Herz schließen und hätscheln mag, daß es ihm teurer wird als er selber ist! Und dabei ist dies nicht einmal mein leiblicher Sohn, sondern nur das Kind meines Bruders... Ich zog ihn auf von Kindesbeinen und hielt und liebte ihn als sei er mein eigener. Er ist meines Herzens Lust, das Liebste, was ich habe. Und ich bemühe mich eifrig, daß er mir Gleiches mit Gleichem vergelte. Ich gebe ihm Geld, lasse ihm Freiheit und halte es nicht für nötig, in allem auf meinem Recht zu bestehen. Endlich habe ich ihn daran gewöhnt, das, was andere Söhne hinter dem Rücken ihrer Väter tun und was die Jugend mit sich bringt, mir nicht zu verheimlichen. Denn wer sich anschickt und es wagt, den Vater zu belügen und zu täuschen, der wird es bei anderen noch viel, viel eher wagen. Durch (den Appell an) Anstand und freien Sinn, hält man, so glaube ich, Kinder besser im Respekt als durch Drohungen... Mein Grundsatz ist, und daran halte ich mich: Wer seine Pflicht nur tut aus Furcht vor Strafe, der nimmt zwar solange sich in acht, als er entdeckt zu werden glaubt. Hofft er jedoch, sein Tun bleibe verborgen, so kehrt er zu seiner natürlichen Art zurück. Nur, wen du durch Güte bindest, der handelt nach dem Herzen. Er bemüht sich, Gleiches mit Gleichem zu vergelten und wird derselbe bleiben, ob man dabei ist oder nicht. Ein rechter Vater wird seinen Sohn daran gewöhnen, eher aus eigenem Antrieb recht zu handeln als aus Furcht vor anderen» (Terenz, Adelphoe/Die Brüder, 1. Akt, 1. Szene).

Der Entstehungszeitpunkt dieser Reflexionen ist zu früh, als daß er unter christlichem Einfluß zustande gekommen sein könnte. Dasselbe gilt für Vergils Aeneas aus dem ersten vorchristlichen Jahrhundert. Diese Geschichte ist als die römische Nationalsage gekennzeichnet worden. Zu ihrem Kern gehört die Gestalt des alten Vaters Anchises, der von seinem Sohn Aeneas auf den Schultern aus dem zerstörten Troja getragen wird, Inbegriff der pietas des Sohns gegenüber dem

Abb. 18: *Kelchkrater des Altamura-Malers*

Vater. Dieser ist dem Sohn aber mehr als nur ein Vorfahre, er ist ihm omnis curae casusque levamen, aller Sorge, allen Unglücks Trost. Die Darstellung dieser Szene gehörte zum geläufigen Repertoire in der Alltagskultur (vgl. Abb. 18). Im 20. Jahrhundert hat sich das Verhältnis umgekehrt (vgl. Abb. 19 und 20). Oder das Motiv wird ikonographisch neu als das Verhältnis von arm und reich besetzt (vgl. Abb. 21). Voller Emphase sind die Worte des alten Vaters bei einer Begegnung im Hades:

Abb. 19: *Otto Dix: Selbstbildnis mit dem Sohn Jan*
© Otto Dix-Stiftung, Vaduz

Abb. 20: *Werbeanzeige*

«Als er den Aeneas gegenüber durchs Gras eilen sah, streckte er lebhaft beide Hände aus, Tränen entströmten den Augen, und es drängten die Worte heraus: Gekommen bist du endlich, deine Liebe (pietas) erwartet vom Vater, bezwang den harten Weg; ich darf nun schauen dein Antlitz, Sohn, darf hören vertrautes Wort und darf es erwidern. Habe ich doch im Herzen geglaubt und gewußt, so werde es kommen, ich zählte die Tage ab, und mein Sorgen (cura) hat mich nicht betrogen...» (Aeneis VI, Vers 685ff).

In der hier gewählten Übersetzung des Wortes pietas mit «Liebe» verdeutlicht sich vielleicht eine Gefühlslage, von der wir anzunehmen geneigt sind, sie sei erst im Gefolge des Christentums, und dort bezogen auf die generelle Nächstenliebe, entstanden. Pietas, das wird aus dieser Passage deutlich, ist eine wechselseitige Beziehungsqualität, in der der Gesichtspunkt der Vaterherrschaft völlig zurücktritt.

Ein Studium der römischen Literaturgeschichte unter dem Gesichtspunkt der Darstellung von Qualitäten des Vaters im Sinne von Väterlichkeit würde mit einiger Sicherheit weitere Elemente hervorbringen, die ähnlich wie die Aeneis auch die emotionale Dimension der Vater-Sohn-Beziehung augenscheinlich werden lassen. Eigenartigerweise gehören solche Belege nicht zum Kanon dessen, was man aktiviert,

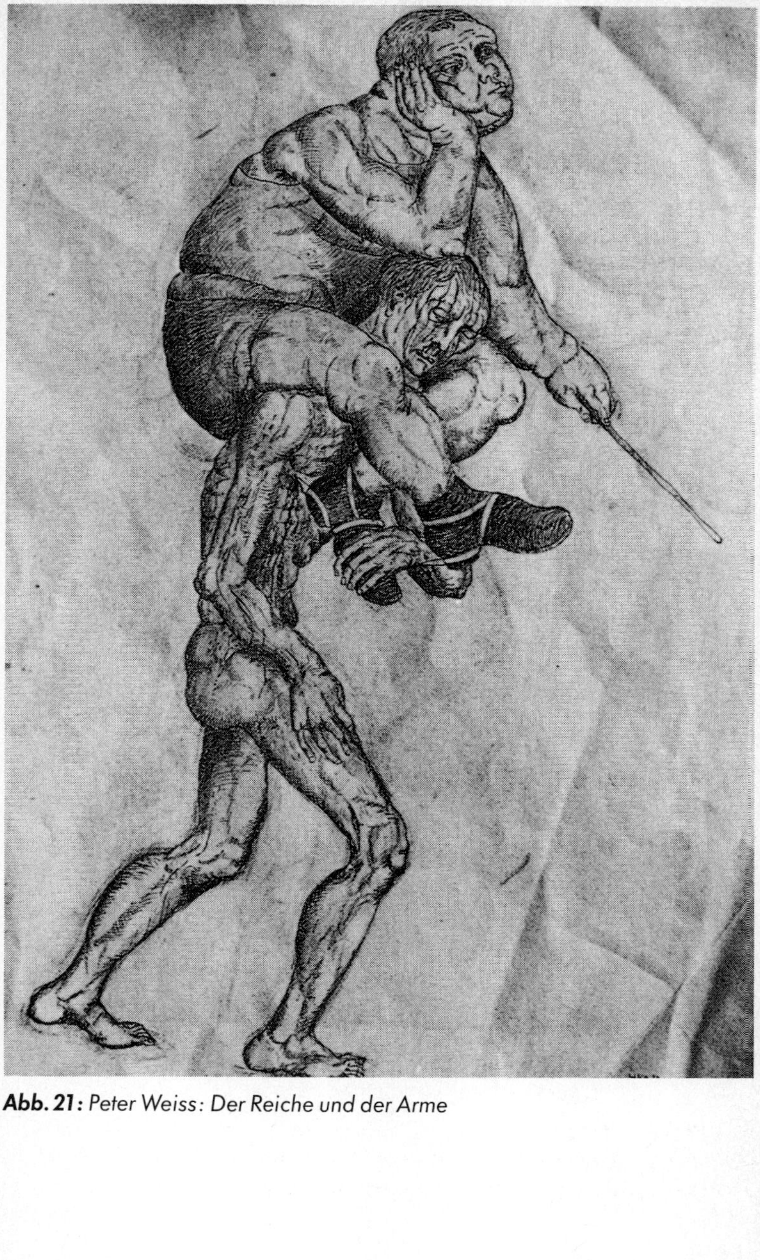

Abb. 21: *Peter Weiss: Der Reiche und der Arme*

wenn man im 20. Jahrhundert Vor-Urteile über die Geschichte der Vaterschaft re-aktiviert. Aber eines gilt auch hier: Wir wissen nicht, weder aufgrund der Rechtstexte noch aufgrund der schönen Literatur, welche Wirklichkeit die Beziehung zwischen Vätern und Kindern im antiken Rom ausmachte. Die Literatur selegiert, und die Geschichtsschreibung hat in extremer Weise die Literatur selbst noch einmal verengt. Indessen: Die letztgenannte Selektion erlaubt die Rückfrage nach den Gründen und den Interessen für eine historische Tradition, in der der römische Vater als Inbegriff patriarchaler Willkür erscheint. Brauchen wir dieses Bild, um uns einer Entwicklung zu erfreuen, die diese Verhältnisse hinter sich gelassen hat? Oder wird es beschworen, um die Fortexistenz derartig kritisierter Lebensverhältnisse an den Pranger zu stellen? – Wie dem auch sei, in beiden Fällen gründet eine solche Darstellung auf falschen Voraussetzungen. Der pater familias war mindestens beides, dominus und pater. Insofern muß befürchtet werden, daß für beide Interessen, für dasjenige an einer Fortschritts- wie für dasjenige an einer Katastrophengeschichte der Vaterschaft, mehr oder weniger gezielt nur die Variante des dominus zur Darstellung gelangt. Diese Vereinseitigung beginnt bereits mit der Aufnahme des Vater-Dispositivs im frühchristlichen Diskurs.

Literatur

Bühler, G.: Das Kind und seine Umwelt im Laufe der Zeiten. Eine Dokumentation. Zusammengestellt v. ders., Bd. 1, Antike, Zürich 1990.

Dixon, S.: The Roman Mother, London / Sydney 1988.

Kinder, H. / Hilgemann, W. (Hg.): dtv-Atlas zur Weltgeschichte, München 1964.

Kroll, W.: Freundschaft und Knabenliebe, München 1927.

Lippert, J.: Kulturgeschichte der Menschheit in ihrem organischen Aufbau, Stuttgart 1887.

Meyer, M. P.: Der römische Konkubinat, Aalen 1966.

Sachsers, E.: Das Recht auf Unterhalt in der römischen Familie der klassischen Zeit. In: Festschrift für Fritz Schulz, Bd. 1, Weimar 1951, S. 310–363.

Shaw, B. D.: The Family in late Antiquity: The Experience of Augustine. In: Past & Present 115 (1987), S. 3–51.

Terentius Afer: Adelphoe / Die Brüder. Hg. v. H. Rädler, Stuttgart.

Vergil: Aeneis, Bucolica, Georgica. In Auswahl, Münster 1961.

Wlosok, A.: Vater und Vatervorstellungen in der römischen Kultur. In: Tellenbach, H. (Hg.): Das Vaterbild im Abendland I, Stuttgart (u. a.) 1978, S. 18–54.

7. Väterlichkeit als utopischer Entwurf

Das Frühchristentum

Über die Zeit des Frühchristentums zu sprechen, bedeutet im wesentlichen, in Rom zu bleiben. Zwar ging die christliche Bewegung nicht von Rom aus, sondern von Kleinasien, aber die Entstehungsorte der christlichen Lehre gehörten zum Römischen Reich. Und noch mehr: Über das Frühchristentum und die dort vorfindbare Vaterkonzeption zu sprechen, bedeutet auch, keine neue zeitliche Epoche jenseits des Römischen Reichs zu betrachten. Die frühchristliche Antike beginnt mit der Ausbreitung der christlichen Lehre nach Christi Tod, genauer mit der ersten Missionsreise des Paulus, 45 n. Chr. Zu den Stationen dieser historischen Phase gehören seine weiteren Missionsreisen nach Griechenland und nach Rom bis hin zu seiner Enthauptung im Jahre 64. Der Prozeß der Ausbreitung des Christentums verläuft geographisch, ausgehend von Antiochia über Ephesus, Alexandria, Rom und Konstantinopel. Während das erste nachchristliche Jahrhundert vornehmlich durch die missionarische Tätigkeit gekennzeichnet ist, beginnt im zweiten bereits die Auseinandersetzung der später obsiegenden orthodoxen Christen mit alternativen christlichen Lehren, allen voran die Gnosis. Um 180 ist der ‹theoretische› Korpus der christlichen Lehre (Glaubensregel, Taufbekenntnis, Schriftenkanon) stabilisiert, die Kirche wächst zu einer Organisationsform mit hierarchischer Struktur zusammen. Neben der Auseinandersetzung mit den ‹Häretikern›, also den Lehren, die sich ausschließlich auf das Neue Testament stützen, ist für die frühen Christen die Auseinandersetzung mit dem römischen Staat und den Göttlichkeitsansprüchen der späten römischen Kaiser die schwerste Belastung. Bereits im 1. Jahrhundert finden die ersten Pogrome gegen Christen in Rom statt, so unter Nero (64), Domitian (81–96) und Trajan (98–117). Das 3. Jahrhundert ist durch eine breit angelegte Verfolgung der Christen seitens des römischen Staates gekennzeichnet, eine Phase, die erst durch die Toleranzedikte von Galerius und Licinius (311) und nach der Konversion Konstantins im Toleranzedikt von Mailand (313) abgeschlossen wird. Die so gewonnene Religionsfreiheit erlaubt den Christen, den bereits im 2. Jahrhundert beginnenden Konsolidierungsprozeß fortzusetzen. Seine Promotoren sind die später so bezeichneten Kirchenväter Irenäus, Tertullian, Hippolyt, Cyprian, Klemens von Alexandria und Origines. Zu diesem Konsolidierungsprozeß gehört auch die Entscheidung in einem für die Geschichte der Vaterschaft bedeutsamen, dem sogenannten arianischen Streit. Zwischen 318 und 381 ging es nämlich um eine Klärung der von Arius aufgestellten These, daß Christus eine Kreatur, mithin nicht ewig lebend und also von Gott-Vater verschieden sei. Das Konzil von Nicäa entscheidet diesen dann allerdings noch fortwirkenden Streit im Sinne der Gottgleichheit des Sohnes (Homousie). 381 wird diese Auffassung im zweiten ökumenischen Konzil von Konstantinopel endgültig befestigt. Die Epoche des Frühchristentums endet am Übergang vom 4. zum 5. Jahrhundert mit den Lehren dreier Kirchenväter: Hieronymus, der eine erste Bibelausgabe in lateinischer Sprache, die sogenannte Vulgata, vornimmt, Ambrosius und vor allem Augustinus, dessen Lehren, nicht zuletzt durch seine Autobiographie, für die Geschichte der Vaterschaft erheblich werden.

Wenn die Geschichte des Frühchristentums sich also geographisch und politisch im Römischen Reich abspielt, dann tut sie dieses natürlich auch historisch. Mit anderen Worten: Wir reden teilweise über dieselbe Epoche wie in den Überlegungen zur römischen Antike. Es ist deshalb nicht zu erwarten, daß Blicke auf die Sozialgeschichte der Vaterschaft an dieser Stelle wiederholt werden. Die gesonderte Betrachtung des Frühchristentums wird vielmehr dadurch erforderlich, daß hier eine Konzeption von Vaterschaft entsteht, über deren soziale Umsetzung zur Zeit des Römischen Reichs man eher zu einer zurückhaltenden Einschätzung wird gelangen müssen. Aber es entsteht eine Utopie von Väterlichkeit, die den gesamten folgenden Prozeß der abendländischen Geschichte des Vaters bestimmt. Dieses aber nicht in dem Sinne, daß fortan dieser Vorstellung gefolgt wird. Es ist vielmehr so, daß sie im Diskurs existiert und daß sich neue Vorstellungen zu ihr verhalten. Das heißt aber auch, daß von der Sozialgeschichte der Vaterschaft in der Zeit des Frühchristentums zu reden nicht sinnvoll ist. Vaterschaft als Väterlichkeit im Frühchristentum ist die Analyse einer (theoretischen) Utopie.

Um den theologisch-theoretischen Stellenwert des christlichen Vaterkonzepts zu verstehen, muß man zunächst auf die allgemeine Geschichte und Struktur der christlichen Religionsvorstellung zurückgreifen. Für die Vater-Sohn-Konstellation zwischen Gott und Jesus Christus ist das Ereignis der Taufe Jesu von besonderer Bedeutung. In Matthäus 3, 16, Markus 1, 11 und Lukas 3, 22 wird dieses Verhältnis unmißverständlich konstituiert:

«Als aber Jesus getauft worden war, stieg er alsbald aus dem Wasser; und siehe, die Himmel taten sich auf, und er sah den Geist Gottes wie eine Taube herabschweben und auf ihn kommen. Und siehe, eine Stimme aus den Himmeln sprach: ‹Dies ist mein geliebter Sohn, an dem ich Wohlgefallen habe›» (Matthäus 3, 16f).

Es ist möglich, daß sich in dieser von den Evangelisten erzählten Begebenheit ebenso wie in dem Gebet des «Vaterunser», welches an das jüdische Kaddisch anknüpft, ein Gebet der alten Synagoge, die jüdische Sehnsucht nach einer religiösen Urerfahrung spiegelt, nach der Epiphanie Jahves als Vater. Für die Christen jedenfalls ist die Epiphanie Gottes in dieser und in den Begebenheiten der Geburt Jesu sowie des Hochzeitswunders zu Kanaa von derartiger Bedeutung, daß seit dem 4. Jahrhundert die Erscheinung des Herrn am 6. Januar gefeiert und die Sonntage zwischen dem Erscheinungsfest und Septuagesima in der evangelischen Kirche «nach Epiphanias» gezählt werden. Der Jesus Christus vermittelte Titel des «Menschensohns» wird in der Folgezeit, weil er im Griechischen keinen Sinn hat, durch die Bezeichnung «Gottes Sohn» oder «Herr» (Kyrios) ersetzt. Mit der Begründung der Vater-Sohn-Konstellation ist für das Christentum nun eine Paradoxie gesetzt, deren theologische Folgeprobleme in der späteren Zeit gravierend waren. Auf der einen Seite soll Jesus Christus mit Gott identisch sein, auf der anderen unterscheidet er sich empirisch keineswegs von den übrigen Menschen. Obwohl er der Sohn Gottes sein will, muß er am Kreuz sterben. Die Aufforderungen seiner Folterer, in der Leidensgeschichte doch einen Beweis seiner Göttlichkeit zu geben, auf daß man ihn freilassen werde, die Aufforderung, doch vom Kreuz herabzusteigen, spiegeln diese schwer verständliche Paradoxie.

Unabhängig davon steht die christliche Lehre mit der Gott-Vater-Vorstellung in scharfer Konkurrenz zur römischen Auffassung, der zufolge nicht Jesus oder irgendein anderer, sondern der römische Kaiser Gottes Sohn ist. So nennt sich Augustus «Divi filius».

In vollständiger Breite wird die Schwierigkeit, mit der die Gott-Vater-und-Sohn-Konstellation von vornherein zu kämpfen hat, nur sichtbar, wenn man das dritte Verständnishindernis hinzunimmt. Gemeint sind die zahlreichen häretischen Lehren der frühchristlichen Zeit mit ihren zum Teil sehr distanzierten Vorstellungen gegenüber einer Vaterschaft Gottes. So lehnte die einflußreichste Strömung, die christliche Gnosis, die Gültigkeit des Alten Testaments strikt ab und betrachtete den dort gezeichneten Gott-Vater als einen böswilligen, stupiden Demiurgen. Dementsprechend enthält die Gnosis keine heilsgeschichtliche Sicht, sondern ihr Ziel ist die Befreiung des in der menschlichen Existenz immer schon enthaltenen göttlichen Teils. Oder die simonische Bewegung: Simon, der Magier, wird Gründer einer Sekte, mit der der Apostel Paulus in Konflikt geriet. Diese Lehre rückte die Gefährtin des Religionsstifters, eine Prostituierte aus Tyros, Helena-Ennoia, in den Vordergrund, indem sie als Verkörperung des Gedanken Gottes (Ennoia) gewertet wurde. Sie wurde in dieser Gemeinschaft als Mittel einer universalen Erlösung verstanden. Auch die Lehre des Kerinth stand einer Durchsetzungsmöglichkeit der orthodoxen Gott-Vater-Sohn-Vorstellung entgegen. So wurde hier Jesus als leiblicher Sohn von Joseph und Maria begriffen. Das epiphanische Begebnis bei der Taufe Jesu Christi wurde anders als bei den orthodoxen Christen gedeutet. Bei dieser Gelegenheit erst sei Christus in Gestalt einer Taube auf Jesus hinabgestiegen und habe ihm dabei den unbekannten Vater geoffenbart, zu dem er schon vor dem Leidenstod zurückgekehrt sei. Auch die Lehre des Valentin, die eine gewisse Nähe zu derjenigen Simons aufweist, bleibt für die fragliche Gott-Vater-Sohn-Konzeption hinderlich. Danach ist der Vater ein absolutes und transzendentes Prinzip, das unkörperlich unsichtbar, deswegen auch unbegreifbar bleibt. Es vereinigt sich mit dem Gedanken (Ennoia), der als Frau konzipiert wird, und zeugt nicht einen Sohn Jesus Christus, sondern 15 Äonenpaare, die zusammen das Pleroma bilden. Auch die Manichäer, so benannt nach ihrem Stifter Mani, pflegen eine abweichende Vorstellung. Sie rücken die Biographie des Mani in den Vordergrund, der im Alter von zwölf Jahren die Botschaft empfangen haben soll, seinen leiblichen Vater zu verlassen, um weitere zwölf Jahre später den durch Offenbarung erhaltenen Auftrag zu vollziehen, seine Lehre zu verkündigen.

Hier gelangt ein Motiv in die religiöse Vorstellung hinein, das uns noch des öfteren beschäftigen wird, das der Vatersuche, wie wir es eingangs am Beispiel des Films «Paris Texas» kennengelernt haben. Dieses Motiv findet sich übrigens in einer poetisch sehr reifen Darstellung auch im «Lied von der Perle» aus den Thomasakten, welches für die gnostische mythische Idee von der Amnesie und der Anamnese tragend ist. Ein Königssohn wird von den Eltern ausgesandt, um eine Perle zu suchen. In der Fremde vergißt er unter der Wirkung einschläfernder Speisen seinen Auftrag. Er wird durch eine von einem Adler überbrachte Botschaft wiedererweckt, an seinen Auftrag erinnert und kann die Perle finden. Dabei sind die Umstände dieser Findung deswegen von besonderer Bedeutung, weil in ihnen sich das Motiv der Vatersuche in eindrucksvoller Weise manifestiert:

> «Bei seiner (des Adlers; D. L.) Stimme, dem Geräusch seines Rauschens, erwachte ich und erhob mich von meinem Schlaf. Ich nahm ihn (einen Brief; D. L.) auf und küßte ihn und löste sein Siegel und las... Ich entsann mich, daß ich ein Sohn königlicher Eltern sei... Ich erinnerte mich an die Perle, um derentwillen ich nach Ägypten gesandt worden war, und ich begann den laut schnaubenden Drachen zu beschwören. Ich versenkte ihn in Schlummer und Schlaf, dann sprach ich über ihn den Namen meines Vaters aus. Und ich ergriff die Perle und wandte mich um, in mein Vaterhaus zurückzukehren» (zit. n. Eliade 1979, S. 323).

Wir entdecken in diesem Lied eine merkwürdige Ambivalenz, noch keine Paradoxie, in der Vater-Sohn-Konzeption. Der Vater wird aus den Augen verloren. Er muß wiedergefunden werden. Auf ganz andere Weise entdecken wir eine solche Ambivalenz im Manichäismus. Der große Mythos, an den er appelliert, ist die Lehre von den zwei Reichen, dem des Bösen im Süden und dem des Guten Hellen, Lichten im Norden. Der Teufel im Süden möchte das Licht erlangen, rückt zur Grenze vor. Daraufhin muß sich der gute Vater des Nordens entscheiden, das Böse selbst zurückzudrängen. Er ruft, so schildert Mircea Eliade die Konzeption, aus sich heraus die «Mutter des Lebens», die ihrerseits eine neue Hypostase, den Urmenschen, projiziert. Dieser Urmensch begibt sich mit fünf Söhnen zur Grenze, an welcher er selbst die Dämonen der Finsternis, die Archonten, angreift. Er wird indessen besiegt, die Söhne werden von den Archonten verschlungen. Deshalb ist das Gute fortan mit dem Bösen vermischt, die Möglichkeit des Triumphs Gottes, des Guten, aber gleichzeitig gesetzt.

Die für die Geschichte der Vaterschaft relevanten Vorstellungen der häretischen Lehren in der Zeit des Frühchristentums müssen deshalb so ausführlich referiert werden, weil interessanterweise gerade in feministischer Literatur immer wieder an diese Lehren angeknüpft wird. Zumeist wird bedauert, daß diese häufig auf mündlicher Überlieferung beruhenden Lehren nicht dominant geworden sind, sondern daß die orthodoxe Christus-Konzeption letztlich obsiegte. Bemerkenswert ist dieser Rückgriff deshalb, weil von feministischen Theologinnen in diesem Bedauern so getan wird, als ob die Aktualisierung religiöser Konzeptionen gewissermaßen in die Beliebigkeit der Auswahl der Menschen gestellt sei. Interessant ist dieser Rückgriff aber auch deshalb, weil er, wie noch zu zeigen sein wird, im Gegensatz zu der vordergründig richtigen Annahme gerade keine Überwindung der in solcher Literatur sogenannten patriarchalen Konzeption erlaubt. Es ist vielmehr meine These, daß die christliche Vaterkonzeption diese Überwindung selbst in ihrer orthodoxen Form von Anfang an in sich trug und in der Tat auch umsetzte, allerdings in einer für die Vorstellungen des Frühchristentums wohl ganz abwegigen Weise.

An dieser Stelle ist es jedoch zunächst wichtig festzuhalten, daß die orthodoxe frühchristliche Lehre hinsichtlich der Gott-Vater-Sohn-Konzeption mit drei Widerständen rechnen mußte, einem inneren, der in der Paradoxie der Vorstellung vom Menschengott bestand, einem äußeren, politischen, der mit dem Göttlichkeitsanspruch der römischen Kaiser gegeben war, und einem gleichzeitig inneren wie äußeren Widerstand, der sich aus den abweichenden Vorstellungen der zahlreichen konkurrierenden, später sogenannten häretischen Lehren ergab.

In dieser Konstellation konnte die orthodoxe Konzeption sich nur stabilisieren, wenn sie diesen Widerständen gerecht wurde beziehungsweise wenn sie Kompromisse machte. Genau dieses geschah. Diese Kompromisse sind die Frucht von vier frühchristlichen Jahrhunderten. – Obwohl es auf den ersten Blick verwundern mag, war eine Auflösung der Widersprüche gegenüber der römischen Vorstellungswelt am leichtesten. Das Frühchristentum adaptierte sehr schnell, auch in seiner Selbstorganisation, das juridische Denken, das für die römische Ideenwelt so bedeutsam war, und konnte den möglichen Konflikt mit dem Staat, der sich schon zu Jesu Lebzeiten andeutete, im Rückgriff auf die Schrift lösen: «Gebt dem Kaiser, was des Kaisers ist...»

Schwieriger war demgegenüber der doppelte Widerstand, der seitens häretischer Auffassungen aufgeboten wurde, und der Widerstand, der sich aus dem logischen Widerspruch gleichzeitiger Göttlichkeit und Menschlichkeit der Person des Jesus Christus ergab. Diese beiden Widerstände sind in *einem* geradezu genialen intellektuellen Kunstgriff gelöst worden, der für die Geschichte der Vaterschaft, genauer für die Geschichte des Vaternamens Gottes, bedeutsam wurde. Um diese Entwicklung verständlich zu machen, muß man bei einem Dialog einsetzen, den Origines verfaßt hat, das Gespräch mit Herakleides und dessen Bischofskollegen über Vater, Sohn und Seele. Origines, der wohl bedeutendste Lehrer der frühen griechischen Kirche, lebte zwischen etwa 185 und 254; er griff den fraglichen Widerspruch offensiv auf:

«Origines sprach: ‹... Ist der Vater Gott?›
Herakleides sprach: ‹Auf jeden Fall.›
Origines sprach: ‹Ist der Sohn ein anderer als der Vater?›
Herakleides sprach: ‹Wie kann er Sohn sein, wenn er auch Vater ist?›
Origines sprach: ‹Ist der Sohn, obgleich er ein anderer als der Vater ist, auch selbst Gott?›
Herakleides sprach: ‹Auch er selbst ist Gott.›
Origines sprach: ‹Und werden so zwei Götter ein eines?›
Herakleides sprach: ‹Ja.›
Origines sprach: ‹Bekennen wir zwei Götter?›
Herakleides sprach: ‹Ja, die Kraft ist eine einzige.›»
(Origines 1974, S. 28)

«Origines sprach: ‹... So ist unser Heiland und Herr in seiner Beziehung zum Vater und zum Gott des Alls nicht ein einziges Fleisch, nicht ein einziger Geist, sondern das, was höher steht als Fleisch und Geist, ein einziger Gott.›»
(a. a. O., S. 29)

Origines verfolgt in diesem Dialog die Vorstellung, daß die Menschwerdung Christi uns eine Art Adoption zu Söhnen Gottes ermöglicht, so daß auf diese Weise der Widerspruch zwischen Göttlichkeit und Menschlichkeit überwunden wird. Eine physische Verwandtschaft zu Gott ist uns nicht möglich. Aus der Gottebenbildlichkeit der Menschen ergebe sich aber die Kindschaft der Menschen gegenüber Gott, die in den Menschen durch Christus erneuert werde. Die Taufe und die volle Annahme des väterlichen Willens als Ausdruck dieser Adoption erlaubt es den Menschen, selbst zum Bild des Bildes zu werden, insofern Christus als Urbild des Vaters erscheine. So werden alle Menschen zu Söhnen Gottes, des Vaters. Aber: Die Vorstellung des Origines impliziert noch, daß der Sohn eine Art zweiter Gottheit ist, Christus ist danach nicht wesensgleich, nur «die Kraft ist eine einzige».

Origines wurde korrigiert. Der durch ihn ausgelöste arianische Streit fand eine Lösung, die für das gesamte christliche Denken, auch jenseits der Frage der Vater- und Sohnschaft, charakteristisch und fatal werden sollte. So setzte sich im Konzil von Nicäa 325, bestätigt durch das zweite Konzil von Konstantinopel, die Lehre des Athanasius durch, wonach zwischen Vater und Sohn eine Wesensgleichheit (homoousius) besteht. Die Formel von Konstantinopel hieß: «Der Sohn ist Gott vom wahren Gott» und – der Heilige Geist ist in diese Wesensgleichheit einbezogen. Augustinus faßt die trinitarische Lehre der Orthodoxie in die Formel «Una substantia – tres personae».

Charakteristisch ist diese Lösung deshalb, weil sie die Neigung des Christentums begründet oder zu diesem Zeitpunkt nur noch befestigt, Widersprüche nicht bestehen zu lassen, sondern zu synthetisieren. Das heißt aber auch, daß Differenzen entdifferenziert werden. Mit dieser so nie ausgesprochenen Tendenz hätten sich die Kirchenväter durchaus auf einen Gewährsmann wie Paulus beziehen können. Er hat jene Entdifferenzierungstendenz geradezu zum Credo, zu einer Art Mitgliedschaftsvoraussetzung in der christlichen Glaubensgemeinschaft gemacht. Im Galaterbrief 3, 28 schreibt er, daß die Taufe eine Versöhnung der Gegensätze zur Folge habe: «Da gibt es nicht mehr Sklaven und Freie, Mann und Weib.»

Vor diesem Hintergrund nimmt es nicht weiter wunder, daß in diesen Entdifferenzierungsprozeß nicht nur der Unterschied zwischen Herrschenden und Beherrschten, zwischen Frauen und Männern einbezogen wird, sondern auch derjenige zwischen Vätern und Müttern! So finden wir bereits bei Augustinus den Vatertitel für Gott nur noch selten. Wenn er auftaucht, dann im Zusammenhang seiner gewollten oder ungewollten Anspielung auf das Motiv der Vatersuche als Motiv der Gottessuche. Augustinus vergleicht sich immerzu mit dem verlorenen Sohn unter Bezugnahme auf die gleichnamige Geschichte im Evangelium des Lukas, 15. Augustinus wählt statt des Vaternamens Gottes Attribuierungen, die geschlechtslos sind. Er spricht von der ewigen Wahrheit, der wahren Liebe, der lieben Ewigkeit. Das Ziel seiner Sehnsucht ist Glückseligkeit (beatitudo), ein vollkommenes Sein, für das die Zugehörigkeit zu Geschlechtern auswechselbar ist (vgl. Schindler 1978, S. 65). Diese Entsexualisierung der Gottesfigur ist nur eine andere Variante jener Tendenz, die bei Paulus vorgegeben ist, einer Tendenz zur Androgynie, die in der christlichen Folgegeschichte immer wieder auftaucht, bei Scotus, Eriogena, bei Jakob Böhme und in der deutschen Romantik.

Es liegt nahe, daß die christliche Entdifferenzierungstendenz auch vor der Person der Gottesmutter nicht haltmacht. Am Anfang des 3. Jahrhunderts wird sie zum ersten Mal als Deipara, als Gebärerin Gottes, bezeichnet. Ihre Vergöttlichung mag das Produkt der Volksfrömmigkeit sein, anders wäre sie Bestandteil der Trinität als Bestandteil einer ‹Quadrität› geworden. Das Konzil von Ephesus befaßt sich denn auch mit Maria. Es verkündet das Dogma von der immerwährenden Jungfräulichkeit Marias, nicht zu verwechseln mit dem Dogma von der jungfräulichen Empfängnis Marias durch Anna, das erst im Jahre 1000 auftaucht. Zeitgleich mit der dogmatischen Fixierung von Maria als Gottesgebärerin verliert die Vateranrede (nicht der Vatername!) Gottes in Gebeten und Liturgien an Bedeutung. An seine Stelle rückt zunehmend eine fast säkulare Tendenz. So wird für den bischöflichen Vatertitel im 3. Jahrhundert die Anrede «papa» oder griechisch «papas» eingeführt. Seit dem 6. Jahrhundert wird dieser Titel dem römischen Bischof vorbehalten. Nur scheinbar ist diese Verlagerung des Vaternamens auf Kirchenführer und -fürsten ein historisches Aperçu. Diese Metaphorik, die den Kirchenführer zum Vater und das Kirchenvolk zu seinen Kindern erklärt, wirkt sich nämlich durchaus auf das Familienleben aus. Dort, im Elternhaus, ist der Vater der Bischof und als solcher für die christliche Unterweisung der Kinder und Schutzbefohlenen zuständig. Der leibliche Vater wird auf diese Weise auch zum geistlichen Vater. Pointiert formuliert: Die Rolle des Vaters wird vergeistigt. Die mit dem Vatersein verbundene Erziehungsfunktion erfährt durch Augustinus denn auch ihre Rechtfertigung über die Lehre von der Erbsünde. Sie macht es erforderlich, daß Kinder erzogen, beherrscht und bestraft werden. Die Erbsünde erfordert eine Pädagogik als Aufgabe dort zunächst noch des Vaters. Das ist ein Aspekt, den man für eine Beurteilung der Geschichte der Pädagogik nicht aus den Augen verlieren darf: Sie verdankt ihre Existenz einem christlichen Dogma. Ihre Verlängerung in die entchristlichte Welt des 19. und 20. Jahrhunderts hinein steht weiterhin unter dem Eindruck jener Sündenvorstellung. Wer wollte sicher sein, daß das Festhalten an Erziehungsforderungen, an Schule und an einer sie dirigierenden Pädagogik frei wäre von der Vorstellung, hier werde der Kampf gegen die Sünde aufgenommen? – Die Rolle des Augustinus in diesem Zusammenhang ist historisch nicht zufällig. Man hat, insbesondere von psychoanalytischer Seite, Erklärungen aus der Tatsache seiner Vaterlosigkeit abzuleiten versucht. In der Tat war er der Sohn eines Heiden (Patricius) und einer frommen Christin (Monnika). Für seinen Sozialisationsprozeß, so würden wir heute sagen, waren die Vaterabwesenheit und die Mutterdominanz charakteristisch. Wie jeder Psychologe heute weiß, führt die Abwesenheit des Vaters zu einer geistigen Idealisierung der Vaterfigur, aber eben auch zu einer idealen Vergeistigung. Insofern steht die Vita des Augustinus gewissermaßen paradigmatisch für einen epochalen Prozeß zur Zeit des Frühchristentums: Er ist gekennzeichnet durch das Vordringen der geistigen und geistlichen Vaterschaft bei einem gleichzeitigen Rückgang der göttlichen Paternalität und der, wie sich später zeigen wird, ganzheitlichen Vaterrolle.

So markant der Entdifferenzierungsprozeß zwischen Vaterschaft und Mutterschaft, zwischen Vaterschaft und Sohnschaft (Kindschaft) mit der Entstehung des Christentums auch gesetzt ist, es bleibt eine Erinnerung, für die die eher geistige Vita des Augustinus gleichfalls steht: die Erinnerung an den Vater als den anderen, eine Erinnerung, die den Sohn veranlaßt, nach dem Vater zu suchen. Dieses Motiv ist in der christlichen Welt tief verankert. 2000 Jahre wachsender Mütterdominanz haben es nicht vermocht, die Idee, die Hoffnung zu begraben, jener Entdifferenzierungsprozeß vermöchte rückgängig gemacht zu werden und aufscheinen würde das ganz andere, der ganz andere, der Vater. Wir müssen dieses Motiv, seine Repräsentation im Neuen Testament und seine Rezeptionsgeschichte genauer betrachten, um zu verstehen, daß die Entstehung des Christentums nicht nur der Beginn einer Demontage der Ganzheit des Vaters ist, wie wir ihn aus der antiken und vorantiken mediterranen Welt kennengelernt haben. In dieser Geschichte steckt vielmehr gleichzeitig die christliche Alternative. Was aus ihr geworden ist, muß uns interessieren.

Schauen wir uns die Parabel zunächst noch einmal an:

«[11] Und er sprach: Ein Mensch hatte zwei Söhne. [12] Und der jüngere unter ihnen sprach zu dem Vater: Gib mir, Vater, das Teil der Güter, das mir gehört. Und er teilte ihnen das Gut. [13] Und nicht lange danach sammelte der jüngere Sohn alles zusammen und zog ferne über Land; und daselbst brachte er sein Gut um mit Prassen. [14] Als er nun all das Seine verzehrt hatte, ward eine große Teuerung durch dasselbe Land, und er fing an zu darben [15] und ging hin und hängte sich an einen Bürger desselben Landes; der schickte ihn auf seinen Acker, die Säue zu hüten.

[16] Und er begehrte, seinen Bauch zu füllen mit Trebern, die die Säue aßen; und
niemand gab sie ihm. [17] Da schlug er in sich und sprach: Wieviel Tagelöhner hat
mein Vater, die Brot die Fülle haben, und ich verderbe im Hunger! [18] Ich will mich
aufmachen und zu meinem Vater gehen und zu ihm sagen: Vater, ich habe gesündigt
gegen den Himmel und vor dir. [19] Ich bin hinfort nicht mehr wert, daß ich dein Sohn
heiße; mache mich zu einem deiner Tagelöhner! [20] Und er machte sich auf und kam
zu seinem Vater. Da er aber noch ferne von dannen war, sah ihn sein Vater, und es
jammerte ihn, lief und fiel ihm um seinen Hals und küßte ihn. [21] Der Sohn aber
sprach zu ihm: *Vater, ich habe gesündigt gegen den Himmel und vor dir; ich bin hinfort nicht*
mehr wert, daß ich dein Sohn heiße. [22] Aber der Vater sprach zu seinen Knechten:
Bringt schnell das beste Kleid hervor und tut es ihm an und gebet ihm einen Finger-
reif an seine Hand und Schuhe an seine Füße, [23] und bringt das Kalb, das wir gemä-
stet haben, und schlachtet's; lasset uns essen und fröhlich sein! [24] Denn *dieser mein*
Sohn war tot und ist wieder lebendig geworden; er war verloren und ist gefunden worden.
Und sie fingen an, fröhlich zu sein.
[25] Aber der ältere Sohn war auf dem Felde. Und als er nahe zum Hause kam, hörte
er das Singen und den Reigen [26] und rief zu sich der Knechte einen und fragte, was
das wäre. [27] Der aber sagte ihm: Dein Bruder ist gekommen, und dein Vater hat das
gemästete Kalb geschlachtet, weil er ihn gesund wieder hat. [28] Da ward er zornig
und wollte nicht hineingehen. Da ging sein Vater heraus und bat ihn. [29] Er aber
antwortete und sprach zum Vater: Siehe, so viel Jahre diene ich dir und habe dein
Gebot noch nie übertreten; und du hast mir nie einen Bock gegeben, daß ich mit
meinen Freunden fröhlich wäre. [30] Nun aber dieser dein Sohn gekommen ist, der
dein Gut mit Dirnen verpraßt hat, hast du ihm das gemästete Kalb geschlachtet. [31] Er
aber sprach zu ihm: Mein Sohn, du bist allezeit bei mir, und alles, was mein ist, das
ist dein. [32] Du solltest aber fröhlich und guten Mutes sein; denn dieser dein Bruder
war tot und ist wieder lebendig geworden, er war verloren und ist wiedergefunden»
(Lukas 15, 11–32).

Die Auslegung dieses Gleichnisses hat die Theologen viel Mühe gekostet und einigen Streit hervorgebracht. Ihn zurückzuverfolgen und zu interpretieren, wäre eine eigene Arbeit wert. Aber: Für die Folgezeit, für das Denken eines ganzen Volkes werden die gelehrten Auseinandersetzungen der Theologen weniger wichtig als die Rezeptionen dieses Gleichnisses in der Volksliteratur wie in der bildenden Kunst. Immerhin darf nicht unerwähnt bleiben, daß eine letztendliche Einigkeit über die Auslegung dieses Gleichnisses nicht besteht. Ihre Varianten sind ein Spiegel der Theologiegeschichte. Wichtig ist sicher die Auslegung, der zufolge das Gleichnis die Gnade Gottes für denjenigen signalisieren soll, der Buße tut und umkehrt. Daneben gibt es aber durchaus Auslegungen, die, insbesondere im Rückgriff auf den Kontext des Gleichnisses, auf die Freude anspielen, die der Vater über den wiedergefundenen Sohn hegt. Eine solche Deutung bietet sich an, wenn man die beiden vorangegangenen Gleichnisse, in denen es gleichfalls um etwas Verlorenes und die über den Wiederfund gehegte Freude geht, berücksichtigt. Zwischen diesen, ähnlichen (den Sündern Mut machen, um Mitfreude werben) und einer antisemitischen Interpretation (Eifersucht der Juden) bewegen sich die Interpretationen bis in die 70er Jahre des 20. Jahrhunderts. Wie sehr solche, auch theologische Interpretationen ein Produkt ihrer Zeit sein können, wird dann deutlich, wenn von einem rechtskonservativen Autor (vgl. Reinhold 1933, S. 6) die Geschichte vom verlorenen Sohn als Beispiel dafür gewertet wird, daß mit ihr gegen Gleichheit und Gerechtigkeit ‹sozialdemokratisches Gedankengut›, gewissermaßen im historischen Vorgriff, vorgegangen worden sei: Schließlich wolle der ältere Bruder in dieser Geschichte Gerechtigkeit. Demgegenüber siege die Stimme des Blutes, stellt der Autor befriedigt fest. Aber auch die jüngste Zeit ist nicht frei von skurrilen Interpretationen. So wird im Zuge einer schon fast rührenden Verwissenschaftlichungsbemühung theologischen Denkens die Parabel kommunikationstheoretisch als Beispiel «gelungener Kommunikation» (vgl. Scobel 1988, S. 60 und 64) gedeutet, über die man zur Tagesordnung übergehen könnte, wenn sie nicht implizierte, daß damit diese Geschichte zu einer unter anderen würde. Beispiele gelingender Kommunikation gibt es in den Evangelien aufgrund der ‹metakommunikativen› Tätigkeit Jesu Christi natürlich zuhauf. Dieses Beispiel zeigt, daß nicht nur das Wissen, sondern auch ein Gefühl bei modernen Theologen völlig verlorengegangen zu sein scheint, das Gefühl dafür, welche elementare anthropologische Struktur in der Parabel vom verlorenen Sohn angesprochen wird und wie sie als eine fast universale Sehnsucht befestigt wird.

Die Literaturgeschichte und die Geschichte der bildenden Kunst waren demgegenüber sensibler. Die Parabel taucht hier zum ersten Mal relativ spät auf. Der älteste Beleg für eine Rezeption ist die Milstäter Sündenklage aus dem 12. Jahrhundert. Sie läßt keinen Zweifel an dem, worum es in dieser Parabel tatsächlich geht: um die Beschreibung einer neuen Qualität von Vatersein. Denn man darf eines nicht übersehen: Für die griechisch-römische, insbesondere für die israelitische Welt ist das Verhalten des Vaters gegenüber dem verlorenen Sohn in höchstem Maße befremdlich. Ein Sohn, der zu Lebzeiten des Vaters dessen Erbe begehrt, hat die Berechtigung verloren, sich Sohn nennen zu dürfen.

Schon daß der Vater sich darauf einläßt, ist ungewöhnlich und läßt ihn als einen Schwächling erscheinen. Aber noch mehr: Wenn der Sohn, reuig oder nicht, zurückkommt und der Vater ihm schon von weitem entgegenläuft, ihm um den Hals fällt und ihn küßt, dann ist das aus zeitgenössischer Sicht ein würdeloses Verhalten. Es als lächerlich zu bezeichnen ist die mildeste Qualifizierung. Die Milstäter Sündenklage bewahrt und sichert diese Vorstellung von einer neuen Qualität von Vaterschaft, von Väterlichkeit:

«do enphiench in mit min(nen).
(d)er sin uater guote.
wande er im erbar(mote).»

Das gilt in gleicher Weise für den mittelhochdeutschen Text von Rudolf von Ems, Barlaam und Josaphat aus dem 13. Jahrhundert:

«Sin erbermeclicher sin
Bewegte sich do ùber in;
Er kuste in minnecliche do;
Siner kùnfte was er vro.
Do wurden braht dùbesten kleit,
Unde dem knappen angeleit,
unde die richistun vingerlin.»

Eine Ausnahme aus der Zeit stellt der Meier Helmbrecht dar, der Wernher dem Gartenaere zugeschrieben wird. Dort verkörpert der Vater nicht die Güte Gottes, sondern Gottes Gerechtigkeit. Das biblische Grundschema wird umgekehrt, und in der entscheidenden Szene hören wir:

«Der wirt hônlachte
siwe im sîn herze krachte,
siwe im sîn verch und sîn kint
siwe er doch stüende vor im blint.»

In der Geschichte der bildenden Kunst ist das bekannteste Beispiel zweifellos die «Rückkehr des verlorenen Sohnes» aus dem Jahre 1636. Man kann den emotionalen Gehalt dieses Bildes nicht annähernd in die Worte fassen, die der Schilderung des Vater-Sohn-Verhältnisses dort gerecht würden (Abb. 22).

In diesem Bild liegt die Aufmerksamkeit auf der Haltung des Vaters, dessen Besorgnis, dessen Liebe zum Ausdruck gebracht wird. Im hi-

Abb. 22: *Rembrandt: Heimkehr des verlorenen Sohnes, 1636*

storischen Prozeß ist Rembrandts Darstellung damit aber bereits ein Höhe- und gleichzeitig Abschlußpunkt. Schon früh hatte die Aufmerksamkeit durchaus auch der Mutter des verlorenen Sohns gegolten, so bei der Verabschiedung des verlorenen Sohns auf dem Marburger Teppich, der um 1400 entstanden ist (vgl. Abb. 23).

Oder auf dem sogenannten Nürnberger Rücklaken, das um 1470

Abb. 23: *Abschied des verlorenen Sohnes, Marburg, um 1400 (Detail)*

erschienen ist und die Mutter, allerdings gegen die Parabel, als eine Figur darstellt, die den Sohn zurückhalten möchte. Schon bei Dürer und Hieronymus Bosch verschiebt sich aber die Aufmerksamkeit des Künstlers vom Vater auf den Sohn. Der verlorene Sohn wird als derjenige gezeigt, der der eigentlich Bedauernswerte, Hungrige, Elende ist (Abb. 24).

Zwar bleibt dieses nicht die einzige Sicht – so tritt der Künstler des 20. Jahrhunderts gelegentlich auch noch für eine Aufmerksamkeit gegenüber der Figur des Vaters ein, etwa Ernst Barlach; aber, sicher nicht ohne Gründe, die in der Geschichte als einer Geschichte von Kriegen zu sehen ist, bleibt der verlorene Sohn die dominante Figur, auch dann,

Abb. 24: *Hieronymus Bosch: Der verlorene Sohn, um 1515*

wenn er in Szenen gezeigt wird, in denen er das Vermögen des Vaters verpraßt – wie bei Max Beckmann (Abb. 25).

Auch in der Literatur ist die gegenüber der Botschaft des Lukas-Evangeliums verschobene Fokussierung zu beobachten. Während zur Zeit der Reformation noch zahlreiche verflachte Fassungen der Legende kursieren, deren Aufmerksamkeit sich eher auf eine Diffamierung der Fleischessünden richtet, stellt die Aufklärung wohl den entscheidenden Bruchpunkt dar, nach welchem im 19. und insbesondere im 20. Jahrhundert die literarische Bearbeitung des Stoffs sich grundlegend ändert (vgl. Brettschneider 1978). – André Gide akzentuiert die Geschichte vom verlorenen Sohn als das Problem des Sohns gegenüber

Abb. 25: *Max Beckmann: Der verlorene Sohn* *© VG Bild-Kunst, Bonn 1991*

der Erwartung, in einem Hause zu verharren, das durch Tradition, Dogma, festgefügte Ordnung und Unterordnung gekennzeichnet ist. Wie, so heißt die Frage in «le retour de l'enfant prodigue», kann der Sohn Identität gewinnen oder bewahren in einem solchen Hause? Wie kann er den Abenteuern seines Geistes folgen und gleichzeitig bei Gott bleiben? Rilke, in großer, auch biographischer Nähe zu Gide, variiert dieselbe Fragestellung ein wenig. Das, was in den «Aufzeichnungen des Malte Laurids Brigge» den Sohn bedrückt und letztlich aus dem Elternhaus treibt, ist nicht die Unterdrückung, im Gegenteil, das Geliebtwerden engt ihn ein. Rilkes Bearbeitung zeigt den verlorenen Sohn in der Situation des Einsamen, der auf der ständigen Suche, nicht nach dem Vater, sondern nach dem Ich sich befindet. Kafka radikalisiert in gewisser Weise Gide. Zahlreiche seiner Erzählungen sind Ausdruck des Gefühls, sich als Sohn in der Familie eingeschlossen zu sehen, der Sohn empfindet die Familie als fremd. Sie treibt ihn letztlich aus dem Haus. Eine wenig bekannte völlige Umkehr des Stoffs findet sich nach den Ereignissen des Faschismus im Jahr 1947 bei Hans Sahl. Dort ist es der Sohn, der nicht das Haus verläßt, sondern aus dem Hause gejagt wird von einem Vater, der politisch und moralisch schuldig geworden ist. Aus Sehnsucht kehrt der Sohn in die Heimat zurück. Die Wiederbegegnung ist keine Szene, in der der Vater dem Sohn, sondern der Sohn, der emigrierte Sohn dem Vater vergeben kann, weil das Vaterhaus sich moralisch verändert hat.

Betrachtet man die Rezeptionsgeschichte des verlorenen Sohns im Zusammenhang, so wird deutlich, daß sie nach einer Phase der ‹Werktreue› spätestens mit dem Durchbruch der Aufklärung eine entscheidende Veränderung erfährt: Die moderne Fassung des verlorenen Sohns ist nicht die Geschichte von der Liebe und Gnade des Vaters, sie ist nicht die Geschichte von einer neuen Utopie von Väterlichkeit, sondern in letzter Konsequenz die Geschichte des bedauernswerten Sohns, der nicht selbst, sondern dessen Vater schuldig wird und dem in Gnade vergeben werden kann.

Diese Entwicklung ist natürlich nicht zufällig. Sie ist mehr als nur eine Demontage antiker Vaterkonzeption, sie ist mehr als das Verfehlen einer Utopie von Väterlichkeit, wie sie in der Geschichte vom verlorenen Sohn als dem neuen Vaterkonzept enthalten war, sie ist dieses: der Sieg des Kindlichen über das Elterliche, ganz gleich, ob es sich dabei um Väter oder Mütter, um gute oder schlechte Eltern handelt. Die moderne Feier des Kindes läßt grundsätzlich das Kind als Opfer erscheinen und die Älteren als die Schuldigen, sie gibt dem Kind immer recht, sie ist eine Feier des Jungen, demgegenüber die vorangegangene Generation als Asche erscheint.

Aber diese Entwicklung wäre nicht richtig verstanden, wenn in ihr die Rolle der Frau und der Mutter nicht genau betrachtet würde. Wir befinden uns gegenwärtig am Endpunkt einer Diskussionsphase, die man als feministische kennzeichnen kann. In ihrem Zusammenhang sind zahlreiche Schriften feministischer Theologinnen und gelegentlich auch Theologen erschienen, die glaubten, noch einmal gegen die Vaterkonzeption Gottes vorgehen zu sollen. Diese Literatur hat zahlreiche, zum Teil groteske Blüten hervorgebracht. Diese Diskussion hat absurde Buchtitel wie «Gott eine Frau?» begünstigt, deren Versprechen durch den Text oder durch die Intention der Autorin in keiner Weise eingelöst wird (vgl. z. B. Mollenkott 1985). Am Beispiel eines dieser feministischen theologischen Texte läßt sich nun klar herausarbeiten, welche Rolle die nicht frühchristliche, sondern erst in der Folgezeit entstandene Konzeption der Mutter für das Verfehlen der christlichen Väterlichkeitsutopie gespielt hat.

In ihrem Buch «Jesus – der Gesalbte der Frauen» schildert Christa Mulack, daß das Neue Testament von dem Ziel geprägt gewesen sei, ein Ende der Väter herbeizuführen. Die Autorin versucht zu zeigen, und sie zieht dafür die Geschichte vom verlorenen Sohn heran, daß das bedingungslose Wiederannehmen des Sohns durch den Vater unpatriarchal sei und daß Jesus mit dieser Geschichte eben habe gegen die Patriarchen vorgehen wollen. Dieser Analyse (a. a. O., S. 211 ff) wird man auch aufgrund der Kenntnis aller alternativen Deutungen folgen können. Die sich daran anschließende Argumentation ist allerdings nicht nachvollziehbar. Die im Gleichnis geschilderte Einstellung des Vaters gegenüber seinem Sohn sei, so meint die Autorin, eben nicht väterlich, sondern spezifisch *mütterlich*, und sie schreibt: «Dagegen zeichnet sich die Liebe der Mutter durch ihre Bedingungslosigkeit aus» (a. a. O., S. 215), und: «Mütterlicher geht es wahrlich nicht; denn dieser Vater (des verlorenen Sohns; D.L.) paßte zu keiner Zeit und in keiner Kultur zum patriarchalen Vaterbild» (a. a. O., S. 216), und noch einmal: «Jedes Wort, jede Geste, jede Seelenregung dieses Vaters entsprechen weiblich-mütterlichen Verhaltensmustern» (a. a. O., S. 217). Deshalb meint sie: «Er ist eine Vater-Utopie, ein Vater jenseits menschlicher Möglichkeiten, der als göttlicher Vater die Richtigkeit mütterlicher Verhaltensweisen bestätigt und selbst fortführt, wohingegen er das Verhalten und die Prinzipien irdischer Väter in Frage stellt und verwirft» (a. a. O., S. 218).

Diese Argumentation verdankt sich einem durchaus verbreiteten, wie ich ihn nennen möchte, ahistorischen anthropologischen Fehlschluß. Die Prämisse, daß das Gleichnis eine Konterkarierung bekannter Verhaltenserwartungen gegenüber Patriarchen darstellt, ist durchaus zustimmungsfähig. Ebenso die Auffassung, dem Evangelium schwebe eine utopische Form der Väterlichkeit vor. Die in dem Gleichnis näher qualifizierte Form der Väterlichkeit nun aber als typisch mütterlich zu bezeichnen, bedeutet, aus einer historischen Form der Mütterlichkeit, aus einer historisch späteren Form, nämlich der der letzten 200 Jahre, und aus einer Form, die keineswegs vollständig verbreitet ist, ahistorisch schließend zu behaupten, Mütterlichkeit sei gewissermaßen von Natur aus so wie geschildert. Aus der Übereinstimmung der Väterlichkeitsmerkmale im Gleichnis mit behaupteten Mütterlichkeitsmerkmalen moderner Wirklichkeit wird fälschlich geschlossen, Jesus habe mit seinem Gleichnis das für Väter intendiert, was heute für Mütter selbstverständlich ist.

Sieht man von dem anthropologischen Fehlschluß ab, der auf eine Universalisierung von Mütterlichkeit hinausläuft, und sieht man ferner davon ab, daß Mütter in unserer Wirklichkeit keineswegs grundsätzlich mütterlich sind, geht man also einmal davon aus, daß Mütterlichkeit heute tatsächlich mit den Merkmalen von Väterlichkeit im Gleichnis vom verlorenen Sohn übereinstimmt, dann bedeutet die Argumentation der Autorin: Frauen haben im historischen Prozeß die Erwartungen als Mütterlichkeit realisiert, die im Frühchristentum als Väterlichkeitsutopie gedacht waren. In dieser modifizierten Form hat die These einen erheblichen empirischen Gehalt. Die Frauen scheinen die Rolle der Väter übernommen und damit die Väterlichkeit als Qualität leibhaftiger Väter überflüssig gemacht zu haben. Mit anderen Worten: Die Mütter / Frauen haben den Männern / Vätern die ihnen im Christentum zugedachte Rolle streitig gemacht, mit Erfolg. Daß die dann nur noch leiblichen Väter andere Verhaltensweisen aktiviert haben, scheint so ein Produkt der Situation zu sein, in der die Aufgabe der Väter bereits von Müttern annektiert worden war. Männer aktualisierten so nicht ihre väterliche, aber doch eine zweite geschlechtsgebundene Eigenschaftskomponente, die der (vaterlosen) Männlichkeit.

Insofern hat die Autorin mit ihrer Rede vom Ende der Väter auf eine historisch makabre Weise recht: Das von den Frauen umgesetzte Väterlichkeitskonzept hat die väterlichen Väter schon vor ihrer Realisierung liquidiert, indem sich die Frauen diese Rolle angeeignet haben. Wen wundert es da, daß zum Beispiel die Figur des Joseph in der Geschichte des Christentums zur Bedeutungslosigkeit verkommt. Obwohl er ja der keineswegs patriarchale Nährvater ist, verschwindet er im Schatten der Mutter Gottes Maria: «Jesus wurde durch seine Mutter vom Erbe einer patriarchalen Vaterschaft befreit...» (a. a. O., S. 220). – Die Ikonographie des Joseph tut im übrigen reichhaltig von seiner Marginalisierung kund. Mit sehr wenigen Ausnahmen (vgl. Abb. 26) einer kurzen historischen Epoche erscheint Joseph als bedeutungslose Hintergrundfigur auf Darstellungen der heiligen Familie (vgl. z. B. Abb. 27).

***Abb. 26:** Raffael Sanzio: Hl. Familie unter dem Palmbaum*

Vor dem Hintergrund dieser Entwicklung nimmt es nicht weiter wunder, daß die empirisch oder diskursiv erfahrene Mütterlichkeit am Ende des 20. Jahrhunderts als Ausgangspunkt für einen feministischen Versuch gemacht wird, historisch rückgreifend die Gottesgestalt des Christentums im nachhinein zu maternalisieren. Neben vielen anderen ist das Buch von Mulack auch ein Beispiel dafür. So stürzt sich die Autorin sogleich auf die apokryphen Schriften und sucht emsig nach Stellen in der Bibel, an denen Frauen eine besondere Rolle im Sinne von Mütterlichkeit gespielt haben, so die Maria Magdalena, die beispielsweise die Jünger über den Tod des Jesus zu trösten versucht habe.

In den erst in jüngster Zeit in der ägyptischen Wüste gefundenen apokryphen Schriften der Gnostiker gibt es hinreichende Belege dafür, daß zeitweise Mitglieder gnostischer Teilsekten neben Gott-Vater auch Maria als Mutter angebetet haben. Darin und in der kritischen Haltung der Gnostiker gegenüber dem Gott-Vater-Demiurgen erblickt die Autorin eine Wahrheit, die von der Vorsehung jetzt an das Tageslicht gebracht worden sei:

«Daß der Wüstensand sie ausgerechnet im Zeitalter des Feminismus freigibt, mag aus christlich-gnostischer Sicht als Wink der göttlichen Mutter gewertet werden, denn ihr muß der Sieg der Männlichkeit innerhalb der Kirche ein Greuel gewesen sein...» (a.a.O., S. 38).

Von einem derartig naiv-feministischen Erfüllungsglauben ist eine andere feministische Theologin nicht geprägt, die mit großer Besonnenheit die Versuche analysiert hat, die Häretiker im nachhinein wegen ihrer pro-maternalen Haltung zu einem Recht kommen zu lassen, von dem ihre Verteidigerinnen meinen mögen, daß es das ihre sei. Susanne Heine hat gezeigt, daß bereits Jahve, dem alttestamentarischen Gott, mütterliche Eigenschaften zugeordnet worden waren. Dementsprechend ist die angezettelte Auseinandersetzung ein Schattenkampf, der über eine entscheidende Tatsache hinwegzutäuschen sucht: «So läßt sich also der biblische Gott in der Überlieferung, wie sie in ihrer Endgestalt vorliegt, aufgrund seiner weiblichen Züge noch lange nicht als Mutter bezeichnen. Seine Männlichkeit steht nirgends in Frage, ebensowenig die grundsätzliche Abwehr der weiblichen Gottheiten im Pantheon der Nachbarvölker» (Heine 1987, S. 36 f). Feministische Autorinnen, deren Interesse sich ausschließlich auf die Feminisierung oder Maternalisierung der Gottesfigur richtet, übersehen im übrigen, welche Implikationen eine entsprechende Verschiebung für das gesamte theologische Gebäude des Christentums hätte. So läßt sich mit Hofius (vgl. 1989) zeigen, daß von der Tatsache der Väterlichkeit Gottes wegen Johannes 1, 18 die Möglichkeit abhängt, Christus als Offenbarer der Wahrheit zu werten. Dort ist nämlich zu lesen: «Kein Mensch hat Gott je gesehen; der einzig Geborene, der (selbst) Gott ist, der in des Vaters Schoß ist, *der* hat die Offenbarung gebracht.» Im

Abb. 27: *Peter Paul Rubens: Die Hl. Familie unter dem Apfelbaum*

übrigen verkennt eine Auswahl pro-feministischer Passagen aus apokryphen Schriften völlig, daß in ihnen auch das genaue Gegenteil zu finden ist. – Nicht nur, daß die Gnosis dem bösen Gott-Vater-Demiurgen als Ziel den guten Gott-*Vater* gegenüberstellt, auch in dem Gebet Aseneths finden wir eine reichhaltige Vatermetaphorik in dem «Gleichnis vom Kind, das zum Vater flieht», um nur eines unter vielen anderen Beispielen zu nennen (vgl. Dschulnigg 1989).

Betrachtet man die Phase des Frühchristentums und die in ihr entstehende Vaterkonzeption vor dem Hintergrund ihrer späteren Rezeption und wohl auch ihrer empirischen Gestalt, dann läßt sich resümierend sagen: Unter den widerständigen Bedingungen der Entstehungs- und Konsolidierungsphase des Christentums entwickelt sich eine Vaterkonzeption, eine Utopie von Väterlichkeit, die einerseits als Kompromiß gegenüber den Widerständen, zum anderen als Vorschein einer Wirklichkeit gewertet werden kann, die sich von der patriarchalen Wirklichkeit der Spätantike unterscheidet. Die für das Christentum charakteristische Entdifferenzierung der Gottesfigur, sei sie Produkt eines Kompromisses oder einer genialen Synthese, legt aber bereits den Keim dafür, daß die Utopie der Väterlichkeit als Mütterlichkeit von den Frauen als Müttern aufgegriffen wird. Folgerichtig verliert das Bild des väterlichen Vaters in den 2000 Jahren der folgenden Geschichte schnell an Prägnanz, die Aufmerksamkeit richtet sich auf die leidenden Kinder. Gleichwohl bleibt, allen Behauptungen zum Trotz, daß immer noch gegen einen patriarchalen Vater angekämpft werden müsse (in Wahrheit sind Herrscher gemeint, die weniger gegenüber ihren Kindern als gegenüber ihren Mitmenschen patriarchale Züge zeigen), eine Erinnerung: die Erinnerung, wie sie im Gleichnis vom verlorenen Sohn aufbewahrt ist, das vor dem Hintergrund der Geschichte sich nunmehr eher als ein Gleichnis vom verlorenen Vater erzählt.

Literatur

Brettschneider, W.: Die Parabel vom verlorenen Sohn. Das biblische Gleichnis in der Entwicklung der europäischen Literatur, Berlin 1978.

Bultmann, R.: Jesus und die Mythologie. In: Schupp, F. (Hg.): Mythos und Religion, Düsseldorf 1976, S. 62–69.

Dschulnigg, P.: Gleichnis vom Kind, das zum Vater flieht (JosAs 12,8). In: Zeitschrift für neutestamentliche Wissenschaft 80 (1989), S. 269–271.

Eliade, M.: Geschichte der religiösen Ideen, Bd. II, Freiburg 1979.

Gerber, U.: Die feministische Eroberung der Theologie, München 1987.

Grundmann, W.: Das Evangelium nach Lukas. In: Fascher, E. (Hg.): Theologischer Handkommentar zum Neuen Testament, Berlin 1963, S. 309–315.

Heine, S.: Wiederbelebung der Göttinnen? Zur systematischen Kritik einer feministischen Theologie, Göttingen 1987.

Hofius, O.: «Der in des Vaters Schoß ist» Joh 1,18. In: Zeitschrift für neutestamentliche Wissenschaft 80 (1989), S. 163–171.

Kallensee, K.: Die Liebe des Vaters. Das Gleichnis vom verlorenen Sohn in der christlichen Dichtung und bildenden Kunst, Berlin o. J.

Künstle, K.: Ikonographie der christlichen Kunst, Bd. II, Freiburg 1926, S. 352–356.

Lochmann, J. M.: Unser Vater. Auslegung des Vaterunsers, Gütersloh 1988.

Mollenkott, V. R.: Gott eine Frau? Vergessene Gottesbilder der Bibel, München 1985.

Mulack, Chr.: Jesus. Der Gesalbte der Frauen. Weiblichkeit als Grundlage christlicher Ethik, Stuttgart 1987.

Origines: Das Gespräch mit Herakleides und dessen Bischofskollegen über Vater, Sohn und Seele. Die Aufforderung zum Martyrium, eingeleitet, übersetzt und mit Anmerkungen versehen von Edgar Früchtel, Stuttgart 1974.

Reinhold, O.: Der verlorene Sohn. Wegweisung zu einer evangelischen Ethik, München 1933.

Ruether, R. R.: Sexismus und die Rede von Gott. Schritte zu einer anderen Theologie, Gütersloh 1985.

Schindler, A.: Gott als Vater in Theologie und Liturgie der christlichen Antike. In: Tellenbach, H. (Hg.): Das Vaterbild im Abendland I, Stuttgart (u. a.) 1978, S. 55–70.

Schnider, F.: Die verlorenen Söhne. Strukturanalytische und historisch-kritische Untersuchungen zu Lk 15, Göttingen 1977.

Schweckendiek, A.: Bühnengeschichte des verlorenen Sohnes in Deutschland, I. Teil, Leipzig 1930.

Scobel, G.: Das Gleichnis vom verlorenen Sohn als metakommunikativer Text. Überlegungen zur Verständigungsproblematik in Lukas 15. In: Freiburger Zeitschrift für Philosophie und Theologie 102 (1988), Bd. 35, H. 1, S. 21–67.

Spengler, F.: Der verlorene Sohn im Drama des XVI. Jahrhunderts, Innsbruck 1888.

Van Stockum, Th. C.: Das Jedermann-Motiv und das Motiv des verlorenen Sohnes im Niederländischen und im Niederdeutschen Drama, Amsterdam 1958.

8. Die göttliche Mutter

Konkurrenz für den Vater im Mittelalter

Die Konzeption des Vaters im Mittelalter in einem einzigen Zusammenhang aufzusuchen, ist mehr als riskant. Das Mittelalter umfaßt einen Zeitraum, der je nach geschichtswissenschaftlicher Auffassung zwischen 375 n. Chr. beginnt und in den weitestreichenden Ansätzen bis ins 17. Jahrhundert hinein langt. Es handelt sich also um einen Zeitraum von 1000 bis 1200 Jahren. Sein Beginn wird bei Konstantin dem Großen (um 325), mit der Völkerwanderung (375 n. Chr.) oder mit dem Zusammenbruch des Weströmischen Reichs (476) datiert, gelegentlich erst mit Karl dem Großen (ca. 800 n. Chr.). Als Ende gilt in einigen Historiker-Schulen das 13. Jahrhundert, in wenigen das 17., in der Regel wird das Einsetzen der Reformation, also ein Zeitpunkt um 1500, als ein so markanter Wendepunkt gewertet, daß das Mittelalter hier als beendet zu betrachten ist. Die durch diesen großen Zeitraum entstehenden Rekonstruktionsschwierigkeiten liegen auf der Hand. Die Quellenlage beginnt als eine äußerst spärliche, vornehmlich auf theologische Texte beschränkte und expandiert im 2. Jahrtausend derartig, daß eine vollständige Übersicht diskursiver Äußerungen zur Vaterschaft spätestens um die Jahrtausendwende gar nicht mehr versucht werden kann. Ein wenig hilfreich kann die Differenzierung des Mittelalters in drei Unterepochen sein. So hat man als frühes Mittelalter die Zeit bis um 900 n. Chr. gewertet, als Hochmittelalter den Zeitraum zwischen 900 und dem 13. Jahrhundert und darauf folgend als Spätmittelalter das 14. und 15. Jahrhundert.

Die Gründe für diese Differenzierung resultieren natürlich nicht aus einer Geschichte der Vaterschaft, sondern aus Ereignissen, von denen man nur vermuten kann, daß sie für den Wandel der Vatervorstellungen im Mittelalter Implikationen gehabt haben können. Dazu gehören am Übergang vom Früh- zum Hochmittelalter zum Beispiel die Forderung nach einer Reform der Kirche, die aus der religiösen Reform der Cluniazenser hervorging und zum sogenannten Reformpapsttum führte. Es liegt nahe anzunehmen, daß die ‹Vaterfigur› des Papstes in ihren Wandlungen für generelle konzeptionelle Vorstellungen von Vaterschaft nicht ohne Relevanz gewesen sein dürfte. Daneben ist der für das Hochmittelalter wichtige Investiturstreit zu nennen, der 1074 mit dem Verbot der Priesterehe unter Einführung von Zölibatsvorschriften beginnt und 1075 zum Verbot der Laieninvestitur führt. In diesem Zusammenhang dürften weniger die damit verbundenen politischen Verwerfungen zwischen dem Heiligen Stuhl und dem deutschen Königtum von Interesse gewesen sein, die 1074 zu dem berühmten ‹Gang nach Canossa› führten. Es ist vielmehr die Entsäkularisierung des Priestertums, die Entfernung der Kleriker aus dem Lebensalltag der Menschen, innerhalb dessen die Familie und natürlich die Vaterschaft eine besondere Rolle gespielt hat. Priester können keine Väter mehr werden. Überspitzt formuliert: Der Mann kann ein ‹nur› weltliches Leben führen und innerhalb dessen Vater werden oder ein geistliches als Priester oder womöglich als Mönch. Die Höherbewertung der geistlich motivierten Askese impliziert zwangsläufig eine Minderbewertung der Vaterschaft als menschlich-männlicher Existenzweise. Der Bruch zwischen dem Früh- und Hochmittelalter wird in derselben Richtung unterstützt durch eine anhaltende Krise des Papsttums. Wenn 1084 die Kaiserkrönung Heinrichs IV. durch einen ‹Gegenpapst›, Klemens III., vollzogen wird, dann bedeutet dieses insofern auch eine Schwächung der Vaterimago, als daß auf der Ebene des Alleinvertretungsanspruchs des Papstes ein Einbruch hingenommen werden muß. Dieses dürfte für die Vorstellung einer Einzigkeit des Vaters nicht ohne Auswirkungen geblieben sein.

Das Hochmittelalter ist aber auch die Zeit philosophischer und theologischer Bewegung. Zu ihr gehört unter anderem eine Persönlichkeit wie Abälard (1079–1142), dessen in seinem Brief an Heloïse zum Ausdruck kommende einzigartige Wertschätzung der Frau in Wechselwirkung mit seinem philosophischen Werk die Frau, hier allerdings zunächst weniger als Mutter, in eine neue Dimension rückt. Neben ihm und anderen ist das Werk von Thomas von Aquin (1225–1274) zu nennen. Zwar gilt er als Verächter der Frauen. Zum Beleg dieser These wird in der Regel eine Passage aus der «Summa theologica» zitiert:

«Es war notwendig, daß das Weib ins Dasein trat, wie die Schrift sagt, als die Gehilfin des Mannes; zwar nicht als Gehilfin zu einem anderen Werke (als dem) der Zeugung, wie einige behaupten, da ja der Mann zu jedem sonstigen Werke eine bessere Hilfe in einem anderen Manne findet als im Weibe, sondern (es war notwendig) als Gehilfin beim Werke der Zeugung» (Thomas von Aquin 1951, qu. 92.1).

Aber Thomas war gleichzeitig derjenige, der für eine Rationalisierung und damit in gewisser Weise für eine ‹Beruhigung› der Partner in der Ehe eintrat, eine Vorstellung, die, vorsichtig formuliert, erste Züge von Partnerschaftlichkeit enthielt.

Das hohe Mittelalter ist sodann die Zeit des Rittertums und des Minnesangs, ein Umstand, der, wie zu zeigen sein wird, zumindest das Verhältnis der Männer zu den Frauen neu definiert. Da die Verehrung des Mannes im Minnesang in der Regel einer mit einem anderen verheirateten Frau galt, kann man eine Diversifikation zweier Beziehungstypen beobachten: die ‹gewöhnliche› Beziehung einer adligen Frau zu ihrem Ehemann, die eher durch die Rationalität der Ehestiftung gekennzeichnet ist, und eine zweite Beziehung in höchstem Maße emphatischer Natur. Mit anderen Worten: Das Medium der Liebe bleibt für die Beziehung zu dem Nicht-Ehemann und damit zu dem Nicht-Vater reserviert. Demgegenüber ist der leibliche Vater der Kinder ein Genitor, dessen Bedeutung sich auf die Verlängerung der Lineage zu reduzieren droht.

Eine auf den ersten Blick periphere Erscheinung des hohen Mittelalters ist der Mainzer Reichslandfrieden Heinrichs IV. von 1103. Er spielt in der Geschichte der Juden eine besondere Rolle, insofern die Juden in ihm zu ‹befriedeten› Personen gemacht werden: Sie dürfen keine Waffen tragen, werden dadurch schutzbedürftig, unfähig, sich selbst zu verteidigen und dadurch unfrei. Interessanterweise enthält der Reichslandfrieden neben den befriedeten Juden unter anderem Kaufleute, Kleriker und – Frauen. Hier ist einer der Orte für die Konzeptionierung der Frau als schwacher Mensch. Sie in einem Atemzug mit Juden zu nennen, disqualifiziert sie vor dem Hintergrund der bereits beginnenden Judenverfolgung auf der einen Seite, wertet sie auf der anderen im Kontext mit Klerikern aber auch auf. Wenn man berücksichtigt, daß die Bedeutung der Vaterschaft bei den Juden ihre extremste Ausformung fand, dann muß die ‹Befriedung› der Juden eine Schwäche zumindest des jüdischen Vaterkonzeptes impliziert haben. Was waren das für Väter, die keine Waffen tragen durften? Man wird eine einzelne Erscheinung wie den Mainzer Reichslandfrieden nicht überbewerten wollen. Symptomatisch gesehen heißt es aber doch, daß Männer in der Nähe der Frauen als ihnen wesensgleich, nämlich schwach, konstituiert werden. Sie gehören entweder einer Religion an, die als für den Tod Christi verantwortlich angesehen wird, oder sie sind zölibatäre, das heißt vaterschaftsunfähige Priester oder Kaufleute, die nicht selten in dem Ruf stehen, ehrliche Handwerker und Bauern zu übervorteilen. Mit anderen Worten: Es entsteht eine Gemengelage des ‹Nicht-Väterlichen›, die unter dem Signet des entschieden Mütterlichen später dann eine Konnotation stabilisiert, in der Vaterschaft mit Härte, Kraft und Brutalität in Verbindung gebracht wird, während Mutterschaft, nicht ohne Ambivalenz, im Zusammenhang mit Religiosität, ökonomischer Reproduktion und – tendenziell – Kriminalität (sensu: Betrug und Mord am Sohn Gottes) steht.

Der Übergang vom Hoch- zum Spätmittelalter dürfte für die Konzeption der Vaterschaft gleichfalls nicht unerheblich gewesen sein. Die Krise des Papsttums führt im 14. Jahrhundert zu einem Verlust des päpstlichen Weltherrschaftsanspruchs in der Bulle «unam sanctam», 1302. Doch damit nicht genug. Die Verweltlichung und maßlose Aneignungspolitik der Päpste leiten zwischen 1378 und 1417 zu einer als großem Schisma bekannten Spaltung, die die Schwächung des Papsttums im Sinne einer Verlängerung der Vaterschaftsvorstellung Gottes noch weiter treibt, als sie im Hochmittelalter bereits eingeleitet wurde. Die Entstehung zahlloser Regionalkirchen weist in dieselbe Richtung. Das Spätmittelalter ist die Phase, in der die Marienverehrung ihren Höhepunkt erreicht, wodurch die Trinitätsidee an den Rand ihres Bestandes getrieben wird. In dieser Zeit der ersten großen Entdeckungen erfahren die Europäer, daß am anderen Ende der Welt signifikant anders aussehende Menschen leben. Der Urvater Adam büßt seine Einzigartigkeit ein, und mit ihm wird die Vatervorstellung ein weiteres Mal geschwächt.

Dieser erste Durchgang durch das Mittelalter zeigt eine Reihe von Brüchen, die für die Entwicklung der Vaterkonzeption bedeutsam sein können. Aber er zeigt auch die Schwierigkeit, die durch eine Binnenphasierung in drei Teilepochen nur unzulänglich gelöst wird. Hinzu kommt die Tatsache, daß von einer Homogenität diskursiver Entwicklungen in dem gesamten geographischen Raum von Spanien bis Skandinavien, von England bis Rußland natürlich keineswegs ausgegangen werden kann. Die Aufmerksamkeit wird sich im Verlauf der weiteren Betrachtung deshalb zwangsläufig auf Mitteleuropa und spätestens ab dem 19. Jahrhundert auf den deutschsprachigen Raum beschränken müssen.

Zur Orientierung über große Entwicklungszüge des Vaterkonzepts im Mittelalter reicht dieser erste Durchgang keineswegs aus. Wir müssen ihm zwei weitere folgen lassen, bevor exemplarische Details diskutiert werden können. Ein zweiter Durchgang, vielleicht eher eine Momentaufnahme, gilt der sozialgeschichtlichen Seite, ein dritter der religionsgeschichtlichen.

Der Blick auf die sozialgeschichtliche Seite soll nur eines verdeutlichen: Ebenso differenziert wie die epochale Entwicklung über 1000 bis 1200 Jahre ist in diesem Zeitraum das soziale Leben. Nach dem Verfall der römischen Welt im 4. und 5. Jahrhundert kann man keineswegs davon ausgehen, daß auch die antiken Sozialstrukturen übergangslos beseitigt worden wären, im Gegenteil. Bis zum Ende des Karolingerreiches, also durch das gesamte Frühmittelalter hindurch, gründeten sich die Gesellschaften auf der Sklaverei. Die so auch genannten Sklaven galten weiterhin als Sache, die man kaufen und verkaufen konnte, übrigens auch getrennt von Ehefrau bzw. Ehemann des Sklaven bzw. der Sklavin. Sklaven dienten in der überwiegenden Zahl der Fälle als Landarbeiter auf großen Gütern. Gewissermaßen über ihnen war die populationsreichste Schicht, die sogenannten Kolonen, angesiedelt. Auch sie waren – die Übergänge sind hier fließend – keineswegs unabhängig. Man wird sich diese Bevölkerungsgruppe vorwiegend als in der Landwirtschaft tätige, nicht unfreie, *Bürger*, vorstellen müssen, die zwar in der Regel einen kleinen ‹Bauernhof› besaßen, diesen aber nicht auf eigene Rechnung bewirtschaften konnten, sondern dem Domänenherren gegenüber zu Dienstleistungen und Abgaben verpflichtet waren. Eigentümer ihres Bodens waren sie nicht, anders als die freien Bauern. Zur karolingischen Gesellschaft gehörten natürlich Grafen, Bischöfe und Äbte als die Reichen und Statthalter der staatlichen Zentralgewalt, es gab den Klerus, genauer einen niederen und einen höheren Klerus, sowie die Mönche, und es gab eine kaum überschaubare Masse vagabundierender Menschen, die von Bettelei, kleinen Betrügereien und Raub lebten. Schaut man sich demgegenüber die soziale Stratifikation des Hoch- und Spätmittelalters an, so hat sich etliches geändert. Die oberste Schicht repräsentiert eine Art Feudalaristokratie aus adligen Rittern und Ministerialen. Die Lebensumstände der Bauern bessern sich zum einen durch Neuerungen im Ackerbau, die den Anbau proteinreicher Früchte erlauben, zum anderen durch eine Veränderung der Herrschaftsverhältnisse. Die letzte Erwähnung eines Sklaven (Servus) kann im Jahre 1105 registriert werden. Der im 8., 9. und 10. Jahrhundert einsetzende Handel verändert die Siedlungsstruktur. Es entsteht eine Stadtgesellschaft von Bürgern, die den unterschiedlichsten Berufen nachgehen. Die Stadtgesellschaft ist in Patrizier, Zunftangehörige und Arme sozial gegliedert. Die Schicht der Fürsten, über deren Leben wir naturgemäß am meisten wissen, ist die kleinste und am wenigsten repräsentative. Im Spätmittelalter sind demgegenüber Krisen der Landwirtschaft zu beobachten, die zum einen durch einen erheblichen Bevölkerungsschwund, zum anderen durch Landflucht verursacht werden. Parallel dazu bleibt die Entstehung einer vorindustriellen Produktionsweise nicht ohne Auswirkungen. Schließlich ist durch die Expansion des Handels auch anderer Nationen im kaufmännischen Bereich von erheblichen Krisenphänomenen auszugehen.

Wenn man diese Entwicklung über die drei Teilepochen hinweg holzschnittartig kennzeichnet, so kann man zunächst von einer Verlängerung antiker Sozialstrukturen in das Frühmittelalter hinein ausgehen, von der Entfaltung stabiler sozialer Strukturen im Hochmittelalter und erheblicher sozialer Krisen im Gefolge anderer Krisen im Spätmittelalter. Es ist kaum denkbar, daß das Konzept der Familie und des Vaters von diesen Entwicklungen unberührt geblieben ist. Dabei können der Rolle des Vaters ganz unterschiedliche Funktionen zugekommen sein. So mag, wie Otto Borst meint, die Familie als stärkste und einzig wirksame kollektive Bindung eine besondere Rolle in ihrer Abhängigkeit von einem Herrn gespielt haben (vgl. O. Borst 1983, S. 470). Sie könnte, zumindest in einer bestimmten Phase, eine stabilisierende Wirkung gehabt haben. Andererseits gibt es insbesondere aus der Zeit des Spätmittelalters Berichte, die das genaue Gegenteil einer solchen stabilen Ordnung der Familie nahelegen. So schildert der Franziskaner Johannes von Winterthur eine Begebenheit, die den Verfall der Familie und der integrativen Funktion des Vaters nachhaltig unter Beweis stellt. Im Jahre 1343 bat ein Familienvater seinen ältesten Sohn, den er bereits ‹abgeschichtet›, also bereits sein ihm zukommendes Vermögen ausgehändigt hatte, um den eigenen Lebensunterhalt, weil er seines gesamten Vermögens beraubt worden war. Er bat seinen Sohn um eine Kuh, die dieser ihm aber verweigerte. Der Vater stahl daraufhin seinem Sohn eine solche Kuh. Dieser schleppte ihn vor ein Gericht, das den Vater widerwillig zum Tode verurteilte. Als sich für die Vollstreckung des Todesurteils niemand fand, bot sich der älteste Sohn selbst an und henkte seinen Vater.

Die Geschichte ist in doppelter Hinsicht von Interesse. Zum einen zeigt sie, wie die ökonomische Krise des Spätmittelalters in die Familienstruktur eingreift und wie sie die ehemals selbstverständliche Sorgeverpflichtung der Söhne gegenüber ihrem Vater problematisiert hat. Mehr noch: Das geltende Recht verpflichtet die Kinder nicht zum Unterhalt ihres verarmten Vaters. Es darf nicht unerwähnt bleiben, daß der Franziskaner, der diese Geschichte berichtet hat, dieses im Hinblick auf das Ehegebot von Vater und Mutter im Dekalog tut. Nicht ohne Genugtuung berichtet er, daß der Bruder des henkenden Sohnes diesen nach dessen Untat mit einem Schwert durchbohrte und die Leiche den Hunden zum Fraß vorwarf (A. Borst 1988, S. 54f). Die Geschichte zeigt, daß eine soziale Wirklichkeit im Spätmittelalter bereits in Gegensatz zu den religiös-normativen Erwartungen hinsichtlich des Vater-Sohn-Verhältnisses getreten ist. Daraus bestätigt sich ein weiteres Mal, daß die isolierte Betrachtung diskursiven Materials nichts über die soziale Wirklichkeit der Vaterschaft in einer bestimmten Epoche sagen muß. Andererseits bedeutet dieses nicht, daß die konzeptionellen Vorstellungen von Vaterschaft in den Köpfen der Zeitgenossen deswegen bedeutungslos waren. Sie traten, besonders wenn sie theologischen Ursprungs waren, mit dem Anspruch auf, die soziale Wirklichkeit der Vaterschaft gestalten und korrigieren zu wollen. Diese Funktion werden sie *auch* gehabt haben. Andererseits spiegelt sich in dem Wandel der konzeptionellen Vorstellungen selbst wiederum der Wandel sozialer Möglichkeiten des Vaters. Das bedeutet also, daß die – letztlich einzig mögliche – Rekonstruktion des Vaterschaftsdiskurses immer auch Informationen über die soziale Wirklichkeit des Vaters mit sich transportiert.

Für das Mittelalter bleibt in diesem Zusammenhang wie auch im Frühchristentum der religiöse Diskurs von hervorragender Bedeutung. Ein dritter kurzer Durchgang durch das Mittelalter gilt also ihm. Man wird die Gedankenwelt des Mittelalters heute auch ansatzweise nicht verstehen, wenn man sich eine Grundeinstellung nicht vor

Augen führt: Das Mittelalter ist eine Zeit, die mit eschatologischen Hoffnungen erfüllt ist. Sie steht unter dem Zeichen apokalyptischer Erwartungen. Mindestens bis zur Jahrtausendwende steht für die meisten Theologen und ‹Philosophen› die Frage des Weltendes und seines möglichen Datums sowie der Begleitumstände im Mittelpunkt des Interesses. Die Heraufkunft des Antichristen wird erwartet wie die des endzeitlichen Kaisers. Die millenaristische Bewegung geht davon aus, daß mit dem Ende des ersten Jahrtausends das Ende der Welt entschieden ist. Hinzu kommen Epidemien, Hungersnöte und ahnungsvoll gedeutete Erscheinungen wie Sonnen- und Mondfinsternisse oder große Kometen. Es liegt in der Logik der christlichen Vorstellungen, daß sie diese Ereignisse und Erscheinungen als Folgen ihrer Sünden deuten. Umkehr, Buße und die bisweilen ekstatische Rückwendung auf Heilige und ihre Reliquien sind die Folge. Aber sie sind natürlich nicht die einzigen. In der Lebensnot der Zeitgenossen steht ihnen ihr Gott nicht zuletzt durch seine ‹Akademisierung› seitens der Kirchenväter zu fern. In dieser Lebensnot suchen sie nach übermaterialen Erfahrungen, und es liegt nahe, daß mythische und magische Vorstellungen und Praktiken ihrer Herkunftskultur, zum Beispiel der Germanen, reaktiviert werden. Die Volksfrömmigkeit richtet also ihr besonderes Interesse auf die Apokryphen und die Schriften der Häretiker; denn dort finden sie ihr Bedürfnis nach mystisch-religiöser Erfahrung eher erfüllt als in dem, was die orthodoxe Kirche ihnen bieten kann. Diese Empfindung drückt sich dann auch unmittelbar in neu entstehenden Lehren aus. So gehen die Katharer davon aus, daß die Welt zwar von Gott geschöpft, aber doch die Domäne des Satans geworden ist. Gott hat sich von ihr entfernt. Christus war nicht Leib, sondern reiner Geist. Auch in der künstlerischen Praxis spiegelt sich die Angst vor dem Ende, vor dem Tod. Mit Begeisterung wird die sukzessive Auflösung menschlicher Körper dargestellt. Aufführungen des Totentanzes feiern auf den Marktplätzen der Orte große Erfolge. Es gibt Handbücher über die Kunst des Sterbens, die Ars moriendi.

Doch diese und andere Erscheinungen sind für die Geschichte der Vaterschaft vergleichsweise bedeutungslos. Zu den Versuchen der Menschen, sich Gott näherzubringen, gehört in der Zeit des Mittelalters gleichzeitig eine vielfältige Zuwendung zum Weiblichen, ja man könnte sagen, daß es sich hier um einen ersten Feminisierungsschub unserer Kultur gehandelt hat. Nun wäre für die Geschichte der Vater-

schaft dieses bedeutungslos, wenn diese Feminisierung sich etwa am Leitbild des Mädchens oder der unverheirateten Frau orientiert hätte. Dem war aber nicht so. Im Mittelpunkt dieser Entwicklung steht die Gestalt der Maria. Ziemlich genau mit dem Beginn des Frühmittelalters setzt die erste Anrufung der Maria im griechischen Raum ein. Die ersten Bitten um ihren Schutz datieren aus dem späten 3. und frühen 4. Jahrhundert. Severianos von Gabala (gest. 408) berichtet, daß das Lob Marias zur täglichen Gewohnheit werde; daß sie noch vor den Aposteln und Märtyrern anzurufen sei, ist seine Forderung. Augustinus redet als erster Kirchenvater des europäischen Westens Maria explizit an. Im 4. Jahrhundert werden ihr die ersten Kirchen geweiht, es

Abb. 28: *Thronende Gottesmutter mit Erzengeln, Konstantinopel, Mitte 6. Jahrhundert (links)*

Abb. 29: *Böhmischer Meister: die Glatzer Madonna, um 1350 (rechts)*

Abb. 30: *Hubert und Jan van Eyck: Jungfrau Maria aus dem Genter Altar, 1432*

folgen im 5. Jahrhundert die ersten Marienfeste, im 6. wird sie in den Kanon der römischen Liturgie aufgenommen, im 7. finden Marienfeste Eingang in das Kirchenjahr: Verkündigung, Heimgang, Geburt, Reinigung. Bis zum Beginn des 12. Jahrhunderts tritt Maria für die Christen so in den Vordergrund ihrer Aufmerksamkeit, daß ihrer Fürbitte Allwirksamkeit zugesprochen wird. Endlich haben die Menschen ein Verbindungsglied zwischen dem fernen Gott, dem nicht minder fernen Sohn, dessen Rückkehr auf sich warten läßt und immer unwahrscheinlicher wird, und ihnen selbst auf der Erde. Das «Ave Maria» ist eine Schöpfung des 15. Jahrhunderts.

Es deutet sich an, daß diese Entwicklung für die Wertschätzung des

Vaterbildes nicht ohne Folgen sein kann. Denn: Maria ist zwar Jungfrau, aber sie ist auch Mutter. Wenn man die Geschichte der Mariendarstellungen in Skulpturen und Bildern für den Verlauf des Mittelalters einer genaueren Betrachtung unterzieht, wird diese Entwicklung deutlich. Nach Darstellungstypen, die byzantinischen Ursprungs sind und uns Maria heute eher als eine unnahbare Gestalt erscheinen lassen, verändert sich die Darstellung in der Gotik. Nun kann sie als zärtliche Mutter gezeigt werden, aber auch als Minnebraut mit Akzidentien des ritterlichen Frauenideals (vgl. Abb. 28 bis 30). Maria in Verbindung mit der Minne zu bringen, das mag auf den ersten Blick widersinnig erscheinen. Aber die Affinitäten sind unübersehbar. Die Minne erhöht die Frau, sie ist das Lob der außerehelichen Liebe, der ‹wahren› Liebe gegenüber der Vernunftehe mit ihrem Zwangscharakter. Man darf nicht in den Fehler verfallen, die Minne als eine reine Angelegenheit des Diskurses abzutun. Am Beispiel der Eleanore von Aquitanien, der späteren Königin von England und von Frankreich, läßt sich dieses zeigen. Die Legende berichtet, daß sie einen «Liebesgerichtshof» einrichtete, dem die Aufgabe der Be- und wohl auch Verurteilung von Männern zugedacht war, die den strikten Minneidealen nicht gehorcht hatten. Interessanterweise blieb die Idee einer veränderten gleichgewichtigen Mann-Frau-Beziehung, obgleich nicht theologischen Ursprungs, selbst nicht ohne Konsequenzen für die Theologie. Der Mystiker-Meister Eckhart sieht das Endziel des kontemplativen Einzelgängers in der Einheit mit Gott. Diese «unio mystica» beschreibt er aber ausgerechnet in der Terminologie ehelicher Wertschätzung. Die Ehevorstellung, die Meister Eckhart in die Beziehung zwischen Gott und den Menschen bringt, bezieht natürlich auch den Vater ein. Seine Rolle wird relativiert, denn in der so beschriebenen ehelichen Beziehung zwischen Gott-Vater und Mensch-Vater wird aus dem Mensch-Vater die Braut Gottes des Vaters. Der Mensch und mit ihm die Väter werden feminisiert.

Man kann diese Sicht auch als Ausdruck einer für das Mittelalter nicht seltenen Tendenz der Überwindung von Gegensätzen werten, die unaushaltbar erschienen. Das mag bis zu dem Erkenntnisprinzip der «coincidentia oppositorum» des Cusanus reichen. Die Reihe theologischer Elemente ließe sich fortsetzen, die für die Vaterkonzeption erheblich gewesen sind. Als letzte im dritten religionsgeschichtlichen Durchgang vielleicht diese: Bei den orthodoxen Griechen gibt es am

Ausgang des Mittelalters eine Diskussion über die Frage, ob der Geist nur von Gott-Vater oder auch von Christus ausgegangen sei. Die Entscheidung heißt: filioque (auch vom Sohn). Die Einzigartigkeit des Vaters in der Gott-Vater-Gott- und Menschensohn-Verbindung wird relativiert.

Betrachtet man die drei Durchgänge durch das Mittelalter aus der Distanz, so stellt sich heraus, daß durchaus keine zeitliche Homogenität der Erscheinungen beobachtet werden kann. Am dunkelsten bleibt die Zeit des Frühmittelalters, schon aus Gründen der Quellenlage. Die schriftliche Überlieferung ist eher der Ausnahmefall. Dort, wo es schriftliche Zeugnisse aus der Zeit vor 1000 gibt, insbesondere natürlich in der Zeit des Frühmittelalters, sind die Quellen so fragmentarisch, daß ihre Auswertung nur mit einem erheblichen Interpretationsüberschuß möglich ist. Ein Beispiel dafür ist der Versuch (vgl. Schuler 1982), aus den spärlichen, eher statistischen Klosteraufzeichnungen aus der Zeit um 800 Rückschlüsse auf das Familienleben in einem abruzzischen Dorf jener Zeit zu ziehen. Immerhin legt die Quelle in einer ‹kollektivbiographischen› Interpretation nahe, für den dort untersuchten Raum davon auszugehen, daß in 15 Prozent der Haushalte noch drei Generationen zusammenlebten und daß in einem Drittel der Haushalte die älteste Generation bereits nicht mehr die Haushaltsführung innehatte. Des weiteren wird auf einen relativ geringen Lebensaltersabstand zwischen Mann und Frau geschlossen, der dazu führte, daß der Ehemann gute Chancen hatte, die Geburt eines Enkels zu erleben. Schließlich meint der Autor, daß in 96 Prozent der Haushalte das älteste männliche Mitglied der Haushaltsvorstand war, daß Stammfamilien in einem Haus eher selten waren und dann, wenn sie vorkamen, am häufigsten mit dem ältesten Sohn realisiert wurden. Aber: Der zeitliche und geographische Raum solcher Analysen ist außerordentlich eingeschränkt. Die Reichweite der Daten ist begrenzt. Immerhin, Verwandtschaften dieser Familiensituation mit derjenigen des antiken Roms sind nicht zu übersehen. Andererseits zeigt die vergleichsweise geringe Zahl von Stammfamilien, daß offenbar bereits zu jenem Zeitpunkt die Großfamilie aus mehreren Generationen eher die Ausnahme war.

Für die Zeit des Hochmittelalters ändert sich die Quellenlage grundlegend. Die in den ersten drei Durchgängen geschilderten Prozesse der Wandlung des Vaterkonzepts scheinen hier ihren Ursprung zu haben.

Dieses ließe sich an zahllosen Elementen des Vaterdiskurses belegen. An einem Beispiel aus der Rechtsgeschichte und an einem Beispiel aus der Literaturgeschichte sei der Wandel demonstriert. Zum tradierten Recht des Vaters aus römischer Zeit gehörte die väterliche Ehebewilligung. Danach galt bis ins 12. Jahrhundert hinein eine bearbeitete Fassung des römischen Rechts. Ihr zufolge war die Verlobung eines Mädchens mit sieben Jahren, seine Ehe mit zwölf Jahren möglich. Beides war jedoch an die Zustimmung des Vaters gebunden; mehr noch, der Vater war die handelnde Person, die verlobte und verheiratete, wenngleich nur im Einverständnis mit der Tochter. Ihre Zustimmung wurde vorausgesetzt. Sie bedurfte keiner Äußerung, da ein rechtskräftiger Widerspruch durch die Tochter nur für den Fall in Betracht kam, daß der Vater einen ‹unwürdigen› Bräutigam auswählte (vgl. Köstler 1908, S. 138ff). Die römische war nicht die einzige Quelle für eine Veränderung des Verehelichungsrechts, die der spätere Papst Alexander III., Rolandus Bandinellus, im 13. Jahrhundert durchsetzte. Im Rückgriff auf Gratian und auf das langobardische Recht, aber gleichzeitig in Absetzung davon, qualifizierte der Bologneser Kanonist Roland das Verehelichungsrecht dergestalt, daß nunmehr eine Verheiratung der Tochter durch den Vater bereits vor dem 12. Lebensjahr zulässig wurde. Dabei wurde rechtstechnisch davon ausgegangen, daß der Vater seine noch unmündige Tochter im Ehekonsens vertrat, ohne daß eine ‹richtige› Ehe zustande kam. Bei Erreichung der Mündigkeit hatte die vorzeitig durch den Vater verheiratete Tochter die Möglichkeit einer Nichtanerkennung ihrer Vermählung. Das Recht auf die väterliche Ehebewilligung wird durch diese Regelung zum ersten Mal problematisiert, insofern ein nachheriges väterliches Einverständnis nach dem Erreichen der Mündigkeit für nicht mehr notwendig erachtet wurde. Mit dieser Regelung wurde mehr oder minder unausgesprochen offenbar einer Ehepraxis entsprochen, die die traditionellen Rechtsregelungen längst hinter sich gelassen hatte (vgl. a.a.O., S. 146).

Der viel gescholtene Thomas von Aquin ist hinter diese Regelung nicht wieder zurückgefallen. Aus theologisch-systematischen Gründen betrachtet er eine Ehe auch dann als zustande gekommen, wenn sie ohne elterliche Einwilligung nach dem Erreichen der Mündigkeit, für Mädchen nach dem 12. und für Knaben nach dem 14. Jahre, geschlossen wurden. Gleichwohl verurteilt Thomas eine solche Übergehung der *Eltern*, nicht nur des Vaters. Die Mißbilligung hat indessen keine theologischen oder ‹pädagogischen› Gründe, sondern sie resultiert aus der verurteilten aber trotzdem verbreiteten Praxis des Frauenraubs. Da der Raub einer Tochter durch einen Bräutigam gleichbedeutend mit dem Raub von Eigentum ist, kann eine auf diese Weise zustande gekommene Verehelichung schon aus eigentumsrechtlichen Gründen nicht akzeptiert werden. Erst das 1563 zu Ende gehende, also in die Frühneuzeit fallende tridentinische Konzil regelt diese Frage abschließend: Die Eheschließung der Kinder ist von dem Willen der Eltern völlig unabhängig; deren Zustimmung vorher oder nachher, ihre Anerkennung oder Ablehnung ist unmöglich. Wie spät die Kurie auf einen offenkundigen seelsorgerischen Notstand reagierte, läßt sich an den spätmittelalterlichen Dokumenten der Kasualienpraxis leicht zeigen. Interessanterweise kann man das Problem auch mit der Reformation keineswegs als endgültig erledigt betrachten. In der reformatorischen Soester Kirchenordnung von 1532 wird noch deutlich erkennbar, wie zwischen dem Buchstaben der Heiligen Schrift und einer sozialen Wirklichkeit ein Schlingerkurs gefahren wird, indem man, gut protestantisch ermahnend, beiden Seiten gerecht zu werden versucht:

«**2874** Hierum will ich treulich beide, Jungfern, Frauen und Männer, ermahnt und gebeten haben, sie wollten dem Exempel des Isaak, Sohn des frommen Patriarchen und Erzvaters Abraham folgen, und nicht für sich selbst freien, sondern die Sache ihren Eltern und Verwandten anempfehlen.

2875 Desgleichen die Eltern, daß sie nicht allzu schrecklich tyrannisch mit den Kindern unklug handeln, sondern tun wie Laban und Batuell, welche zuerst sagten, als Rebekka dem Isaak angetraut werden sollte: ‹Laßt uns die Jungfrau holen und nach ihrem Willen fragen.› (1. M 24)« (Soester Kirchenordnung 1984, S. 209).

Während dieses Beispiel aus der Rechtsgeschichte gewissermaßen eine Emanzipation der jungen Kinder gegenüber ihrem Vater und damit umgekehrt eine rechtliche Einbuße der Väter dokumentiert, betrifft das literarische Beispiel eher das Verhältnis von Vater und Mutter. – Zwischen 1210 und 1220 verfaßt Winsbecke, das ist der «Herr von Windesbach», im Ostfränkischen ein Lehrgespräch zwischen Vater und Sohn. Es besteht aus 56 zehnzeiligen Strophen und zielt in erster Linie auf die Vermittlung höfischer Haltung im Sinne der «mâze». Das Lehrgespräch beginnt mit den väterlichen Worten:

«Ein wîser man hete einen sun,
der was im liep, als maneger ist.
den wolte er lêren rehte tuon
und sprach alsô: ‹mîn sun, dû bist
mir liep âne allen valschen list.
bin ich dir liep sam dû mir,
  sô volge mir ze dirre vrist,
die wîle ich lebe. ez ist dir guot:
ob dich ein vremder ziehen sol,
  dû weist niht, wie er ist gemuot.›»
(Winsbeckische Gedichte... 1962, S. 1)

Diese väterliche Lehre erfährt zu einem heute nicht mehr rekonstruierbaren Zeitpunkt eine Ergänzung um 23 weitere Strophen, die die Lehre des Textes völlig verändert. Nicht mehr die ritterliche mâze steht im Vordergrund, sondern die Ergänzung enthält eine Aufforderung des Sohnes an den Vater, auf seinem Erbgut ein Spital zu errichten und sich gemeinsam mit ihm dahin zurückzuziehen. In dieser Sündenklage erweist sich der Vater als derartig schwach, daß der Sohn fast als überlegen dargestellt wird, und unwillkürlich stellt sich die Assoziation an Travis und Hunter aus «Paris, Texas» ein:

«Uz ougen muoste er wangen baden:
von herzenliebe daz geschach.
der sun sprach: ‹vater, ir tuot iu schaden,
ir volget wîbes siten nâch,
die man ie lîhte weinen sach:
dâ hoeret niht wan vreude zuo
  und hie des lîbes ungemach.
ez ist niht ein kindes spil,
der mit des lîbes arbeit
  ze rehte sünde büezen wil.›»
(a. a. O., S. 36f)

Aber damit nicht genug: Das Gedicht des Winsbecke erfährt eine Art epigonales Plagiat aus weiblicher Sicht. Zu einem späteren Zeitpunkt entsteht ein weibliches Gegenstück zu dem alten Gedicht. Nunmehr spricht eine Frau zu ihrer Tochter:

«Ein wîplîch wîp in zühten sprach
zir tohter, der si schône phlac:
‹wol mich, daz ich dich ie gesach!
gehoehet sî der süeze tac,

dâ dîn geburt von êrste an lac,
sît ich mit ganzer wârheit wol
  mit wîser volge sprechen mac,
dîn anblic sî eins meien zît.
got sul wir immer gerne loben,
  der alsô rîche gâbe gît.»»
(a. a. O., S. 46)

Die Lehren dieses Gedichtes wirken äußerlicher als die des Originals. Es enthält Warnungen vor der falschen Minne, die ohne mâze gelebt wird.

Paradigmatisch mag dann auch die letzte Station des Winsbeckischen Gedichts beziehungsweise seiner Rezeption gewertet werden: Vermutlich im 14. Jahrhundert entsteht eine Parodie auf das Gedicht, welches durch die Verhöhnung des väterlichen Rats charakterisiert ist, seine Lehren werden auf den Kopf gestellt, der Vater dieser Parodie fordert zu Trunksucht, Unzucht, Lüge und anderen Untugenden auf. Es richtet sich konsequent auch nicht mehr an den «sun», sondern an das «kint».

Betrachtet man den Entstehungs- und Entwicklungsprozeß dieses Gedichts im Zusammenhang, so spiegelt sich darin der Niedergang eines Vaterkonzepts in einzigartiger Weise, das in frühchristlicher Tradition den Vater als geistlichen Lehrer schildert, ihn in der zweiten Station entautorisiert und schwächt, in der dritten durch die Mutter ersetzt und in der vierten zur lächerlichen Figur macht.

Natürlich kann man gegen diese Fokussierung anhand eines einzigen literarischen Motivs einwenden, daß eine Generalisierung unzulässig sei. Andererseits: Die Beispiele dafür, daß im Spätmittelalter der Vater als Rechtsträger in den Hintergrund zu treten beginnt und daß er dieses auch als geistlicher Lehrmeister tut, sind erdrückend. Für diese der Bedeutungssteigerung der Mutter komplementäre Entwicklung gibt es aber auch einen wichtigen sozialgeschichtlichen Grund, den ich in den drei großen Durchgängen durch die Geschichte des Mittelalters noch nicht erwähnt habe. Gemeint ist die eklatante Altersdifferenz zwischen den Vätern, den Ehemännern und den Müttern, den Ehefrauen. Zwar hat diese Konstellation auf den ersten Blick eine Stärkung der väterlichen Funktion des Ehemannes gegenüber seiner Ehefrau zur Folge, wenn etwa ein 30- oder 40jähriger Mann ein 15-, 16-, 17jähriges Mädchen ehelicht, das zwar formal mündig, entwicklungspsychologisch aber allenfalls pubertär ist. Dieser Gesichtspunkt wird oft übersehen, wenn die fehlende Emanzipation von Frauen gegenüber ihren Ehemännern im Mittelalter beklagt wird. Auch nur zu suggerieren, daß diese Mädchen einen emanzipativen Anspruch gegenüber ihren erwachsenen Ehemännern überhaupt hätten ausleben können, ist abwegig. Aber die erhebliche Altersdifferenz hat nicht nur eine unbefragbare Führungskompetenz des Vaters in der so strukturierten Familie zur Folge gehabt, sondern noch ein weiteres, was Arno Borst lakonisch kommentiert: «Es zeigt sich, daß die Männer ihr Übergewicht im Sozialgefüge mit raschem Verschleiß bezahlen» (A. Borst 1988, S. 82). Das heißt, die Väter starben häufig, noch bevor ihr Auftrag an ihren Kindern hätte erledigt sein können. Zwangsläufig wurden die jungen Witwen in die Rolle des abwesenden Vaters gedrängt, soweit sie nicht wieder heirateten. Aber auch selbst dann war für den neuen Ehemann, insbesondere vor dem Hintergrund des Verwandtschaftsverständnisses im Mittelalter, das Kind des verstorbenen fremden Mannes selbst fremd.

Die Tagebuchnotizen des Lucas III. Rem aus der Zeit zwischen 1481 und 1541, also im Übergang zur Frühneuzeit, sind ein gutes Beispiel für eine solche Biographie. Der junge Lucas befindet sich 15jährig in der Lehre, als sein Vater stirbt. Seine Aufzeichnungen verheimlichen nicht, daß er über die mangelnde Hilfe des Vaters enttäuscht ist. Seine Mutter unterstützt ihn beim Aufbau seines Geschäftes. Sein eigenes Lebensschicksal ist dem seines Vaters nicht unähnlich. Verheiratet mit einer 18 Jahre jüngeren Frau, hinterläßt er selbst bei seinem Tode eine junge Witwe. Diese vermag es bereits, das Testament ihres Mannes zu ignorieren, das Lucas IV. als Erben eingesetzt hatte. Sie führt das Geschäft des Ehemannes selbst weiter und ruiniert es (vgl. Tuler 1982, S. 38). In dieser authentischen Aufzeichnung wiederholt sich nicht nur der im «Winsbecke-Fall» literarisch verarbeitete Niedergang des Vaters, sondern wir erfahren hier, wenn auch ganz spärlich, zusätzlich etwas über eine emotionale Dimension. Der Vater als Rechtsträger, so konnte anhand der frühchristlichen Entwicklung gezeigt werden, verfehlt die ihm im Neuen Testament zugedachte emotionale Qualität gegenüber seinen Kindern, weil er sie «erziehen» muß. In dem Augenblick, zu dem er seine Rechte verliert, erscheint er uns als ein Vater, der durchaus über eine emotionale Qualität verfügt, selbst wenn er über einen früh gestorbenen Säugling schreibt:

«*Berchtold*, mein Son, ward geporen aftermontag 2 Decemb. 1533 aubends 1/4 Ur vor Sibnen. Ain tag darvor 8 5/6 stond mittags [Vollmond] gwest, im Zwiling 28. Ward getauft im Predighaus zuo *St. Moritzen*, durch den *langen Her Wolf*, *Magister Michel*, zuon Barfuosser Diacon. Wassen gefatter, mein diener *Hans Echinger*, *Hans Stöcklin*, und Anna *Messerschmidin*. –

Was ein zart schwarzaugend kind und bei 17 wuchen gesund. Da kam In [ein Hautausschlag] an, und wolt nit recht raus. Also fong er an tag ze tag abzunemen (nemlich mein son, der ander berchtold) und nam also wunderperlich bei 20 wuchen teglich mer ab, und verzeret In solche krankhait, daz ich mein lebtag kein elenderen anplick gesechen hab.

Starb freytag [am] 21 Aug° 1534. Was am suntag darnach aubends 6 2/3 ur. Der [Vollmond] im Wasser[mann], und was der ledst hundstag» (zit. n. a. a. O., S. 37).

Die Versuche, verschiedene Elemente des mittelalterlichen Diskurses über den Vater wenigstens grob zu homogenisieren, sind, wie eingangs gesagt, riskant. So wird man sich sofort fragen lassen müssen, wie sich denn die zumindest theologisch bedeutsame Emanationslehre Thomas von Aquins aus der ersten Hälfte des 13. Jahrhunderts zu der Deszendenzhypothese des Vaters verhält. Thomas von Aquin weist nämlich dem Vater eine zentrale Rolle zu (vgl. Abb. 31). So sieht er ihn ranghöher als die Mutter, weil er kräftiger, größer, mutiger, aktiver sei. Er sieht ihn als aktiven Zeuger, der im Zeugungsakt von außen nach innen «informiert», demgegenüber relativiert er die mögliche Bedeutung, die aus der Zeugungstatsache abgeleitet werden könnte. Weil der Vater dem Kind als es nicht Gebärender verwandt und doch gleichzeitig fremd ist, hat er keinen Anspruch auf den Körper des Kindes. Nicht einmal die Seele steht in Verbindung zu ihm, sondern das Kind erhält die Seele von Gott als Vater. Gleichwohl hat der Vater Anspruch auf die Freundschaft des Kindes, weil er sein Erzeuger ist. Der Vater hat auch Gewalt über die Mutter in seiner Rolle als Hausvater, sie gehört wie die Kinder und das Gesinde zum Haus, er ernährt sie. Sie müssen gehorchen, damit er seine Schutz- und Sorgepflichten übernehmen kann. Schließlich ist er auch in einer dritten Dimension stärker als die Mutter, insoweit er nämlich für die Züchtigung und die Strafe zuständig ist. Als Lehrer instruiert, belehrt und bestraft der Vater das Kind. Aber er kann auch durch einen Lehrer, gewissermaßen als Zeuger des Intellekts, ersetzt werden. Der Lehrer kann das Kind unterweisen, denn es bedarf der leiblichen Verwandtschaft nicht, weil der Schüler mit Hilfe seines Lehrers seinen Intellekt *selbst* erzeugt. Diese theologische Konstruktion (vgl. dazu Specht 1978) zeichnet den Vater,

ist ranghöher als Mutter, weil – kräftiger – größer – mutiger – aktiv ↑	hat Gewalt über die Mutter, die wie die Kinder und das Gesinde zum Haus gehört	ist stärker als Mutter und deshalb für Strafe (Züchtigung) zuständig
Der ↓ Vater		
als Zeuger zeugt, ‹informiert› von außen nach innen (Mutter) als Emanation ↘	als Hausvater ernährt	als Lehrer erzieht, instruiert, belehrt, straft
Das Kind		
ist ↓ erzeugt als Ähnliches durch Lebendiges. Ist dem Vater verwandt und doch fremd (nicht im Schoß); 1. deshalb: keinen Anspruch auf Körper des Kindes 2. Seele nicht vom Vater, sondern von Gott als Vater	die Verwandten und das Gesinde im Haus, 3. die der patria potestas unterworfen sind, damit der Vater die Schutz- und Sorgepflichten übernehmen kann	kann auch durch einen Lehrer (als Zeuger des Intellekts) unterwiesen werden; 4. denn es bedarf der leiblichen Verwandtschaft nicht, weil der Schüler (mit Hilfe des Lehrers) seinen Intellekt selbst erzeugt
weil der Vater als Erzeuger	Hausvater und	Lehrer
dem Kind wohl tut, erweist er ihm Freundschaft und hat Anspruch auf die Freundschaft des Kindes als Stufe der Vollkommenheit.		

Abb. 31: *Vaterschaft bei Thomas von Aquin*

wohl kontrafaktisch, als eine zentrale Gestalt. Aber bei genauerem Hinsehen sind zwei wesentliche Einschränkungen von Wichtigkeit: Eine Seelenverbindung zwischen Vater und Kind wird geleugnet, ebenso die Notwendigkeit eines geistlich-pädagogischen Verhältnisses. Bei genauerer Betrachtung kann auch dieses Dokument nicht als Beispiel für eine besondere Wertschätzung des Vaters herangezogen werden. Anders formuliert: Die Relation zwischen Vater und Kind wird zuungunsten des Vaters unterbewertet. Demgegenüber erfährt der Vater als Ehemann gegenüber seiner – wie wir jetzt wissen – kindlichen Ehefrau eine hohe Bewertung. Für eine spätere Stabilisierung des Vaterkonzepts muß diese in der katholischen Theologie an sich zentrale Lehre als Zerstörungselement wirken, wenn die Altersdifferenz zwischen dem Hausvater und der Mutter schwindet, so daß das besondere Gewaltverhältnis nicht aufrechterhalten werden kann. In seiner Beziehung zum Kind ist der Vater schon bei Thomas, wenn man von der Ernährungs- und Schutzfunktion absieht, als ersetzt (durch Gott-Vater, was die Seele betrifft) und als ersetzbar (durch den Lehrer, was die Ausbildung betrifft) angesehen worden.

Am Ende des Mittelalters stehen wir also vor einer Situation, in der die Gestalt des Vaters feminisiert, maternalisiert, ja streckenweise ridikulisiert ist. Seine faktische Funktion wird, nirgends kommt das so klar zum Ausdruck wie bei Thomas von Aquin, auf die der Alimentation reduziert. Diese Bilanz wirft die Frage auf, ob mit der Reformation, das heißt mit der Entstehung einer theologischen Alternative von nachhaltiger Bedeutung, auch eine Alternative im Konzept der Vaterschaft heranreift.

Literatur

Ashe, G.: The Virgin. Mary's Cult and the Re-emergence of the Goddess, London/New York 1988.

Borst, A.: Lebensformen im Mittelalter, Frankfurt/Berlin 1988.

Borst, O.: Alltagsleben im Mittelalter, Frankfurt/M. 1983.

Duby, G.: Ritter, Frau und Priester. Die Ehe im feudalen Frankreich, Frankfurt/M. 1985.

Eliade, M.: Geschichte der religiösen Ideen, Bd. III/1, Freiburg/Basel/Wien 1983.

Gurjewitsch, A. J.: Das Weltbild des mittelalterlichen Menschen, München 1986.

–: Mittelalterliche Volkskultur, München 1987.

Jung, E.: Germanische Götter und Helden in christlicher Zeit, München 1922.

Köstler, R.: Die väterliche Ehebewilligung. Eine kirchenrechtliche Untersuchung auf rechtsvergleichender Grundlage, Stuttgart 1908.

Meckseper, C./Schraut, E. (Hg.): Mentalität und Alltag im Spätmittelalter, Göttingen 1985.

Nitschke, A.: Frauen und Männer im Mittelalter – Die Geschichte eines vielfältigen Wandels. In: Martin, J./Zoeppfel, R. (Hg.): Aufgaben, Rollen und Räume von Frau und Mann, Bd. 2, Freiburg/München 1989, S. 677–708.

Opitz, C.: Evatöchter und Bräute Christi. Weiblicher Lebenszusammenhang und Frauenkultur im Mittelalter, Weinheim 1990.

Schoelen, E.: Erziehung und Unterricht im Mittelalter. Ausgewählte Pädagogische Quellentexte, Paderborn 1965.

Schuler, Th.: Familien im Mittelalter. In: Reif, H. (Hg.): Die Familie in der Geschichte, Göttingen 1982, S. 28–53.

Segalen, M.: Die Familie. Geschichte, Soziologie, Anthropologie, Frankfurt/M. 1990.

Soester Kirchenordnung 1532. Hg. v. G. Oemeken, Soest 1984.

Specht, R.: Über Funktionen des Vaters nach Thomas von Aquino. In: Tellenbach, H. (Hg.): Das Vaterbild im Abendland I, Stuttgart (u. a.) 1978, S. 95–109.

Tuler, 1982

Winsbeckische Gedichte nebst Tirol und Friedbrant. Hg. v. A. Leitzmann, Tübingen 1962.

9. Von der Vaterschaft zur Elternschaft

Vaterambivalenz zur Zeit der Reformation

Zu den frühesten deutschsprachigen Autobiographien gehören die von Thomas Platter (1499–1582) und seinem Sohn Felix (1536–1614). Der Vergleich einiger Auszüge veranschaulicht die Differenz, die das alltägliche Leben am Vorabend der Reformation von der Nachreformationszeit unterschied.

Thomas Platter entstammte einer Bauernfamilie aus dem Gebiet der heutigen Schweiz. Er schrieb seine Autobiographie auf Wunsch seines Sohns Felix. Seine Lebensgeschichte ist geprägt von früher Vaterlosigkeit und damit verbundener früher Entfremdung von der Mutter, die wieder heiratete, weitere Kinder bekam, deren Zahl Thomas Platter nicht einmal kannte. Thomas Platter wuchs bei den Schwestern des Vaters auf und wurde von den Dorfbewohnern drangsaliert. Zurück bei der Mutter, erfuhr er, daß diese bereits mehrfach wieder geheiratet hatte, und er erlebte ihre ambivalente, wenn nicht ablehnende Haltung ihm gegenüber:

«Ich kam zu ihr, da war das erste Wort, das sie zu mir sagte: Hat Dich der Teufel wieder hierher getragen? Antwortete ich: Eh, nein, Mutter, der Teufel hat mich nicht hergetragen, sondern meine Füße; ich will Euch nicht überlästig sein. Sprach sie: Du bist mir nicht überlästig, allein es verdrießt mich, daß Du so hin und wieder schlampest, und ohne Zweifel nichts lernst. Lerntest Du werken, wie Dein Vater selig auch getan hat! Du wirst doch kein Priester, ich bin nicht so selig, daß ich einen Priester erziehe. Ich blieb also zwei oder drei Tage bei ihr. An einem Morgen war ein großer Reif, als man gefallene Trauben auflas; da half ich ihr lesen und aß von den gefrorenen Trauben, daß mich das Grimmen ankam, bis ich alle Viere von mir streckte und meinte, ich müßte zersprungen sein. Da stand sie vor mir und lachte, sprach: So ißt Du gern, so zerspring! Warum hast Du gessen? Noch viel andere Stückchen könnte ich erzählen von ihrer Räuhe; sonst war sie ein ehrlich, redlich, fromm Weib, das hat jedermann von ihr gesagt und sie gelobt» (neuhochdeutsch adaptierte Fassung nach Platter 1989).

Unter großen Entbehrungen unterzog Thomas Platter sich einem Studium, fungierte als Bote für Zwingli bei der Disputation zu Baden, verdiente seinen Unterhalt als Hauslehrer in Zürich, lehrte Hebräisch und heiratete schließlich die Magd seines Lehrers Myconius, offenbar ohne zu wissen, welche Implikationen eine Eheschließung hat:

«Ich zog wieder gen Zürich, und war noch 6 Wochen da, daß ich mein Weib nie berührte, bis Myconius zu mir sagte: Wann willst Du bei Deinem Anni liegen? Es wäre nun Zeit. Mit der Zeit wirst Du Dich rühmen bei dem jungen Volk, wie Du Dich so lang habest enthalten, da andere Leute so bald zusammen schliefen. Wir fragten beide nicht danach, denn wir waren beide schamhaftig. Wurden also zu Rat, wir wollten heimziehen. Da war Myconius der Mutter 14 Gulden Lohn schuldig; davon gab er ihr zwei Gulden, damit zogen wir davon, den ersten Tag gen Metmannstetten zu dem Herrn, den ich Hebräisch gelehrt hatte. Der wußte nicht, daß wir noch nie Beiwohnung zusammen gehabt hatten; wir schämten uns beide, miteinander zu Bett zu gehen, doch mußte das einmal sein» (a. a. O.).

Thomas Platter erlernte das Seilerhandwerk. Sein Lebensalltag war durch ständiges Reisen zusammen mit seiner Frau und dem inzwischen geborenen Kind gekennzeichnet. Dieses Kind, seine zweite Tochter und seine dritte starben, während er sich inzwischen als Buchdrucker niedergelassen hatte, an der Pest – allein sein Sohn Felix überlebte. Die Beschreibung des mehrfachen Kindestods ist zwar nicht ohne Emotionalität, aber doch bisweilen recht lakonisch:

«Als wir nun 12 Wochen da waren und unser Kindlein eines Abends hatte gelernt fünf Schrittlein gehen, steckte es die Pestilenz an und es starb am dritten Tag, und da die Gichter es auch hatten befallen, daß wir große Marter an ihm mußten sehen, weinten wir beide, als es verschied, vor Leid und auch Freude, daß es der Marter ledig war geworden. Da hat ihm die Mutter ein hübsches Kränzlein gemacht und der Schulmeister von Prunnentrud es hinter St. Michel begraben» (a. a. O.).

«Mir starb auch mein Liebkind Margretlein an der Pestilenz, von dem sagte man, es wäre gar ein hübsch Kind; es war, wie ich meine bei sechs Jahre alt geworden» (a. a. O.).

«Da steckte das böse Ding meine liebe Tochter Urselein an, danach am Donnerstag in der Nacht starb es im Gut; am Freitag holtens meine Nachbarn, es war zu Elisabethen begraben, war alt geworden 17 Jahr» (a. a. O.).

Die Lebensgeschichte des Sohnes Felix, dessen Verheiratung gewissermaßen den Höhepunkt der Autobiographie des Vaters darstellt, liest sich demgegenüber ganz anders. Die Geschichte dieses Manns, der gegenüber seinem Vater als Arzt einen deutlichen sozialen Aufstieg erlebt, ist nicht durch Vaterabwesenheit, sondern durch die Präsenz eines

Manns gekennzeichnet, der seine Vaterrolle sehr bewußt wahrnimmt. Hier begegnet uns aber schon die Ambivalenz, die auch die Rolle Luthers als Vater charakterisieren sollte. Zum einen erlebt Felix Platter seinen Vater als einen überstrengen Mann:

«Mein Vater hätte mich gern befördert, daß ich bald weit voran rückte in der Schule, er tat mich bald in die vierte Lektion, daß ich näher bei ihm wäre, und ich saß zu allernächst an seiner Kathedra. Er fragte mich einst, was das alpha purum wäre, und als ich nichts konnte sagen, schlägt er mit einer neuen Rute vom Katheder herab über mich, im Glauben, mich über den Rücken zu schlagen. Als ich in dem Augenblick aufblicke, trifft er mich in das Angesicht, daß es voller Schmarren ward, und gingen etliche Striche über die Augen, daß wenig gefehlt hätte, so wäre ich an den Augen verletzt worden. Ich geschwoll im Angesicht und blutete an einigen Orten, daß man mich nicht über die Gasse lassen konnte, bis unter dem Imbiß führte man mich verhüllt heim. Meine Mutter erschrak sehr und tat sehr bös über meinen Vater, welchem es auch leid war, denn auch mein zukünftiger Schwäher, der mich salbte, und Herr Paulus Höchstetter schalten ihn darob, also, daß er hernach gar mild gegen mich war, auch die Rute nicht mehr an mir gebrauchte, während er zuvor alle Zeit gar ernsthaftig gegen mich gewesen, und aus dem Trieb, mich bald gelehrt zu machen, etwas rauh» (Felix Platter 1977).

Diese Autobiographie verrät auch dort, wo die Beziehung zwischen Vater und Sohn durch Härte gekennzeichnet ist, Intensität. Und sie verrät eine unübersehbare Präsenz der Mutter, die sich durchaus in Gegensatz zu ihrem Ehemann begibt, was die Kindererziehung betrifft. Und ein weiteres: In ihrer Liebe zu ihrem Sohn erscheinen die Eltern einander gleich:

«Ich nahm Urlaub von meiner Mutter, die weinte und glaubte, sie sähe mich nimmermehr, weil ich so viele Jahre ausbleiben sollte... Mein Vater geleitete uns zum Tor bis zum Kapellein. Da er mir die Hand bot und Lebewohl wünschen wollte und sagen: Felix, vale! Konnte er das vale nicht aussprechen, sagte va... und ging also traurig hinweg, welches mir sehr mein Herz bewegte, also daß ich hernach trauriger die Reise vollbrachte, deren ich mich zuvor gefreuet hatte» (a. a. O.).

Der augenscheinliche Wandel, der auf dieser Ebene der Mikrohistorie zwischen den beiden Generationen stattgefunden hat, kannte auch eine makrohistorische, beinahe weltgeschichtliche Dimension. Die für eine Geschichte der Vaterschaft relevanten Veränderungen sind zahlreich und mehrdimensional. In einem ersten Durchgang durch wichtige Eckdaten der Frühneuzeit und der Reformation werden sie nachvollziehbar. Die Rede ist also von dem Zeitraum zwischen etwa der Mitte des 14. Jahrhunderts bis hinein in das 17. Wie bei jeder Epochalisierung in der Geschichte ist auch die Datierung des Beginns der Neuzeit nicht unumstritten. Die Varianz ist indessen nicht sonderlich groß. Der Beginn wird in der Regel mit der Entdeckung Amerikas 1492 oder 1517 mit dem neuerdings umstrittenen Anschlag der Thesen an die Wittenberger Schloßkirche durch Martin Luther angesetzt. Das ‹Neue› der Neuzeit beginnt eigentlich mit einer Wiederholung, mit der Wiedergeburt, der ‹Renaissance› der Antike. Die Humanisten setzten ihr Zeitalter von der vor ihnen liegenden Epoche ab. Sie sahen die Antike und das, was nun wiederbeginnen sollte, als ein Kontinuum, das durch die Zwischenphase, die sie als Mittelalter bezeichneten, unterbrochen worden war. Die Renaissance war eine Erneuerung, die ihren Niederschlag am ehesten in Kunst und Architektur fand, der Humanismus eine philosophische Re-Orientierung. Insofern ist diese Phasierung nicht ganz unproblematisch. Sie orientiert sich an Ideen, auch dort noch, wo, wie bei den großen Entdeckungen, eine intellektuelle Bereitschaft vorangeht, den Eurozentrismus zu überwinden. Daraus muß also nicht notwendig gefolgert werden, daß auch unter sozialgeschichtlichen Gesichtspunkten die Neuzeit als eine Epoche verstanden werden kann, die sich vom Mittelalter grundsätzlich unterscheidet. Und doch gibt es gerade sozialgeschichtlich eine Reihe von Daten, die auch für den Diskurs über Vaterschaft in der Neuzeit nicht unerheblich gewesen sein dürften.

In diesem Zusammenhang ist vorderhand an die Erscheinung der schwarzen Pest zu denken. Die europäische Bevölkerung wird durch sie insbesondere im 14. Jahrhundert derartig dezimiert, daß der demographische Stand erst im späten 16. Jahrhundert wieder erreicht werden kann. Es liegt auf der Hand, daß trotz aller mentalen Prophylaxe gegen die Gefährdungen durch die Pest und die damit verbundenen Verluste an den Kindern umgekehrt diese Kinder an ‹Wert› gewinnen, wenn sie überleben. Daß die Väter und bald auch die Mütter auf ihre Aufzucht dann eine besondere Sorgfalt verwenden, darf nicht verwundern.

Oder eine andere Erscheinung: Zu Beginn der Neuzeit werden 40 bis 70 Prozent der Dörfer von ihren Einwohnern auf dem Lande verlassen. Bauern werden zu Manufakturarbeitern und verdingen sich vor allem in der Textilherstellung, in der Holzverarbeitung, in der Nahrungsmittelproduktion, insbesondere in Bäckereien, in Schmieden, in Ziegeleien, beim Bootsbau, als Transportpersonal bei den Handelsgesellschaften und natürlich als Soldaten, wobei der Hundertjährige Krieg bis 1453 eine herausragende Rolle spielte. Auch diese Erscheinung der Landflucht konnte nicht ohne Folgen für das Verhältnis von Vätern zu ihren Kindern bleiben. Mit ihr beginnt, weil mit einer Trennung von Arbeitsplatz und Familienresidenz verbunden, eine manchmal zeitweilige, manchmal langandauernde Trennung der Kinder von ihren Vätern.

Neben den unmittelbar sozialgeschichtlich relevanten Ereignissen gibt es politische Phänomene, die nicht ohne Implikationen für den Status der überbrachten Vaterschaft bleiben konnten. So etablierten sich mit dem Beginn der Neuzeit in einigen Ländern weibliche Majestäten. In Frankreich stand der zehnjährige Karl IX. zunächst unter der Regentschaft seiner Mutter, Katharina Medici. Von 1560 bis 1574 hatte sie die Regierungsgewalt inne. Sie ist die Initiatorin der Hugenottenverfolgung von 1572, auf ihr Konto geht die Ermordung von 20000 Hugenotten in der sogenannten Bartholomäusnacht. – In England regierte eine Zeitlang Maria die Katholische, die den Beinamen Bloody Mary erhält. Sie betrieb die Hinrichtung der Evangelischen in England um 1552. Oder Maria Stuart: Sie ließ ihren Gatten ermorden, heiratete dessen Mörder und erhob den Anspruch auf den Thron. – Oder Elizabeth I. in Irland. Sie verfolgte mit unerbittlicher Härte – diesmal nicht die Evangelischen, sondern umgekehrt die Katholiken. – Wenn man, um die Reihe abzurunden, zu den politischen Figuren weiblichen Geschlechts auch Jeanne d'Arc hinzurechnet, die 1428 in der Schlacht von Orléans die Engländer besiegt, so wird man nicht nur von einer Irritation des Männlichen ausgehen wollen. Frauen als Majestäten werden allbekannte, vielleicht sogar populäre Figuren. Sie sind in der mörderischen Verfolgung ihrer Interessen keineswegs ‹weiblicher› als ihre männlichen Herrscherkollegen, eher im Gegenteil. Wenn man bedenkt, wie über eine bis dahin eineinhalb- bis zweitausendjährige Geschichte ein Zusammenhang zwischen Vaterschaft und Königtum gesehen wurde, dann versteht man die rückwärtige Problematisierung des Vaterkonzepts leichter, das durch die weibliche Eroberung weltlicher Herrschaft einfach stattfinden *muß*.

Aber auch die mentale Dimension darf nicht übersehen werden, wenn man nach Anhaltspunkten für Veränderungen der Vaterkonzeption sucht. Für die *Humanisten* steht der Mensch, nicht der Mann im Zentrum der Welt. Er erscheint als der «faber fortunae», als derjenige, der sein Schicksal selbst in der Hand hat. Der Humanismus bringt eine Dynamisierung der tradierten Werte mit sich. Er setzt auf das Individuum und auf erste Spuren wechselseitiger Verantwortung der Menschen untereinander. Das Konzept der Brüderlichkeit ist im Entstehen begriffen. Männlichkeit im Verhältnis zu anderen heißt also nicht nur Vatersein gegenüber Kindern und Ehefrauen, sondern es soll bedeuten, *Bruder* zu sein. Die Traditionen geraten ins Wanken. Man mag sich mehr auf die eigenen Erfahrungen, auf Tatsachen stützen denn auf Traditionen. Alberti schreibt in «del governo della famiglia»: «Ich habe mich in meinem Leben bemüht, die Dinge mehr aus eigener Erfahrung als durch die Worte anderer kennenzulernen.» – Und in der Tat sind die Entdeckungen anderer Völker solche eigenen Erfahrungen. Sie strafen die Traditionen Lügen. In der Berührung mit ganz anders gearteten Völkern, die 1434 mit der portugiesischen Eroberung Marokkos beginnt, erfahren die Menschen, daß die Lehre von *einem* Vater Adam falsch sein muß. Es gibt Menschen, die ganz anders aussehen. Adam hat Brüder besessen. Oder die astronomisch-physikalische Entdekkung, die das Weltbild der Alten Welt revolutioniert, die sogenannte Kopernikanische Wende: Zu entdecken, daß die Erde sich um die Sonne dreht und nicht Mittelpunkt in einem heliozentrischen Weltsystem ist, erschüttert gleichzeitig die Zentrierung auf einen Gott-Vater, dem man die Schöpfung der Erde als Mittelpunkt zugeschrieben hatte.

Nicht nur von außen, auch innerkirchlich geraten Selbstverständlichkeiten ins Wanken. Der Streit um die Reliquienverehrung ist ein solches Datum, dessen Folgen für die Gott-Vater-Vorstellung unübersehbar sind. Die Frage, ob das auf dem Passionsweg aufgesammelte Blut Christi selbst göttlich war oder ob das Göttliche an diesem Blut bei der Auferstehung von Christus mit hinweggenommen worden sei, rührt ebenso an die Unität des einen Gottes wie die Kulmination der Marienverehrung. Maria rückt, zumindest in der Volksfrömmigkeit, dem Vater, der der Gott sein sollte, bedrohlich nahe. Von außen also und von innen unterliegt die tradierte kirchliche Lehre unablässigen Angriffen und Problematisierungen. Sie selbst hält unverdrossen an den überbrachten Vorstellungen und Dogmen fest. Dieser Unbelehrbarkeit fällt nicht nur eine Million Frauen zum Opfer, die aus religiösen Gründen als Hexen verbrannt werden. Aber diese Tatsache ist es nicht, die die Reformation dann begünstigt. Im Gegenteil, Luther hielt die

Hexenverbrennungen für absolut notwendig. Vielmehr ist es die Dekadenz des Papsttums, die letztlich als anstößiger Auslöser für die Wende verstanden werden muß.

Die Päpste der Renaissance begreifen sich weniger als Seelsorger denn als weltliche Fürsten, gelegentlich auch als Künstler oder Gelehrte. Unter Sixtus IV. erreichen Vetternwirtschaft (Nepotismus) und der Handel mit geistlichen Ämtern (Simonie) einen Höhepunkt. Dem war, wie schon im Kapitel über das Mittelalter angedeutet, das innerkirchliche, große abendländische Schisma zwischen 1378 und 1417 vorangegangen. 1378 hatte die Wahl von zwei Päpsten stattgefunden, von Urban VI. und Clemens VII. Da ein Kind nicht zwei Väter haben konnte, wurde durch diesen Dualismus vermutlich auf dem Nebengeleis auch das Prinzip des *einen* Vaters beschädigt. Mit der Kommerzialisierung des Papsttums, dem Ablaßhandel, dem Verkauf von Gebeten und Exorzismen, der Abführung immer neuer Arten von Steuern wuchs gleichzeitig der Zweifel an der Legitimität des Papsttums. Wiclif war dann der erste, der die Unfehlbarkeit des Papstes auch theoretisch in Frage stellte.

Auf dem Höhepunkt der rinascita, wie Vasari diese Epoche im Italienischen zuerst benannte, am Vorabend der Reformation formuliert Pico della Mirandola die, seiner Auffassung nach durch Gott gewollte Beauftragung in «De hominis dignitate oratio»:

«Ich habe dich ins Zentrum der Welt gestellt, damit du leichter um dich blicken kannst und alles, was sie enthält, siehst. Ich habe dich nicht als himmlisches Wesen und nicht als irdisches, weder sterblich noch unsterblich geschaffen, damit du dein freier Erzieher und Herr seist und dir selbst deine Form gibst. Du kannst bis zum Tier absinken oder in freier Wahl dich zum Göttlichen emporschwingen... Du allein hast eine Entwicklung, die von deinem Willen abhängt, und du allein trägst die Keime allen Lebens in dir.»

Obwohl Martin Luther kein Schüler Picos war, hat er seine Aufforderung implizit und unausgesprochen dennoch befolgt. Natürlich ist die Reformation nicht das alleinige Werk des ‹Reformators›. Für die Geschichte des Diskurses über den Vater, aber auch für die Geschichte der Vaterschaft als empirische Erscheinung ist indessen Luther wohl der entscheidende Wendepunkt, soweit man bereit ist, die Aufmerksamkeit nunmehr auf den geographischen Raum zu konzentrieren, in welchem wegen des Protestantismus die wichtigste Quelle für die spätere Aufklärung, die Verwissenschaftlichung und ‹Modernisierung› aller

Lebensbezüge lag. Ich meine in erster Linie den deutschsprachigen Raum. Man muß sich also darüber im klaren sein, daß die Rekonstruktion des Konstrukts der Vaterschaft sich mit dem Beginn der Neuzeit kulturell verengt. In den Ländern, in denen der Katholizismus als dominierende Konfession Bestand hatte, etwa in Frankreich, Italien oder Spanien, hat es eine andere Entwicklung gegeben. Dort fand die Konfrontation der tradierten Vaterkonzeption mit dem Gedankengut erst sehr viel später statt, welches nach zwei, drei Jahrhunderten aus der Reformation in Deutschland und den angrenzenden Regionen hervorging. Die Tatsache, daß Luthers Wirken für die Vaterschaft konzeptionelle wie auch empirische Folgen hatte, hängt damit zusammen, daß Luther nicht nur ein Theoretiker von Familie, Ehe und Erziehung war, sondern sein eigenes Leben zumindest partiell als eine praktische Umsetzung seiner theologischen Vorstellungen konzipierte. Man kann deshalb die lutherischen Vorstellungen nur zureichend begreifen, auch psychologisch, wenn man der Vita Luthers einige Aufmerksamkeit schenkt.

Martin Luther wurde 1483 im thüringischen Eisleben geboren. Als Kind des Bergmanns Hans Luder durchlebte er eine harte Kindheit, in der drakonische Strafen in ähnlicher Weise an der Tagesordnung waren, wie sie von Felix Platter geschildert werden. Anders als bei diesem war die Rigidität des Umgangs mit dem kleinen Martin nicht auf den Vater beschränkt; auch die Mutter beteiligte sich nach Kräften daran. Abgesehen von derlei Erziehungsmaßnahmen wissen wir wenig über den Vater. Eine Äußerung Hans Luders (später: Luther) wird allerdings als eine Art frühkindliches Schlüsselerlebnis für Martin gewertet. So soll er zu seinem Sohn gesagt haben: «Es sind viel mehr Menschen auf Erden, die da essen, denn Garben von allen Äckern in der ganzen Welt jährlich eingesammelt werden» (vgl. Buchwald 1957). Martin Luther soll sich an dieses väterliche Wort des öfteren erinnert haben, und im nachhinein ist es ihm womöglich in einer unangemessenen Idealisierung des Vaters als eine Art Gewißheit dafür vorgekommen, daß jener Gott so alttestamentarisch-schrecklich nicht sein könne, da er ja schließlich, wie der Vater gesagt hat, die Menschen erhalte, obgleich die Welt die Möglichkeiten dafür gar nicht zu besitzen scheint. Das eigentliche Problem der Lutherschen Vita ist indessen mit der Strenge des Vaters nur unzureichend beschrieben. Frühzeitig findet die erste Abtrennung vom Elternhaus mit 13 Jahren 1496 statt. Luther ging u. a. in Magdeburg zur Schule und erbettelte sich singend vor den Häusern seinen Unterhalt. Als er nach erfolgreicher Magisterpromotion zu den Eltern zurückkehrt, wird er als Ehrenbezeugung mit «Ihr» angeredet. Wenige Monate nach seinem Abschluß geriet Luther in ein schreckliches Gewitter, drohte vom Blitz erschlagen zu werden und gelobte in dieser Situation, Mönch zu werden. Mit dieser Absicht trifft er auf den entschiedenen Widerstand des Vaters, der ihn fortan wieder duzt. Erst nachdem Luther in das Augustinerkloster zu Erfurt eingetreten ist, stimmt der Vater, obgleich dieses juristisch unerheblich war, seinem Schritt nachträglich und widerwillig zu. Das ändert nichts an der Auffassung des Vaters, daß das Gewittererlebnis in seiner Sicht ein Werk des Teufels war, mit welchem dieser erfolgreich versucht habe, seinen Sohn Martin dazu zu bringen, das vierte Gebot zu übertreten.

14 Jahre dauert es, bis Martin Luther seinen Fehler erkennt und sich vom Mönchsstand trennt. Er bekennt, sich in doppelter Weise geirrt zu haben. In dem Brief, in welchem er seinem Vater ein Exemplar seines Buches «De votis monasticis» dediziert, bekennt er sich zur Gültigkeit des vierten Gebots. Nunmehr wertet er seinen Eintritt in den Orden als eine Flucht vor dem Vater und damit vor dem Willen Gottes, den dieser im vierten Gebot niedergelegt hat. Er deutet das Verhalten von Mönchen und Priestern, die sich dem Ehestand entziehen, als ein Sakrileg. Zumeist verstießen sie gegen das vierte Gebot, weil sie in der Regel versuchten, dem elterlichen Willen einer Verehelichung zu entkommen, und es vorzogen, im Kloster oder als Priester ein bequemes, saturiertes Leben zu führen. Verantwortlich für seinen Irrweg, so sieht es Martin Luther jetzt, ist die Irrlehre des Papstes, der unter anderem den gebotswidrigen Mönchsstand hergerufen hat und der für sich alleinige Macht beansprucht. Für Luther stehen also zwei Vaterautoritäten einander gegenüber, die des Papstes, welche den Stand des Priesters und des Mönches höher bewertet als den Stand der Ehe, und die Autorität des leiblichen Vaters, welcher den Ehestand verlangt und für sich die Übereinstimmung mit dem Schöpfungswillen im vierten Gebot reklamieren kann.

Die Bedeutung seiner Entscheidung für das Wort des leiblichen Vaters als das Wort Gottes kann in ihrer Tragweite kaum überschätzt werden im Leben Luthers wie auch und besonders für die Konzeption der Vaterschaft in der Folgezeit. So heiratet Luther, 42jährig, nicht irgend jemanden, sondern die fast 20 Jahre jüngere ehemalige Zisterzienserin Katharina von Bora im Jahre 1525. In einem Brief vom 21.6.1525 gibt er einem Freund, den er zu seiner Hochzeit einlädt, eine Begründung für seinen Schritt, deren Deutlichkeit nichts zu wünschen übrigläßt: «Ich hoffe, nur noch kurze Zeit zu leben und habe diesen letzten Gehorsam gegen die Forderung des Vaters in der Hoffnung auf Nachkommenschaft nicht ablehnen mögen, will aber zugleich mit der Tat meine Lehre besiegeln.» Der Gehorsam gegenüber dem Vater ist erneut Movens seines Handelns, der Gedanke der Verpflichtung zur Nachkommenschaft, zum Erben und zum Vererben wird bestimmend. – Der erstgeborene Sohn heißt Hans.

Als der alte Luther stirbt, verfaßt Martin Luther unmittelbar danach eine «Predigt, daß man Kinder zur Schule halten soll». Sie enthält eine Passage, in der er sich auf seinen Vater bezieht. Nach Fertigstellung des Manuskripts fügt er, so als ob er nun versöhnt sei, ein: «lieber». «Mein lieber Vater» statt «mein Vater». Und er vermerkt dazu: «Wer Deutsch kann, der weiß wohl, welch ein herzlich fein Wort das ist, das also dringt und klingt ans Herz, wie es tut in unsrer Sprache?»

Was für den Psychoanalytiker ein leicht interpretierbarer Leckerbissen sein mag, für den Historiker ist die Beziehung Martin Luthers zu den nun nach und nach geborenen Kindern eher der Ausdruck einer Ambivalenz der Vaterschaft, durch die die gesamte Epoche gekennzeichnet zu sein scheint. So lernen wir Luther als einen zärtlichen, liebevollen Familienvater kennen, dessen Brief an seinen vier Jahre alten Sohn Hans aus dem Jahre 1530 in die deutsche Literaturgeschichte eingegangen ist:

«Meinem herzlieben Sohn Hänsichen Luther zu Wittenberg
Gnade und Friede in Christo!
Mein herzlieber Sohn,
ich sehe gern, daß Du wohl lernest und fleißig betest. Tue also, mein Sohn, und fahre fort. Wenn ich heimkomme, so will ich Dir ein schön Jahrmarkt mitbringen. Ich weiß ein hübschen, schönen, lustigen Garten. Da gehen viel Kinder innen, haben guldene Röcklin an und lesen schöne Äpfel unter den Bäumen und Birnen, Kirschen, Spilling und Pflaumen, singen, springen und sind fröhlich. Haben auch schöne kleine Pferdlin mit guldnen Zäumen und silbernen Sätteln. Da fragt ich den Mann, des der Garten ist, wes die Kinder wären. Da sprach er: Es sind die Kinder, die gern beten, lernen und fromm sein. Da sprach ich: Lieber Mann, ich habe auch einen Sohn, heißt Hänsichen Luther, möcht' er nicht auch in den Garten kommen, daß er auch solche schönen Äpfel und Birnen essen möchte und solche feine Pferdlin reiten und mit diesen Kindern spielen? Da sprach der Mann: Wenn er gern betet,

lernet und fromm ist, so soll er auch in den Garten kommen. Lippus und Jost auch. Und wenn sie allzusammen kommen, so werden sie auch Pfeifen, Pauken, Lauten und allerlei andere Saitenspiel haben, auch tanzen und mit kleinen Armbrüsten schießen. Und er zeigte mir dort eine feine Wiesen, zu tanzen zugericht, da hingen eitel guldne Pfeifen und Pauken und feine silberne Armbrüste. Aber es war noch früh, daß die Kinder noch nicht gessen hatten, darum konnte ich des Tanzes nicht erharren und sprach dem Mann: Ah, lieber Herr, ich will flugs hingehn und das alles meinem Sohn Hänsichen schreiben, daß er ja fleißig lerne, wohl bete und fromm sei, auf daß er auch in diesen Garten komme. Aber er hat eine Muhme Lene, die muß er mitbringen. Da sprach der Mann: Es soll ja sein, gehe hin und schreib's ihm also.

Darum, lieber Sohn Hänsichen, lerne und bete ja getrost und sage es Lippus und Josten auch, daß sie auch lernen und beten; so werdet Ihr miteinander in den Garten kommen. Hiermit bist dem lieben Gott befohlen, und grüße Muhme Lene und gib ihr einen Butz von meinetwegen. Dein lieber Vater

Martinus Luther»

Im Gegensatz zu dieser Emphase unterscheidet er sich in der Strenge und Rigidität seiner Erziehung von seinem eigenen Vater kaum. Er schickt den 14jährigen Sohn Hans außer Hauses zu einem Bruder. Als er Heimweh bekommt und der Bruder dem Martin Luther davon schreibt, erhält er eine Abfuhr: «Befiehl ihm also, er möge nur jenen weibischen Sinn beherrschen und sich gewöhnen, ein Ungemach zu ertragen, aber nicht dieser kindischen Weichlichkeit nachgeben... Im übrigen mag er sich um das kümmern und tun, um deswillen er geschickt worden ist, und nicht wider den Gehorsam gegen seine Eltern handeln!» (zit. n. Buchwald 1957, S. 87). Und an den Sohn selbst schreibt er: «Siehe zu, daß Du über diese Tränen männlich Herr werdest, daß Du Deiner Mutter nicht neuen Schmerz und Angst machst, die ja ohnehin zu Angst und Besorgnis neigt! Du hast Gott zu gehorchen, der befohlen hat, daß Du durch uns in die Schule genommen wirst. Dann wirst Du leicht diese Weichlichkeit vergessen» (zit. n. a. a. O., S. 88).

Die Vergangenheit, der Schlüssel zu seinem eigenen Leben und zu seiner eigenen Lehre, scheint Martin Luther eingeholt zu haben. Er kann nicht anders. – Nein, er kann doch anders, wenn es nicht um den Sohn, sondern um Töchter geht. Deutlich anders als die Knaben erzieht er diese Töchter, er scherzt mit ihnen, ausdrücklich nicht mit dem Sohn. Er steht selbst erstaunt vor der Trauer über den Tod der beiden Töchter Elisabeth und Magdalene. Wer den Bericht über die Gebete Luthers am Sterbebett seiner Tochter liest, vermag sich kaum vorzustellen, daß es sich um denselben Autor handelt wie bei dem Schreiber des Briefes an den Sohn Hans:

«‹Lieb habe ich sie sehr. Aber so es dein Wille ist, du lieber Gott, daß du sie nehmen willst, will ich sie gerne bei dir wissen›, ‹Magdalenchen, mein Töchterlein, du bliebest gerne hier bei mir, bei deinem Vater, und du gehst auch gerne zu jenem Vater?› ‹Ja, herzer Vater›, antwortete sie. ‹Du liebes Töchterlein!› sprach der Vater und wiederholte dann mehrmals: ‹Ich wollt gerne meine liebe Tochter behalten, denn ich habe sie sehr lieb, wenn sie mir unser Herr Gott lassen wollt, doch geschehe dein Wille! Ihr kann zwar (wahrlich) nicht besser, nicht besser geschehen.› ‹Ach du liebes Kind, daß du aufstehen müssest und leuchten wie die Sterne, ja, wie die Sonne!› ‹Liebes Lenchen, wie wohl ist dir geschehen!› ‹Ich bin fröhlich im Geiste –, aber nach dem Fleisch bin ich sehr traurig. Das Fleisch will nicht heran. Die Trennung vexieret einen über die Maßen. Wunderding ist's, wissen, daß sie im Frieden und daß ihr wohl, ja ganz wohl ist, und dennoch so traurig sein!›» (a. a. O., S. 94).

Wer die Schriften Martin Luthers liest, dem begegnet jene Ambivalenz von Seite zu Seite. Einerseits ist er derjenige, der die Vergöttlichung der Kinder vorantreibt, die im 20. Jahrhundert ihren vorläufigen Höhepunkt erreicht: «Die Kinder sind die Allergelehrtesten, die vertrauen auf ihren Vater und sagen auch von Gott fein einfältiglich, daß er ihr Vater sei.» Andererseits fragt er sich, sehr wohl an das Motiv der unverdienten Liebe anknüpfend, das wir aus der alten Geschichte der Vaterschaft kennen: «Womit hast Du's verdient, daß ich Dich so liebhabe? Und womit hast Du's verdient, daß Du alle meine Güter erben sollst?» – Einerseits ist Martin Luther ein Patriarch alten Stils, wenn er im Hause waltet und darauf besteht, die Unterweisung der Kinder auszuführen und für die religiösen Riten, für den Hausgottesdienst zuständig zu sein. Er ist der Hausvater, der über seine eigenen sechs Kinder hinaus zahlreiche Kinder von Verwandten und Freunden in seinem Hause duldet und erzieht. Andererseits ist er der Ehemann, der bisweilen ironisch, bisweilen resignativ die Leistungsfähigkeit seiner Ehefrau anerkennt und sie nicht ohne Grund mit «Herr Doktor Käte» tituliert. Gleichzeitig votiert er für einen erheblichen Altersabstand zwischen Mann und Frau, wie er ihn selbst erlebt und meint: «Auch ist es vorteilhaft, wenn der Mann etwas älter ist, damit die Frau Respekt vor ihm hat.» Und ebenso gleichzeitig muß er doch gegen die Ehelehre des Katholizismus antreten, die das Weib aus seiner Sicht als ein Hindernis zur Seligkeit deutet, weswegen dort der Zölibat für die beste Lebensform gehalten wird.

Ambivalenz also in der Rolle des Vaters wie in der des Ehemanns scheint aus der Vita Martin Luthers heraus. Er ist ein Vater und auch ein Ehemann des Übergangs in eine neue Zeit, womöglich ohne es immer zu wissen. Aber in der Regel ist er nicht das Opfer, sondern der Autor neuer Ideen, was die Erziehung und die Ehe anbetrifft.

Die Erziehungsvorstellungen Luthers werden nur verständlich, wenn man sie im Zusammenhang mit der damals weitverbreiteten Erziehungslehre des Spätmittelalters sieht, wie sie durch Ägidius Romanus am Ende des 13. Jahrhunderts, übrigens einem Ordensbruder von Luther, formuliert worden war. Sie orientierte sich an der aristotelischen Ethik und sah ein Privileg für die Erbmonarchen darin, zu einer vollendeten Menschwerdung gebracht zu werden. Dazu muß man wissen, daß die Erziehungslehre des Ägidius sich als ‹Theorie› für die Prinzenerziehung verstand, «de regimine principum» nannte er sie. Aber ihre Wirksamkeit entfaltete diese Lehre weit über die Adelshäuser hinaus. Das war in ihr auch dadurch schon angelegt, daß das regimen paternale, die Erziehungsweise des Vaters, als eine solche gesehen wurde, die sich dem königlichen Führungsstil anpasse. Ägidius geht davon aus, daß dem Vater eine unbeschränkte Verfügung über den Sohn obliegt. Diese Berechtigung wird nun nicht irgendwie normativ gesetzt, sondern aus der natürlichen Vernunft des Vaters abgeleitet: «In der Natur beobachten wir, daß sie Leben nur in der Verbindung mit der Fürsorge für die Erhaltung entstehen läßt... Die Väter sind nun aber der Ursprung der Söhne und die Söhne haben von ihnen das Leben» (zit. n. Petzold 1969, S. 288). Diese naturphilosophische Argumentation durchzog die gesamte Erziehungslehre. Das biologische Kausalprinzip, dem zufolge es natürlich ist, daß «jeder seine Werke liebt, ... so lieben auch die Väter naturgemäß ihre Söhne und die Dichter ihre Dichtungen.» Dieses Kausalprinzip wird über die Natur hinaus zu einem geistigen Prinzip erweitert. Ägidius weiß auch, warum die Fürsorge für die Erhaltung des Lebens den Vätern natürlicherweise eingegeben ist: «Denn nach dem Philosophen ist nur das vollkommen, was etwas ihm Gleiches hervorbringen kann. Da nun jeder seine Vollkommenheit liebt, liebt natürlich auch der Vater seinen Sohn, weil er recht eigentlich ein Zeuge seiner Vollkommenheit ist.»

Dieser Gedanke bleibt auch nach Ägidius im Kern erhalten, wenngleich zum Beispiel bei Johannes Gerson eine Erziehungsmotivation erscheint, die sich nicht allein aus dem Interesse des Vaters, sondern auch aus dem des Kindes begründet. Für Erasmus steht fest, daß im Kind sich der Wunsch des Vaters nach körperlicher und geistiger Manifestation niederschlägt, ein Wunsch, der angesichts der Todestatsache auf die Sehnsucht nach Unsterblichkeit zurückgeführt wird. Zwar bleibt die naturphilosophische Begründung weder für Ägidius noch für Gerson oder für Erasmus die einzige, besonders bei letzterem nicht, wenn er schreibt: «Für Gott hast du gezeugt, nicht für dich»; aber die christliche Legitimation der Erziehung bleibt wegen der Einheit von antiker und christlicher Begründung niemals ohne naturphilosophische Begründung.

Bei Luther ist das anders. Er argumentiert vom Boden der Schrift. Und er liest, daß im vierten Gebot von den Eltern und nicht allein vom Vater die Rede ist. Die Eltern sind «vicarii dei», die Stellvertreter Gottes. Sie sind «Gottes Wohnung, Werkstatt, Altar», sie besitzen für die Kinder die höchste weltliche Gewalt, denn «keine größer Herrschafft auff erden ist denn der Eltern Herrschafft». Luther geht davon aus, daß die Eltern auf Erden Gott gleich werden sollen und insofern über das Kind «Regenten» sind, «Bisschoff, Bapst, Doctor, Pfarrer, Prediger, Schulmeister, Richter und Herr» (vgl. zur Erziehungslehre: «Decem praecepta», die Predigt von 1525, «Von den guten Werken», die Predigt von 1528 und den «Großen Katechismus»).

Die neutestamentarische Grundlegung der Lutherschen Erziehungslehre bedeutet indessen nicht, daß sie antinatürlich ist, im Gegenteil. Weil die so gestaltete Erziehung vom Schöpfer gewollt ist, ist sie Ausdruck einer natürlichen Verbundenheit der Eltern mit dem Kind. Für das Verhältnis von Vater- und Sohnschaft hat diese Sicht natürlich erhebliche Implikationen. «Filius non est aliquid patris», der Sohn ist nicht mehr Teil des Vaters, sondern Christus ist im Kind repräsentiert, und seine Lehre verweist den Erzieher, ganz gleich ob Vater oder Mutter, auf eine Beschränkung, die sich daraus ergibt, daß die Taufe eine Würde des Kindes begründet, welche auch durch seine Erzieher unhintergehbar ist.

Nicht nur für das Konzept der Vaterschaft, sondern auch ganz praktisch für die Mädchen entstehen Folgen aus der Lutherschen Erziehungskonzeption. Sie werden nun nicht mehr der antiken Vernunft unterworfen und vom Erziehungsgeschäft ausgeschlossen, sondern unterliegen der biblischen Rechtfertigung. Folgerichtig fordert Luther, daß die Mädchen wenigstens eine Stunde am Tag die Schule besuchen sollten.

Die wichtigste Implikation für den Diskurs über die Vaterschaft, für die Familie, für die Ehekonzeption und für die Entstehung des öffentlichen Schulwesens hat aber die Tatsache, daß die Erziehungsverantwortung zumindest teilweise von dem Vater weg auf die Mutter verlegt wird. In der Folge dieser Feminisierung ist es für Luther dann auch problemlos möglich, Frauen als Lehrerinnen zu akzeptieren. – Wenn Erasmus noch schrieb: «Es ist wider die Natur, daß eine Frau über menschliche Wesen Macht hat» (Declamatio de pueris, opera I, 504 C), dann wird dieses Prinzip von Luther, von der Reformation durchbrochen. Die (auch) von Frauen erzogenen Knaben werden von hier an nie wieder Väter wie ihre eigenen Väter sein, deren Erziehung in der Hand von deren Vätern und Vatersvätern lag und die selbst die maßgeblichen Erzieher waren. Die Luthersche Erziehungslehre enthält also mehr als nur eine Verlagerung von väterlichen Kompetenzen, die die Geschichte zu irgendeinem Zeitpunkt hätte zurücknehmen können. Da sie nicht nur als Theorie vorschwebte, sondern in und kurz darauf außerhalb der protestantischen Pfarrhäuser ein Regelfall für die Erziehung wurde, war an der Schwelle der Reformation für das Konzept der Vaterschaft theoretisch wie empirisch eine Epoche unwiderruflich zu Ende gegangen. Wenige Generationen später wußte, zumindest in der protestantischen Tradition, niemand mehr, was das einmal bedeutet hatte: Vaterschaft.

Die Implikationen der Lutherschen Theologie blieben nicht auf seine Erziehungslehre beschränkt, sondern hatten, vielleicht noch in größerem Maße, Folgen für seine Auffassung von der Ehe, weil der durch ihn eingeleitete Säkularisierungs- und Verstaatlichungsprozeß der Ehe selbst nicht ohne Folgen für das Verhältnis der Väter zu ihren Kindern blieb. Genauer gesagt: Die Luthersche Ehelehre kann als Pforte für die spätere Verstaatlichung der Vaterschaft gelesen werden. Auch die Luthersche Ehelehre muß aus dem theologischen Konflikt mit der katholischen Kirche heraus interpretiert werden. Anders als die katholische Kirche sieht Luther in der Ehe kein Sakrament, sondern er wertet sie als zur Seinsordnung gehörig. Im Rahmen seiner Zwei-Reiche-Lehre ordnet Luther die Ehe nicht der Erlösungsordnung, sondern der Erhaltungsordnung zu. Die Ehe wird mit dem Argument der Natürlichkeit begründet, ihr Stand ist dem Priesterstand keineswegs nachgeordnet.

Ganz im Gegenteil, das Keuschheitsgelübde des Priesterstandes widerspricht dem in der Schöpfungsgeschichte angelegten natürlichen Vermehrungsgebot. Durch die Erbsünde, so denkt Luther, hat die Ehe ihre direkte Abhängigkeit vom Schöpfer verloren und tritt deswegen aus dem «Rechtskreis des geistlichen Reiches Gottes hinüber in den des Reiches der Welt und wird als offener Stand ein Bestandteil seiner Rechtsordnung» (Heckel 1953, S. 101). Dies ist die exakte Interpretation eines Wortes Luthers aus den Tischreden (4, 4068): «Res politica, cum omnibus suis circumstantiis, nihil pertinet ad ecclesiam». Daraus folgte konsequenterweise, daß zum Beispiel die Scheidungsangelegenheit einer Ehe nach Luthers Auffassung nicht eine Angelegenheit der Kirche, sondern des Staates ist: «Wie aber jetzt bei uns in Ehesachen und mit dem Scheiden zu handeln sei, habe ich gesagt, daß mans den Juristen soll befehlen und unter das weltliche Regiment geworfen. Weil der Ehestand gar ein weltlich, äußerlich Ding ist wie Weib, Kind, Haus und Hof und anderes, so zum weltlichen obrigkeitlichen Regiment gehöret, als das gar der Vernunft unterworfen ist» (Weimarer Ausgabe, Bd. 32, S. 376 f). Bei dieser Übertragung der Eheangelegenheiten in die Hände des Staates geht Luther nun nicht davon aus, daß dieser willkürlich damit verfährt und ohne Legitimation ist. Der Fürst ist in seinen Augen vielmehr der «minister dei» – er setzt den Willen Gottes um, auch in der Ehe.

Die Obrigkeit ist neben dem Ehe- und dem Priesterstand der dritte Stand. Er wird nun in einer für die Geschichte der Vaterschaft wichtigen Weise selbst mit Kategorien der Vaterschaft konzipiert: «Denn hier handelt es sich nicht um einen Vater von einzelnen, sondern um einen, der sovielmal Vater ist, als er Einwohner, Bürger oder Untertanen hat» (Großer Katechismus, S. 51). An dieser Stelle ist die Grundlage dafür geschaffen, daß zu einem späteren Zeitpunkt Vaterfunktionen umstandslos auf den Staat übertragen werden können. Luther selbst vollzieht diese Verschiebung indessen noch nicht. Vielmehr besteht er auf einer Verschiebung von Kompetenzen des Priesterstandes auf denjenigen der Ehe, genauer gesagt: auf den Vater. Anders als wiederum die katholische Kirche geht er nicht davon aus, daß der Priesterstand dem Ehestand gegenüber privilegiert ist. Alle Getauften sind in seinen Augen priesterlichen Standes: «Denn was aus der taufe gekrochen ist, das kann sich rühmen, daß es schon zum Priester, Bischof und Papst geweiht sei...» (An den christlichen Adel deutscher Nation von des christlichen Standes Besserung). Für dieses allgemeine Priestertum müssen die Menschen als Eltern vorbereitet werden. Luther verfaßte deshalb den Kleinen und Großen Katechismus, richtete beide an den Hausvater mit der Maßgabe, sie dem Gesinde zu lehren und wenigstens einmal wöchentlich den Kindern und dem Gesinde den Katechismus abzufragen. Für Luther selbst stellt dieser Vorgang im Effekt eine Heiligung der Familie dar. Verstärkt wurde der Vorgang dadurch, daß Luther aus theologischen Gründen die guten Taten als alleinigen Weg zur Seligkeit ablehnte. Er stellte vielmehr ausschließlich den Glauben an ihre Stelle. Dadurch wurden die noch so profanen Handlungen des Alltags im Glauben vollzogen, geheiligt. Das galt auch für Haus und Familie, die zu einer sittlichen und geradezu religiösen Institution umdefiniert wurden. Diese Institution bekam – und insofern leistete Luther einen zweiten Beitrag zur Verstaatlichung der Vaterschaft – eine wichtige Funktion für die Sicherung von Moral, Religion und Sitte im gesamten Gemeinwesen. Die Familie war als der Ort konzipiert, wo, so würden wir in soziologischen Kategorien heute sagen, Massenlegitimation für den Staat erzeugt wurde. Umgekehrt war der so unterstützte Staat gern bereit, der Stärkung der Familie gegen die Kirche zuzustimmen.

Diese Stoßrichtung mußte bald Folgen für das kodifizierte Recht haben. Zunächst gab es nämlich rechtlich einen Alleinzuständigkeitsanspruch der Kirche. Die Fragen des Eherechts waren, so verlangte es Rom, «causae mere spiritualis». Allerdings war, zumindest im deutschsprachigen Raum, ein Rest germanisch-weltlichen Rechts im Bereich des ehelichen Güterrechts geblieben. Bezüglich der «res dotales» (Angelegenheiten der wechselseitigen Geschenke der Brautleute) gab es von Anfang an eine gemischte Zuständigkeit. Im Hochmittelalter war der von Gatian begründete «corpus juris canonici» wiederentdeckt worden. Das hatte das Eherecht im engeren Sinne zwar nicht berührt, wohl aber die Rechte des Vaters. So befestigte die Kammergerichtsordnung von 1495 wieder das rechtliche Konstrukt der väterlichen Gewalt aus dem römischen Recht. Luthers Ehelehre und seine eigene Ehepraxis hatten sich davon längst entfernt und, wie gezeigt, die Frau und Mutter weitgehend in das besondere Gewaltverhältnis gegenüber den Kindern einbezogen. Die Tatsache indessen, daß er die staatliche Gewalt, genauer gesagt die des Fürsten, der des Vaters analog konzipierte, konnte nicht ohne Folgen bleiben. Die Verlagerung von rechtlichen Ehe- und Familienangelegenheiten auf den Staat hieß natürlich auch, auf die juristische Konzeptionierung der Vaterschaft keinen Einfluß mehr nehmen zu können. Insofern darf es nicht verwundern, wenn die juristischen Konsequenzen aus der Lutherschen Ehelehre, regional gewiß sehr unterschiedlich, teilweise erst 250 und mehr Jahre später gezogen wurden. Aber die Privatrechtsgeschichte gehört wegen der sukzessiven Delegation der väterlichen Angelegenheiten an den Staat seit der Reformation zu den wichtigen Quellen für eine Einschätzung des Diskurses über die Vaterschaft.

Man mag sich, die Überlegungen zur Vaterschaft in der Reformationszeit abschließend, fragen, ob denn der Lutherschen Vaterkonzeption auch außertheologische Vorstellungen entsprachen, die etwa im literarischen Diskurs über Vaterschaft ihren Niederschlag gefunden hätten. Die Frage muß bejaht werden, allerdings mit einer Modifikation. Interessanterweise zeigt ein großer Teil der Literatur der Zeit um die Reformation immer wieder den Autoritätsanspruch des Vaters und weist ihn als berechtigten aus. Andererseits belegt schon die Thematisierung, daß er zum Problem geworden sein muß. Und in der Tat gehört der Vater-Sohn-Konflikt zu einer der beliebtesten literarischen Kategorien. Bei Hans Sachs lesen wir im Epilog seiner Komödie «Der alte reich burger, der seinen sünen sein gut übergab» aus dem Jahre 1552:

«Wie wenig lieb und trew ist zu finden
Bey unseren eigenen kinden.
So uns das alter begreifen thut,
Begeren sie nur unser gut.»

Unübersehbar ist in der Literatur der Zeit der nachhaltige Einfluß der römischen Komödien, wie wir sie bei Terenz kennengelernt haben. In den daraus zitierenden lateinischen Schuldramen begegnen uns immer wieder Söhne, die die Autorität des Vaters verspotten und, entgegen den Anweisungen ihrer Väter, ein verruchtes Leben führen. – Luther übrigens waren diese Komödien durchaus vertraut. In einer Anspielung auf die uns bereits bekannte Komödie «Die Brüder» von Terenz hat er sein eigenes Verhältnis zum Papsttum in einer Weise kommentiert, die wie kaum eine zweite die Verwobenheit seiner Vatervorstellung aus geschichtlichen Motiven, theologischen Konflikten, persönlichem Erleben und alltäglicher Lehre dokumentiert: «Die Papisten sind jetzt Denea, so bin ich Mitio» (Tischreden 4, 658, b). Denea, das ist bei Terenz nämlich der Typ des etwas beschränkten, aber eifrigen pater durus, der sich, obwohl er ihn zur Adoption abgegeben hat, immer noch in die Erziehung des Sohns einmischt. Demgegenüber steht die positiv bewertete Figur des liberalen, urbanen Vaters, der Modernität und Zukunft vermittelt.

Literatur

Aegidius Romanus: Aegidii Columnae Romani: De regimine principum lib III, Romae 1607.

Ariès, Ph. / Duby, G. (Hg.): Geschichte des privaten Lebens, Bd. 2, Frankfurt / M. 1990.

Buchwald, G.: Martin Luther als Kind, Vater und Freund, Berlin 1957.

Hattenhauer, H. / Buschmann, A.: Textbuch zur Privatrechtsgeschichte der Neuzeit, München 1967.

Heckel, J.: Lex Charitatis. Abhandlung der Bayerischen Akademie für Wissenschaften, Phil.-histor. Klasse N.F. 36, München 1953.

Leinz, A.: Der Ehevorschrift des Concils von Trient Ausdehnung und heutige Geltung, Freiburg i. Br. 1888.

Leis-Schindler, I.: Die Ehe als gottgewollter Stand. Die Bedeutung der Ehe- und Hausstandslehre Martin Luthers für die Entwicklung bürgerlicher Familienleitbilder vom 16. bis 18. Jahrhundert. In: Universität des Saarlandes: Martin Luther, 1483–1983, Saarbrücken 1983, S. 203–241.

Lilje, H.: Martin Luther in Selbstzeugnissen und Bilddokumenten, Reinbek bei Hamburg 1983.

Linneborn, J.: Grundriß des Eherechts nach dem Codex Iuris Canonici, Paderborn 1922.

Luther, M.: D. Martin Luthers Werke. Kritische Gesamtausgabe, Weimar 1883 ff.

Petzold, K.: Die Grundlagen der Erziehungslehre im Spätmittelalter und bei Luther, Heidelberg 1969.

Platter, Th. / Platter, F.: Lebenserinnerungen / Tagebuchblätter, Basel 1977.

Platter, Th.: Hirtenknabe, Handwerker und Humanist. Die Selbstbiographie 1499 bis 1582, Nördlingen 1989.

Suppan, K.: Die Ehelehre Martin Luthers, Salzburg / München 1971.

Wais, K. K. T.: Das Vater-Sohn-Motiv in der Dichtung bis 1880, Berlin / Leipzig 1931.

10. Vom Höhepunkt zur Vervielfältigung des Vaters

Absolutismus und Aufklärung

Die Reformation hatte der Geschichte eine in sich widersprüchliche Vorstellung von Vaterschaft überlassen: Zum einen stabilisierte sie die Idee patriarchaler, allumfassender Vaterschaft durch eine theologische Stärkung des paternalistischen Staates. Zum anderen schwächte diese theologische Unterstützung tendenziell die Funktionen leibhaftiger Väter auf der Ebene der Familie beziehungsweise zur Zeit der Reformation noch des Hausstandes. Die an den Staat abgetretenen Kompetenzen der patria potestas wurden unter Gesichtspunkten der Macht nicht kompensiert. Andererseits trat eine Dimension von Vaterschaft hervor, die emotionale Bezüge zunehmend wichtig werden ließ, so jedenfalls in der Figur des Reformators als Theologe versus Vater.

Der eigentliche Profiteur dieser Entwicklung dürfte in der Zeit zwischen der Reformation und der beginnenden Aufklärung, also in einem Zeitraum von etwa 200 Jahren, weniger das Kind als vielmehr der Staat, genauer der absolute Staat, gewesen sein. Zu seiner Festigung müssen paradoxerweise theologische und philosophische Reflexionsbewegungen gewirkt haben, die letztlich auf eine Problematisierung der paternalen Allgewalt Gottes hinausliefen. Hatte Aristoteles noch behauptet, daß die Himmelskörper von einem «unbewegten Beweger» auf die Bahn gebracht worden seien, von Gott, so mußte die nun aufkommende Planetentheorie der Erde Empörung hervorrufen. Dem Vatergott wurde etwas von der Einzigkeit seiner Schöpfungskraft geraubt. Diese und andere Problematisierungen lösten zahlreiche ‹Rettungsversuche› für den Vatergott aus, die aber immer wieder von radikalen Zweiflern zunichte gemacht wurden. Das aufkommende Wissen über naturwissenschaftliche Sachverhalte provozierte eine Abtrennung des Zusammenhangs von Glauben und Wissen. Francis Bacon hatte das postuliert: Auch wenn die Vernunft entsetzt sein sollte, man muß an das Wort Gottes *glauben*. Man kann das auch anders sagen:

Es bleibt nichts mehr übrig als der Glaube, wenn man den Vatergott stabilisieren will. Descartes gehörte zu den Zweiflern. Als im Zusammenhang der Entdeckungen unbestreitbar wird, daß Menschen anderer Kontinente andere Götter verehren, fragt er, ob der christliche Gott eigentlich der einzige sei. Oder Baruch de Spinoza: Von ihm wird Gott als mit Natur identisch erklärt. Eine einzige Substanz sei existent. Außerhalb des Universums stehe kein transzendenter schöpferischer Gott. Oder Gottfried Wilhelm Leibniz: Er denkt das Universum als eine Hierarchie von Monaden, in deren Mitte Gott als Zentralmonade steht. Alle Monaden seien in prästabilierter Harmonie miteinander verbunden. So läßt sich Gott als Schöpfer theoretisch einbinden. Aber auch diese Konzeption ging zu Lasten der Vorstellung von einem göttlichen Vaterindividuum, das vor allem und außer allem autonom handelt.

Auf einem theologisch und philosophisch derartig ‹gelockerten› Boden kann die Verlagerung von ehedem göttlichen Vaterkompetenzen auf den Staat trefflich gedeihen. Thomas Hobbes wird zum wichtigsten Theoretiker der Idee des absoluten Herrschers. Er verlangt von den Menschen, sie sollten in einem Gesellschaftsvertrag ihre natürlichen und individuellen Rechte, mit Ausnahme des Rechts auf Selbsterhaltung, an einen absoluten Souverän, den Leviathan, abtreten. Der König ist in dieser 1651 veröffentlichten Rechtfertigungslehre der legitime Repräsentant des Staates. Aus nachaufklärerischer Sicht mag es schwerfallen, die Bereitschaft der Menschen nachzuvollziehen, sich dem absoluten Herrscher zu unterwerfen. Ein Autor wie Robert Filmer kann in seinem damals sehr verbreiteten Werk «Patriarcha» diese absolute Macht des Herrschers als natürlichste, beste und wirksamste Herrschaftsform rechtfertigen und auf Zustimmung stoßen. Dieses nicht, weil er auf die alttestamentarische Idee des Patriarchats zurückgreift, sondern deshalb, weil die Menschen ihr Leben als ein solches erfahren, das nicht nur kurz, sondern durch andere immerfort bedroht ist. Der leibliche Vater – nirgendwo wird das so deutlich wie in Hans Jacob Christoph Grimmelshausens Geschichte des vaterlosen Simplicissimus – kann das Individuum nicht mehr zureichend schützen. Wenn überhaupt, ist es jener Souverän, der die väterlichen Bewahrungsfunktionen übernehmen kann.

Es ist keine seltene Erscheinung in der Geistesgeschichte, daß eine zur Verteidigung überbrachter Verhältnisse gedachte Theorie Elemente enthält, die sich letztlich gegen sie verwenden lassen. Das gilt auch für den Leviathan. Der Gedanke, die Menschen könnten Rechte an den absoluten Herrscher abtreten, implizierte ja, daß sie überhaupt die individuelle Freiheit besitzen, mit diesen Rechten nach Gusto umzugehen. John Locke hat sich diese Prämisse am Ende des 17. Jahrhunderts zunutze gemacht und damit eine der wichtigsten Grundlagen für das aufklärerische Denken geschaffen, welches den paternalistischen Souverän schließlich zu Fall brachte. Locke machte die Idee des Gesellschaftsvertrags zur Basis einer individuellen Freiheit, die für ihn vorderhand in dem Recht jedes Bürgers bestand, über sein Eigentum verfügen zu dürfen. Sollte, so argumentierte Locke, der absolute Herrscher dieses Recht und die bürgerlichen Freiheiten in Frage zu stellen versuchen, dann besitze der Untertan das Recht, das Vertragsverhältnis zum absoluten Monarchen zu lösen. Aber damit nicht genug. Locke dachte nicht nur über die Herrschaftsverhältnisse im Staat nach, sondern auch über die Formbarkeit des menschlichen Geistes. Er hielt diesen für eine «tabula rasa», für eine intellektuelle Kompetenz, in deren Besitz alle Menschen seien. Alle seien damit aber auch den Einflüssen der, wie wir heute sagen würden, ‹Umwelt› in vergleichbarer Weise ausgesetzt. Der Geist sei formbar. Dieser Gedanke ging, verbunden mit der Idee der Kündbarkeit des Untertanenverhältnisses, zu Lasten einer für das Konzept der Vaterschaft als genetischer Vaterschaft wichtigen Komponente. Die Vererbbarkeit der Herrschaft wurde dadurch ebenso in Frage gestellt wie die durch Erziehung zu befestigende Vererbung der Eigenschaften des leiblichen Vaters. Was also zur Disposition gestellt wurde, war hier erstmalig die Idee einer Vaterschaft, welche Nachkommenschaft aus natürlichen Gründen selbstverständlich gemacht hatte. Andersherum formuliert: Die Seinsweise eines Individuums ist durch mehr definiert als durch die Herkunft von einem Vater, sei er nun der Herrscher, von dem man die Herrschaft ererbt, oder nur ein Handwerker, von welchem man dieselbe Handwerkskunst erlernend erwirbt, wie sie der Vater besaß.

Von der Lockeschen Infragestellung hereditärer Herrschaft bis zum Prinzip der Souveränität des Volks, die Jean-Jacques Rousseau in seinem «Contrat social» vertrat, war es nur noch ein, wenngleich großer, Schritt. Für die Souveränität des individuellen Vaters mußte diese von Rousseau 70 Jahre nach John Lockes Provokation verfaßte Vorstellung Folgen haben. Ich bin der Auffassung, daß spätestens mit der Rousseauschen Souveränitätserklärung für das Volk eine Entwicklung manifest wurde, die die gesamte Folgezeit bis heute bestimmt hat: eine *Vervielfältigung der Vaterschaft.* Die Problematisierung des absoluten Herrschers hatte nämlich nicht, wie man meinen könnte, eine Rückgabe der an ihn abgetretenen paternalen Rechte in die Hand der individuellen Väter zur Folge, und wenn, dann nur für eine kurze Zwischenzeit, sondern die Infragestellung des absoluten Monarchen ging ja selbst mit einer Delegation seiner Macht auf alle einher. Das bedeutet, daß das paternalistische Moment davon natürlich nicht ausgenommen bleiben konnte. Vatersein über etwas wurde damit gleichzeitig zu einem Objekt der Demokratisierung. Die selbstverständliche Bindung von Vaterfunktionen an die natürliche Vaterschaft wurde mit in den Strudel der Umverteilung der Kompetenzen des absoluten Herrschers gerissen. Anders gesagt: Die Abtretung von Vaterfunktionen an den absoluten Herrscher machte diese zum Bestandteil der Konkursmasse des Absolutismus, und deshalb gingen diese Vaterfunktionen gleichfalls auf neue nicht natürliche ‹Eigentümer› über. In der unmittelbaren Nähe der Erscheinung des «Contrat social» war dieses noch nicht erkennbar. Eine breite Rezeption dieser Schrift hat unter den Zeitgenossen im übrigen auch nicht stattgefunden. Aber bereits die ersten Versuche einer zwangsweisen Einführung des Grundschulbesuchs für das gesamte Volk gründen sich auf Rousseau. Der dort entstehende Lehrerstand gehört zu den Nutznießern der zur Disposition gestellten Vaterfunktionen.

Es ist müßig, darüber nachzudenken, ob bei einem Ausbleiben der Reformation und der mit ihr verbundenen Abtretung von Vaterrechten an den absoluten Herrscher das Konzept des natürlichen Vaters Bestand gehabt hätte. Wichtig ist vielmehr die Tatsache, daß in dieser Epoche das Prinzip der Nachkommenschaft gründlich problematisiert wird und daß im Gefolge der Aufklärung die natürliche Vaterfunktion auf unterschiedliche Funktionsträger übertragen und damit vervielfältigt wird. Dabei ist es eine Ironie der Geistesgeschichte, daß diese Entwicklung letztlich durch eine Religion geradezu vorbereitet worden ist, die wie keine andere auf der Vorstellung von einem Vatergott fußte. Die drei Grundforderungen der Französischen Revolution, Freiheit, Gleichheit und Brüderlichkeit, sind geradezu der Ausdruck einer Zerstörung des Vaterprinzips. Die Freiheit entbindet von der Bevormundung durch den Vater, die Gleichheit zerstört den Respekt vor der

Leistung des Vorfahren, und die Brüderlichkeit läßt nur noch *eine* Verwandtschaftsbeziehung zu, diejenige innerhalb derselben Generation. Alle drei Schlagworte sind neutestamentarischen Verkündigungsformeln entlehnt. – «Zur Freiheit hat euch Christus befreit», heißt es in Galater 5,1; «da ist nicht Sklave noch Freier... ihr alle seid eines in Christo Jesu», hatten die Revolutionäre in Galater 3,28 gelesen, und «einer ist euer Meister, Christus, ihr aber alle seid Brüder», hieß es bei Matthäus 23,8. – Die neutestamentarische Opposition gegen die Patriarchen des Alten Testaments schien mit dem Sturm auf die Bastille am Ende des 18. Jahrhunderts ihr historisches Ziel erreicht zu haben.

Verläßt man jedoch den philosophisch-theologischen Diskurs, so sieht man sich in der Erwartung dieser Eindeutigkeit getäuscht. Die für das aufklärerische Denken entscheidende Phase der zweiten Hälfte des 18. Jahrhunderts verläuft keineswegs so kontinuierlich, wenn sich der Blick anderen Dokumenten des aufklärerischen Diskurses zuwendet. Anhand dreier unterschiedlicher Quellentypen läßt sich dieses verdeutlichen. Gemeint ist erstens die ‹schöne› Literatur, zweitens Literatur, die sich an Kinder wendet, und drittens der juristische Diskurs in Verbindung mit der durch ihn zu gestaltenden sozialen Wirklichkeit.

Sieht man von der sehr kurzen Phase der Dichtung des Sturm und Drang ab, so dominiert in der schönen Literatur auf dem historischen Höhepunkt der Aufklärung ein Typus, der den Vater in extremer Weise problematisiert. Im Zentrum der Kritik steht dabei jeweils der erzieherische Umgang des Vaters mit seinen Kindern. Dazu gehören Gotthold Ephraim Lessings «Miss Sarah Sampson», Rousseaus «Nouvelle Heloïse», Denis Diderots «Père de famille» mit dem berühmten Schlußwort des Vaters «Oh wie grausam, wie süß ist es, Vater zu sein!» und natürlich Friedrich Schillers «Don Carlos».

Während Schiller noch 1781, sechs Jahre vor dem Don Carlos mit den «Räubern» geradezu eine Apologie des Vaterkults verfaßte, ist «Don Carlos» das genaue Gegenteil. Schiller läßt hier Vater und Sohn als Vertreter zweier grundverschiedener Generationen als Ausdruck verschiedener Zeitalter aufeinandertreffen. Es sind Philipp II. und sein Sohn Dom Karlos, die, der eine für Tradition und Paternalität, der andere für Humanität und Freiheit stehen. In dem Konflikt um die Herrschaft über die niederländischen Provinzen nach dem Glaubenskrieg setzt sich der Vater durch und wird dem Publikum als grausamer Tyrann dargestellt, der seinen Sohn letztlich dem Großinquisitor übergibt. In einer frühen, der sogenannten «Thalia-Fassung» des Dramas wird die Schrecklichkeit des Vaters aus den Worten des Sohnes deutlich:

«*Karlos:* Meines Vaters?
Unglücklicher, warum an den mich mahnen?
Sprich mir von allen Schrecken des Gewissens,
Von meinem Vater sprich mir nicht! Unheilbar
Auf ewig sprangen zwischen mir und ihm
Die demantstarken Bande der Natur.
Marquis: Sie hassen Ihren Vater?
Karlos: Nein! O Gott!
Ich hasse meinen Vater nicht, doch Schauder
(Kann ich dafür?) und Höllenangst ergreifen
Bei den zwo fürchterlichen Silben mich,
Als hört' ich alle Sünden meines Lebens
Am Tag des Weltgerichts herunterlesen.
Kann ich dafür, wenn eine viehische
Erziehung schon in meinem jungen Herzen
Der Kindesliebe zarten Keim zertrat?
Mein *Vater*, sagst du? Recht! mit diesem Namen
Erschreckten meine Ammen mich, das war
Von allen Künsten ihrer Kinderzucht
Die wirksamste, wenn alle Rutenstreiche
An mir verloren waren...»
(Don Carlos I, 2).

Während Schillers Drama reine Fiktionalität mit einem humanistischen Anliegen verbindet, bietet der praktisch zeitgleich erschienene Roman «Anton Reiser» von Karl Philipp Moritz (1785–1790) einen psychologisierenden Zugang zu der aufklärerischen Vater-Sohn-Thematik. Dieser Roman, der biographische Erlebnisse des Autors zwischen 1756 und 1776 aufnimmt und verarbeitet, ist ein charakteristisches Beispiel für den beginnenden Zusammenbruch der herrschenden Vaterkonzeption. Der Vater des Protagonisten wird in diesem Roman als ein tendenziell kranker Mensch dargestellt. Er soll 1724 geboren und als Hoboist in einem preußischen Regiment tätig gewesen sein. Nach dem Tod seiner ersten Frau im Jahre 1753 geht er eine zweite Ehe ein. Zwei seiner Kinder überleben. Er wechselt seinen Beruf und wird Lizenzschreiber. Sein Interesse an theologischen und philosophischen Fragen führt ihn zunächst zu den Quietisten, einer damals sehr verbreiteten religiösen Bewegung, später zur Aufklärung und zu den Philanthropen. Der Vater des Protagonisten lebt in ständiger religiöser Zwietracht mit seiner zweiten Frau, und der Autor versucht, die Härte des Vaters mit dessen Versuch zu erklären, seine Gefühle abzutöten, die er aufgrund des Todes der ersten Ehefrau empfindet. Der Leser erlebt ein Elternhaus des Protagonisten, welches durch Armut, Vernachlässigung und Unordnung gekennzeichnet ist. Diese wird auf die Abwesenheit des Vaters durch die zahlreichen Reisen des Regiments zurückgeführt. Die Ehefrau hat die ihr in der späteren bürgerlichen Familie zukommende Rolle offenbar noch nicht übernommen. Der Vater ist eine unsichere, nach Halt suchende Persönlichkeit. Auch in seiner pädagogischen Rolle erscheint er ambivalent. Nirgends drückt sich das so nachhaltig aus wie in der Tatsache, daß er seinem Sohn zwei Bücher schickt, um das Lesen zu erlernen: eine Anweisung zum Buchstabieren und eine Abhandlung gegen das Buchstabieren. Gegenüber dem Studienwunsch des begabten Kindes verhält sich dieser Vater gleichgültig, solange es ihn nichts kostet. Die Ambivalenz ist auch in die Zeit gesetzt. Zunächst verflucht der Vater seinen Sohn. Später nimmt er durch eine Segnung diesen Fluch zurück. Dieser Vater kann die in ihn gehegten Erwartungen nur noch bruchstückhaft erfüllen. Er scheint dieses zu bemerken, was ihn gelegentlich zur Übersteigerung einzelner Verhaltensmomente führt, die dem Sohn dann als unberechtigte Härte erscheinen.

In dem Roman ist der Vater eine gebrochene Gestalt. Charakteristisch sind die ständigen Streitereien zwischen ihm und seiner Ehefrau, die dem Kind wie dem Leser eines signalisieren: Die Autorität des Vaters wird von der Ehefrau nicht mehr fraglos anerkannt. Die Folgen für das Kind sind unabsehbar. Das Motiv der Vatersuche entsteht hier am Vorabend der Französischen Revolution in extremer Ausprägung. Dementsprechend sucht der Sohn nach Alternativen. Er verehrt den Lehrer, versucht dessen Liebe und Achtung zu finden. Die gleiche Suche sieht man in seinem Verhältnis zum Pastor Paulmann: «Seine ganze Existenz hätte Anton darum gegeben, um dieser glückliche Sohn zu sein» (Anton Reiser, S. 81), welcher der leibliche Sohn des Pastors tatsächlich sein konnte. Die Vatersuche geht so weit, daß Anton in die Nähe abweichenden Verhaltens gerät, wenn er als Neun- oder Zehnjähriger beginnt, (Selbst-)Gespräche mit Gott zu führen.

Obwohl sich das Verhalten dieses Vaters aus einer unteren Schicht des Volks an der Oberfläche in seiner Grausamkeit kaum von der des

Vaters in Schillers Don Carlos unterscheidet, verrät dieser Roman wesentlich mehr über die Wirklichkeit der Vaterschaft auf dem Höhepunkt der Aufklärung. Das Konzept des autonomen, dominanten Hausvaters scheint mißlungen. Der Vater scheitert an der Aufgabe, diese Rolle nur noch spielen, aber angesichts seiner durch die Ehefrau nicht mehr akzeptierten Autorität nicht mehr wirklich ausüben zu können. Auf der Strecke bleibt nicht, was im Sinne der Aufklärung ja durchaus intendiert wäre, der tyrannische Vater, sondern die gebrochene Autorität macht ihn zum bewußtlosen, unvernünftigen und damit unmenschlichen Despoten. Der Autoritätsverlust setzt gerade nicht das frei, was man als natürliche Bindung historisch verschüttet glaubte, die emotionale Bindung zwischen Vater und Sohn. Sie wird reduziert auf wenige glückliche Momente in Resten von Gemeinsamkeit, wenn Vater und Sohn miteinander musizieren oder der Vater Antons dessen Gedichte vertont.

Dieser Roman ist ungleich weitsichtiger als Schillers Drama «Don Carlos». Er klagt nicht forsch an, ist nicht larmoyant, sieht die ‹Dialektik der Aufklärung› und ihre Folgen für die Väter, bevor noch das aufklärerische Denken sich in Pädagogik oder in positivem Recht manifestiert hat. Man kann sich auf den Standpunkt stellen, daß die an der Wende zum 19. Jahrhundert entstehende Pädagogik als Wissenschaft geradezu der Ausdruck jener Dialektik der Aufklärung geworden ist. Katharina Rutschkys Textsammlung über «Schwarze Pädagogik» hat dafür zahlreiche Belege bereitgestellt. Von den Verteidigern des pädagogischen Projekts muß man sich allerdings immer wieder vorhalten lassen, die Deviationen der erzieherischen Wirklichkeit seien zwar unbestreitbar, stünden aber geradezu im Gegensatz zu den Intentionen der Inauguratoren des pädagogischen Projekts (vgl. z. B. Benner/Göstemeyer 1987). Eine solche Diskussion führt zu fruchtlosem Streit, weil sie letztlich auf die Frage zu reduzieren ist, ob die Wirklichkeit sich zu Recht auf die Theorien beruft, welche sie gestalten wollen. Im Zwischenfeld zwischen pädagogischer Theorie der Aufklärung und erzieherischer Wirklichkeit befindet sich aber eine Literaturgattung, der man beim besten Willen nicht vorwerfen kann, unreflektiert mit aufklärerischer Theorie umgegangen zu sein. Zugleich steht sie der erzieherischen Wirklichkeit schon deshalb sehr nahe, weil sie auf sie einzuwirken sich vorgenommen hatte. Gemeint ist die Literatur, die in der Aufklärungszeit für Kinder verfaßt worden ist. Ihre «Psychographie» hat Reiner Wild (1987) sehr genau beschrieben. Betrachtet man die Ergebnisse dieser Analyse unter dem Gesichtspunkt jener Hypothese von der Dialektik der Aufklärung, so könnte sie geradezu als eines der Exempel für sie verfaßt worden sein.

Die summative Beurteilung von nahezu 200 Beispielen der Kinderliteratur des 18. Jahrhunderts führt zu der Einschätzung, daß die Familie seitens der Autoren dieser Literatur als Aufklärungsinstanz gedacht wird. Zwei der drei Ideale der Französischen Revolution werden darin gewissermaßen vorweggenommen, so wenn die Geschwisterkinder in einschlägigen Szenen vor dem Vater als gleich zu Behandelnde erscheinen. Wenn die Geschwister gegenseitig für einander einstehen oder wenn der Vater in ‹Strafangelegenheiten› um Gnade gebeten wird, dann mag man dieses als einen Vorschein des Postulats der Brüderlichkeit werten. Nicht so das Ideal der Freiheit. Es ist in den Augen der Autoren noch so sehr an die Autorität des Vaters gebunden, daß es in seiner späteren Form nicht wirksam werden kann. Der Vater wird nämlich durch seine Autorität hindurch als Garant für die Durchsetzung der Aufklärungsideale, einschließlich der Freiheit, gesehen.

Insofern ist der Vater dominant. Diese Vorherrschaft wird gegenüber den kindlichen Lesern auf verschiedene Weise begründet, so in der anonym erschienenen Sammlung «Kinderbiographie» mit der naturrechtlichen Argumentation, «weil es dem Schöpfer nach seiner Weisheit gefallen hat, das männliche Geschlecht als das Oberhaupt mit einem vorzüglich tiefern und durchdringendern Verstande vor dem weiblichen zu begaben» (S. 76). Diese Sicht läßt einen Blick auf die sich neu gestaltende Position der Mutter zu. Sie wird geschlechtsspezifisch akzentuiert und so auch zum Gegenstand einer bisweilen leisen Kritik. Der Mutter wird nämlich die Zuständigkeit für die Erziehung und Pflege in der frühen Kindheit zugewiesen. Der dort entstehende «Erziehungsstil» ist mit seiner Tendenz zur ‹Hätschelei› ein Hindernis für die männliche Vernunfterziehung, die in den Händen der Väter liegt.

In dieser Kinderliteratur konnte Aufklärung nur durch die Nachahmung des aufgeklärten Verhaltens des Vaters ermöglicht werden. Dessen Rolle, sein Ort in der Familie wird als ein solcher dargestellt, der in den Augen der Kinder von großer Wichtigkeit ist. Einzelne Sätze aus den Mündern der Kinder jener Literatur mögen das belegen: «Alle Morgen und alle Abend, wenn wir im Garten gehen, wünsche ich Papa bey uns. Immer fällt mir soviel ein, worüber ich ihn fragen möchte» (zit. n. Wild, a. a. O., S. 241). Oder: «Und wie oft weinten wir nicht, wenn er uns die Wohlthaten Gottes, unsers gütigsten Vaters, gegen alle Menschen erzählte» (zit. n. a. a. O., S. 242). Die so auf ihren Vater fixierten Kinder denken mit Sorge an den Tag, an dem die Ablösung vom Elternhaus stattfindet. Wild ist der Auffassung, daß, in psychoanalytischen Kategorien gedacht, der Vater in der Familie eine Über-Ich-Instanz durch seine starke Stellung erzeugt hat. Die dadurch entstehende Familienkonstellation läßt sich auf zweierlei Weise an einem Beispiel und anhand einer Schematisierung nachvollziehbar und darstellbar machen. So wird sie, Wild zufolge, in einer idyllischen Szene aus dem Feierabend einer Dorffamilie in der Erzählung «Heinrich Waldenberg» von Georg Carl Claudius anschaulich:

«Heinrich war älter, Dorchen jünger. Als einstmals nach vollendeter Arbeit, Waldenburg und sein Weib an einem Frühlingsabend bey der Linde saßen, die bey der Hütte stand, und ganz von den Gefühlen, die ihnen der schöne Abend gewährte, durchdrungen waren, die beiden Kleinen auf ihrem Schoos in geschwisterlicher Einfalt spielten, sprach Caspar zu Reginen: Sieh, gutes Weib, wie uns der liebe Gott in unsern Kindern gesegnet hat. Laß uns deß freuen, und mit allen unsern Kräften sie glücklich zu machen suchen. Es muß doch für Eltern ein herrlicher Gedanke seyn, wenn sie am Abend ihrer Tage ruhig zu ihren Kindern herabblicken und sagen können: Wohl uns! wir haben der Welt glückliche Menschen gegeben.

Regina sah ihrem Mann mit Zärtlichkeit in die Augen, eine Thräne drängte sich über ihre Wangen, die ein Beweis war, daß ihr Waldenbergs Worte tief ans Herz gegangen waren. Ja, sprach sie, laß uns keine Mühe sparen, keine Geduld scheuen, und Gott wird uns gewiß segnen. Das wird er, erwiederte Caspar, indem er seine Hand in die Hand seiner Frauen legte, und ihr einen herzlichen Kuß gab. Der einzelnen Thräne Reginens folgten ihrer mehr; beide Eltern umarmten ihre Kinder. Der Vater nahm Dorchen, und Heinrich kletterte auf der Mutter Schoos, strich ihre Wangen, und spielte mit der Thräne, die auf ihrem Gesichte stehen geblieben war, indem er sie unbewußt und sorglos, daß sie zum Segen für ihn geweint war, mit kindvoller Unschuld, die Wange herunter leitete. Die Abendluft strich nun scharf, und Eltern und Kinder giengen in die Hütte» (zit. n. a. a. O., S. 233).

Die schematische Darstellung der Familienkonstellation sähe nach Wild dann so aus:

Sucht man nach einer Erklärung für diese Fokussierung auf den Vater, kann man natürlich zunächst in der aufklärerischen Erziehungstheorie nachsuchen. Der Vater wird, anders als bei Rousseau, nicht als fremder Erzieher, sondern als Bestandteil der Familie gedacht. Er ist der Vermittler der Außenwelt in die Familie hinein, eine Figur, die

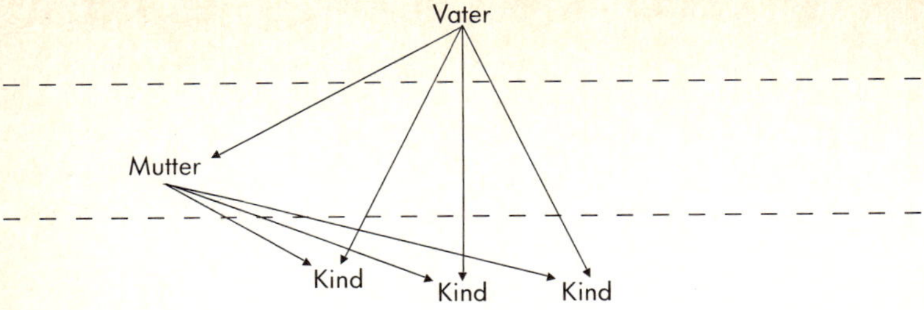

Abb. 32: *Familiale Figuration der Aufklärungszeit*

schon bei Luther zu finden ist. Im Gegensatz zu Rousseaus «Emile» verkörpert er nicht die Natur im Lernprozeß des Kindes, sondern die Vernunft. Noch einmal anders als bei Rousseau steht Erziehung in aufklärerischer Absicht nicht in radikaler Opposition zur Gesellschaft, sondern diese Erziehung ist Erziehung *zur* Gesellschaft. Das bedeutet nicht, daß es sich bei der in der Kinderliteratur aufscheinenden aufklärerischen Erziehung um eine affirmative zur Erhaltung der vorgefundenen Verhältnisse handelt. Aufklärung wird vielmehr als Prozeß der Überführung der Gesellschaft in eine zunehmend vernünftige Form gedacht. In diesem Zusammenhang hat Erziehung ihren Platz. Die Kinder sollen in der inszenierten Erziehung lernen zu sein wie der Vater und Vernünftigkeit und Moralität zum Zwecke der sukzessiven Transformation der Gesellschaft erwerben.

In dieser Konstellation entsteht ein leicht zu erkennender Widerspruch. Es stellt sich nämlich die für die deutsche Pädagogik später so wichtige und immer wieder traktierte Frage, wie es denn möglich sei, Erziehung so zu gestalten, daß sie zum Gebrauch des Verstandes ohne Anleitung eines Fremden führe, obwohl zu diesem Gebrauch doch via Erziehung erst angeleitet werden müsse. Die Antwort, die die Kinderliteratur für dieses Dilemma bereitzuhalten scheint, ist diese: Eine solche Erziehung ist möglich durch Gehorsam, Autorität und Freiheit. Die Freiheit ist als inszenierte Freiheit einzuschränken. Die bedingungslose Anerkennung der Autorität des Vaters ist nur ein scheinbarer Widerspruch. Da er von der Liebe gegenüber seinen Kindern erfüllt ist, da er also nur in ihrem Sinne handelt, kann die bedingungslose Anerkennung seiner Autorität verlangt werden. Zudem leistet die Gehorsamsforderung einen Beitrag zur Beherrschung der Affekte, und damit ist sie Erziehung zur Sittlichkeit, die ohne eine solche Beherrschung nicht gedacht werden kann. Affektivität und Einbildungskraft waren den Aufklärern immer schon verdächtig. So schreibt Johann Gottfried Herder, daß letztere «die gefährlichste aller menschlichen Gemüthsgaben sei», und: «Nichts hat der Mensch in sich so sehr zu bezähmen, als seine Einbildungskraft» (Vorrede zu den Palmblättern von Liebeskind, S. VI und 51).

So gesehen, erscheint der Vater in der aufklärerischen Kinderliteratur als eine Autorität, der gegenüber die Kinder Gehorsam schuldig sind, eine Autorität, die durch ihr Vorbild der Garant für die Aufklärung als Gesellschaftsprozeß via Erziehung ist. Aber diese Deutung, so konsistent sie mit grundlegenden Auffassungen der deutschen (nicht der französischen) Aufklärungspädagogik ist, sie ist Aufklärungstheorie, sie ist: bloße Theorie. Es gibt hinlängliche Gründe für die Annahme, daß in solcher Weise in Kinderliteratur umgesetzte Aufklärungspädagogik nicht der einzige, vermutlich nicht einmal ein entscheidender Wirkfaktor für die Figur des obwohl aufgeklärten, so doch autoritären Vaters war. Erste Anhaltspunkte für diese Skepsis ergeben sich übrigens aus der Kinderliteratur selbst. Am Beispiel einer Analyse von Christian Gotthilf Salzmanns «Konrad Kiefer» möchte Wild die zentrale und zugleich willkürlich-unnötige Position des Vaters demonstrieren. Dort findet sich eine Episode, in der ein Säugling nicht zur Ruhe gebracht werden kann, bis nach einigem Hin und Her der Vater der Mutter vorschlägt, den Säugling doch mit «Trallern» zu beruhigen. Wild ist der Auffassung, daß diese «Idee» des Vaters aufgesetzt ist. Die Frauen jener Zeit hätten natürlich auch ohne Hilfe der Männer gewußt, wie sie Säuglinge beruhigen, da sie dieses in allen möglichen Rollen von der Amme bis zur Mutter immerzu vollzogen hätten. Wild wertet dieses Beispiel eben deshalb als einen Beleg für die reale «Verteilung der Machtpositionen» in der Familie. – Man kann das auch anders deuten: In der Tat wird man davon ausgehen wollen, daß die Mütter der Aufklärungszeit sehr genau wußten, wie man Säuglinge beruhigt. Worin sollte deshalb die Macht von Vätern bestehen, wenn diese den Frauen etwas beibrächten, was sie ohnedies schon wußten?

Das Beispiel spricht vielmehr dafür, daß der Erziehungsanspruch der Väter bereits so brüchig geworden ist, daß es selbst in der Kinderliteratur erforderlich wurde, Väter mit Kompetenzen auszustatten, die eindeutig mütterliche waren. Denn die Mütter hatten längst eine viel bedeutungsvollere Position erlangt, als die Kinderliteratur dieses noch zuzugeben bereit gewesen ist. Die Entfernung des Vaters aus der Familie zum Zwecke der ökonomischen Reproduktion hatte eine Lücke hinterlassen, die die Mütter schnell füllten. Man wird deshalb die geschilderte Vaterdominanz als ein Beispiel für den «Sekundärpatriarchismus» (vgl. Mitterauer 1984, S. 64ff) werten müssen, der sich gegen die faktisch längst stattgefundene Diffusion männlicher und väterlicher Macht und Autorität nur noch auf der Ebene der Symbole zu wehren in der Lage sah. Nicht umsonst ist, auch in der Kinderliteratur selbst, so bei Christian Felix Weiße, Joachim Heinrich Campe oder Salzmann, der Vaterbegriff bereits zu jener Zeit so ausgedehnt, daß er keinen bloßen Verwandtschaftsgrad mehr bezeichnet, sondern die Erzieherrolle als solche meint.

Auch wenn die aufklärerische Kinderliteratur so nicht zum Beleg für die faktische Autorität und Allgewalt des Vaters zur Aufklärungszeit taugt, ihre Analyse bietet schon deshalb einen profunden Einblick in die Lage der Vaterschaft zu jener Zeit, weil diese Literatur als eine Art Beschwörung vergangener Möglichkeiten des Vaters gelesen werden kann und damit als Hinweis auf einen Verlust. Insofern ist aufklärerische Kinderliteratur melancholische Literatur.

Dem behaupteten Verlust muß nunmehr durch einen Blick auf den familialen Alltag der Aufklärungszeit nachgegangen werden. Er spiegelt sich teilweise im Wandel der sogenannten Hausväterliteratur und natürlich in den Daten, die historisch über diese Epoche vorliegen. Die Hausväterliteratur, die uns erstmalig im Zusammenhang der Reformation und dort im Zusammenhang der Lutherschen Literatur für den familialen Alltag begegnete, hat eine Tradition, die bis in die Antike zurückweist. Das erste Buch der «Politik» des Aristoteles, Teile der «Nikomachischen Ethik» und die Aristoteles zugeschriebene Schrift «Über die Haushaltung in Familie und Staat» stehen am Anfang einer Tradition ökonomischer Literatur. Diese ursprünglich vorwiegend ökonomisch und rechtlich gedachte Funktion des Hausvaters ist durch Luthers Predigten über den christlichen Hausstand gewissermaßen ideologisch mit Hilfe der Analogie vom himmlischen und irdischen Hausvater überformt worden. Im 18. Jahrhundert bereits wird diese Ideologisierung nur noch schwer nachvollziehbar. So erscheint zwischen 1764 und 1773 eine sechsbändige Ökonomik unter dem Titel «Der Hausvater» von Otto von Münchhausen, in der der Hausvater als Vater plötzlich eliminiert ist. Es ist nicht mehr der Vater, der das Haus nach Auffassung dieser ökonomischen Schrift selbst zu regieren hat, sondern ein Verwalter soll diese Aufgabe übernehmen. Damit wird auch in der Hausväterliteratur manifest, daß die Einheit von Haus und Vater sich auflöst (vgl. Frühsorge 1978, S. 119 f). Eine der späteren bildnerischen Darstellungen des Hausvaters ist die von Florinus aus dem Jahre 1703, die aber auch schon ein Pendant, die Hausmutter, besitzt (vgl. Abb. 33 und 34).

Genaugenommen reflektiert dieser Literaturtypus aber nur eine Entwicklung, die anhand der Kodifizierung des positiven Rechts viel präziser nachvollzogen werden kann. Die Auflösung des Hauses und die Trennung der Einheit von Haus und Vater hatte noch weitere Implikationen für die gesamte Herrschaftsstruktur des aufklärerischen Staates. So erinnert Reinhard Koselleck daran, daß die französische Verfassung von 1793 lakonisch feststellte: «La loi ne reconnaît point de domesticité.» Demgegenüber eliminierte der preußische Staat nicht ersatzlos das ‹Haus›. An seine Stelle trat sukzessive die ‹Familie›. So enthält das Preußische Allgemeine Landrecht von 1794 den Begriff des Hausstandes nicht mehr. Der Staat hatte offenbar ein Interesse daran, in aufgeklärter, aber gleichzeitig paternalistischer Tradition den Hausstand zwar abzuschaffen, sich aber selbst an dessen Stelle zu setzen, um die Individuen als ‹Staatsbürger› direkt zu erreichen. Deswegen durfte der Hausstand keine autonome unterste Herrschaftsebene repräsentieren. Gleichwohl blieb dem preußischen Staat trotz dieser Liberalisierung für eine hinlängliche Zeit nichts anderes übrig, als auf die alte Hausständeordnung zurückzugreifen, weil er nicht über ausreichende Mittel verfügte, um alle staatlichen Aufgaben auszuführen, etwa die persönliche Sicherheit mangels ausreichender Polizeikräfte oder auch die Steuereintreibung, die zunächst noch in der Verantwortung der ‹Häuser› für das Gesinde verblieb.

Dennoch hatte die sukzessive Reduktion des Hauses auf die Familie unübersehbare rechtliche Folgen für alle Familienmitglieder. Die Frau ist nach dem Preußischen Allgemeinen Landrecht nicht mehr verpflichtet, einen Beitrag zum Broterwerb zu leisten, vielmehr gehalten, dem Hauswesen des Mannes gemäß seinem Stand und Rang vorzustehen (vgl. Teil 2, Tit. 1, § 194). Das, was heute als eine Bevormundung und Benachteiligung der Frau durch Ausschluß vom Berufsleben gewertet wird, stellte sich zunächst einmal als eine Befreiung dar. In die-

***Abb. 33:** Der Hausvater, aus: Franciscus Philippus Florinus, Oeconomus prudens et legalis, Nürnberg 1703*

ser Richtung wirkte auch der Schutz der Frau und ihrer Vermögensrechte durch den Staat. In ähnlicher Weise wurden die Rechte für die Kinder gegenüber dem Vater erweitert. Sie erhielten im Preußischen Landrecht das Recht auf freie Religionswahl, auch wenn sie sich noch in der Gewalt des Vaters befanden. Sie erhielten das Recht, im Konfliktfall mit dem Vater ein Gericht anzurufen, und es durfte ihnen keine Ehe aufgezwungen werden, wenngleich die Eheschließung umgekehrt weiterhin der Zustimmung des Vaters bedurfte.

Im Gegensatz zur dargestellten Kinderliteratur wird nun das Verhältnis der Positionen von Vater und Mutter neu bestimmt. Die Pflichten, die Luther noch dem Hausvater vorbehielt (wenngleich sie in seiner eigenen Familie wohl faktisch bereits von Katharina von Bora wahrgenommen wurden), werden in der Spätaufklärung zumindest nun definitiv auf die Frau übertragen. Campe und sein «Väterlicher Rath für meine Tochter» aus dem Jahre 1796 ist ein hervorragendes Beispiel dafür. Die Belastungen der Frau, durch Rechtsregelungen bereits reduziert, konnten nun auch ‹theoretisch› nicht länger als gottge-

Abb. 34: *Die Hausmutter, aus: Franciscus Philippus Florinus, Oeconomus prudens et legalis, Nürnberg 1703*

wollte interpretiert werden. Campe stellte deshalb anstelle der Gottergebenheit in das Schicksal ein Streben nach Glückseligkeit in den Vordergrund: «Was soll der Mensch hienieden? –... Beglückung seiner selbst und Anderer durch eine zweckmäßige Ausbildung und Anwendung aller seiner Kräfte und Fähigkeiten in demjenigen Kreise, in welchem und für welchen die Vorsehung ihn geboren werden ließ» (Campe 1796, S. 8). Der Frau weist Campe in dieser Figuration eine entscheidende Aufgabe zu. Angesichts der Herrschsüchtigkeit, die den Mann von Natur aus kennzeichne, rät er der Tochter Sanftmut, Nachgiebigkeit und Selbstverleugnung. Wenn man bedenkt, daß der Vater der Familie inzwischen fern war (Jean Paul schreibt am Anfang des 19. Jahrhunderts bereits, daß nur noch zwei Väter im Hause anwesend sein können, Landedelmänner und Landprediger), dann muß die Frau an die Stelle des Vaters rücken und seine eigene tugendhafte Vorbildfunktion übernehmen. Das bedeutet aber auch, daß sie tendenziell erwachsen werden muß. In der klassischen Familienkonstellation war sie nicht selten 20 und mehr Jahre jünger als ihr Ehemann und damit den Kindern näher als ihm. Ihre Bevormundung gleich der der Kinder mochte sich anbieten. Wenn nun aber erwachsene, gar männliche, väterliche Verhaltensweisen von ihr verlangt wurden, dann konnte diese Konstellation nicht von Dauer sein. So mag man denn auch die 1851 vorgetragene Auffassung Schopenhauers, daß die «Weiber» «Zeit Lebens große Kinder» (Schopenhauer 1961, S. 651) seien, nur noch als einen späten Nachruf auf eine verlorene Altershierarchie zwischen Vätern und Müttern werten.

Campe jedenfalls ging davon aus, daß die Frau «weise Vorsteherin des inneren Hauswesens» werden müsse. Dabei stand dann aber nicht nur eine Übernahme der männlichen Tugenden der Moral und Sittlichkeit an, sondern die Übernahme von Erziehungsaufgaben und die Herausbildung von Eigenschaften, die man zumindest später gern dem weiblichen Geschlecht natürlicherweise als inhärent bezeichnet hat, so etwas wie Ordnung, Reinlichkeit, Fleiß, Sparsamkeit, Harmoniebereitschaft, Zärtlichkeit usw. Schon 1770 bildet Chodowiecki die Mutter beim häuslichen Unterricht ab (vgl. Abb. 35). Dabei, das ist wichtig, ging Campe übrigens nicht davon aus, daß die Ehe, wie Rousseau sie im «Emile» konzipierte, als Fortsetzung des Liebesverhältnisses zu denken sei. Diese und zahlreiche andere Differenzen der Vaterkonzeption in der deutschen Aufklärung gegenüber der Rousseauschen Auffassung lassen seinen Emile für die Geschichte der Vaterschaft in Deutschland vergleichsweise weniger bedeutsam erscheinen. Für Rousseau ist der Erzieher des Emile nicht der Vater, sondern ein Fremder. Die daraus resultierende, bis in die Nähe der Pädophilie gehende Verbindung zwischen dem Erzieher und ‹seinem› Emile ist für die deutsche Aufklärungspädagogik eher untypisch. Indessen wäre es eine interessante Untersuchung, im Rahmen einer Geschichte der nachaufklärerischen Mutterkonzeption in Deutschland festzustellen, welche Folgen die zahlreiche Rezeption des Rousseauschen Emile durch die «Vorsteherinnen des Hauses» im Campeschen Sinne für deren Erziehung gegenüber ihren Kindern gehabt hat. So wird im 19. Jahrhundert die mutterorientierte Pädagogik Johann Heinrich Pestalozzis besondere Aufmerksamkeit auf sich ziehen (vgl. Kap. 11). Mir scheint, daß die im Emile bisweilen nur mühsam unterdrückte schwüle Erotik zwischen Erzieher und Zögling, übertragen etwa auf das Verhältnis von Mutter und Sohn, Folgen für Männlichkeitsvorstellungen im Deutschland der letzten 150 Jahre gehabt haben dürfte, die seitens

Abb. 35: *Daniel Chodowiecki: Häuslicher Unterricht, um 1770*

psychoanalytisch arbeitender Historiker bisher noch gar nicht beachtet worden sind.

Wenn es in diesem Buch um eine Geschichte des Hausvaters ginge, müßte der Bericht an dieser Stelle abgebrochen werden. Juristisch und im sozialen Alltag der bürgerlichen Familie, wie er sich in der Ratgeberliteratur vom Typ des Campeschen «Väterlichen Rates» darstellt, stellt der Hausvater eine endende Konzeption dar. Alle Gegenbeispiele, die man in der Sozialgeschichte des 19. Jahrhunderts durchaus noch findet, sind Exempel für ein zu jener Zeit historisch bereits überholtes Modell. Wäre man an einer Geschichte der Familienerziehung interessiert, so müßte an dieser Stelle nunmehr der Bericht über die Erziehungsfunktionen der Mutter einsetzen. Eine Geschichte der Mutterschaft wiederum könnte hier beklagen, daß durch die Übernahme familialer Verpflichtungen durch die Frau ihre Abkoppelung vom Bildungs- und Beschäftigungssystem stattgefunden habe. In diesem System, so wird tatsächlich gesagt, sei nur noch der Mann tätig und die Frau wegen ihrer familiären Aufgaben von der höheren Bildung und damit von einem Erfolg im Beruf ausgeschlossen gewesen (vgl. z. B. Leis-Schindler 1983, S. 230). Eine solche Kausalanalyse führt zwar zu richtigen Resultaten in dem Sinne, daß ein Ausschluß der Frauen vom Bildungs- und Beschäftigungssystem tatsächlich unter anderem auf ihre Absorption in der Familie zurückzuführen war. Sie wird indessen der historischen Intention nicht gerecht, sie von den ökonomischen Reproduktionspflichten zu einem Zeitpunkt zu entlasten, zu dem diese mit einem ungleich höheren Kräfteaufwand verbunden waren als die familialen Aufgaben. Wenn Campe im Theophron, dem männlichen Gegenstück zum «Väterlichen Rat», die Familie mit Priorität versieht und dem Knaben diese Familie als Ort empfiehlt, in der er am «treuen, liebevollen Busen der Freundinnen (s)einer Seele von allen (s)einen Sorgen ausruhen, für allen (s)einen Kummer lindernden Balsam finden» könne, dann wird man nicht übersehen können, daß für eine solche Kompensationsfunktion seitens des berufstätigen Mannes offenbar ein Bedarf bestanden haben muß. Das Leben im Beruf, in der Arbeitswelt wurde als ungleich härter wahrgenommen denn dasjenige in der Familie, und insofern scheint es manchem historisch unangemessen, sich nunmehr über die Entlastung der Frau von den Berufsaufgaben zu einem historischen Zeitpunkt zu mokieren, zu dem, am Ende des 20. Jahrhunderts, nicht zuletzt aufgrund der Liberalisierung des gesamten Erziehungswesens, die Aufgaben in der Familie oftmals schwerer zu bewältigen sind als diejenigen im Beruf. Es könnte der Gedanke aufkommen, daß eine solche feministische Argumentation die Frauen zu einer Art notorischen Siegern der Geschichte erklären möchte, die immer dann von der ihnen, berechtigt oder nicht, zugeschriebenen Schwäche profitieren, wenn sich im Gesamt der menschlichen Reproduktion Bereiche ausmachen lassen, in denen das Leben einfacher zu haben ist.

Aber diese Spur führt in einen anderen, hier nicht zur Rede stehenden Diskurs. Immerhin sollte nicht übersehen werden, daß die Übertragung der Verantwortung für die Kinder auf die Frauen nicht nur zum Vorteil dieser Kinder gereichte. Ein Indikator für die so oft apostrophierte Mütterlichkeit, die Elisabeth Badinter zu Recht als frauenfeindlichen Mythos charakterisiert hat, mag der Umgang mit ungewollten und lästigen Kindern gewesen sein. Zieht man dazu exemplarische statistische Unterlagen über Prozesse gegen Kindsmörderinnen heran, so zeigt das 18. Jahrhundert eine sukzessiv steigende Bereitschaft, sich seiner Kinder durch Tötung zu entledigen. Abbildung 36 zeigt eine von Ulbricht vorgelegte Liste der schleswig-holsteinischen Kindsmörderinnen des 18. und frühen 19. Jahrhunderts (vgl. Ulbricht 1990, S. 405 ff), dargestellt als Diagramm (Abb. 36).

Ein anderes Beispiel sind die Statistiken über Findelkinder und ihre Letalitätsziffern jener Zeit (vgl. Abb. 37).

Selbstverständlich sagen diese Zahlen als solche nichts. Sie müssen im Zusammenhang der demographischen Entwicklung, der wachsenden Aufmerksamkeit gegenüber dem Kindsmorddelikt bzw. der Vernachlässigung und der sozialen Zusammenhänge gesehen werden. Aber welche Erklärungen man auch immer insbesondere für die anhaltenden, ja steigenden Zahlen des Kindesmordes durch ihre Mütter finden mag, eines läßt sich nicht übersehen: Die Aufklärungszeit versucht, besonders im Sturm und Drang, um Verständnis für die Mörderinnen zu werben, nicht jedoch um ein solches für die Kinder.

Aber wir befinden uns innerhalb der Überlegung zur Geschichte der Vaterschaft, nicht zu einer solchen der Mutter, der Frau, der Kindestötung. – Wie nimmt diese Geschichte des Vaterkonzepts ihren weiteren Verlauf? – Goethes «Götz von Berlichingen» eröffnet vielleicht paradigmatisch einen Blick auf das 19. Jahrhundert. Denn einerseits enthält dieses Drama die Auseinandersetzung der von Kraft geprägten Ordnung des Mittelalters in der Gestalt des Götz und seiner Anhänger mit der schwächlichen neuen Zeit, die alle Unterschiede beseitigt und für die Götzens leiblicher Sohn Carl steht. Auf dem Totenbett bringt Götz das zum Ausdruck, wodurch die Aufklärung gekennzeichnet ist: die Abschaffung der Nachkommenschaft: «Und ich bin der Letzte». Auf

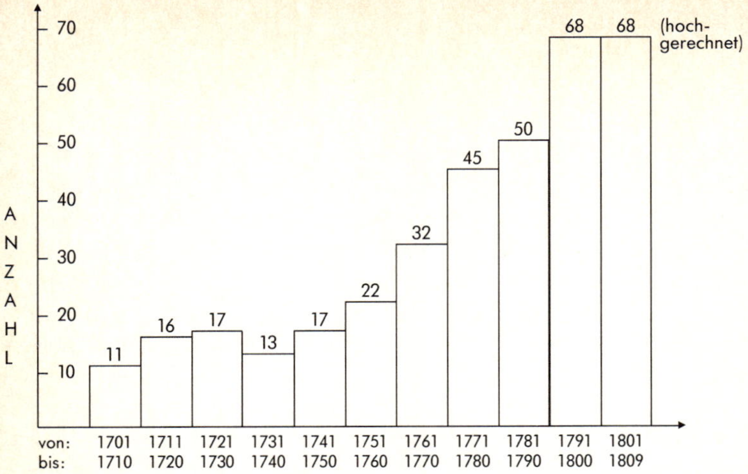

Abb. 36: *Zahl der aktenkundigen Kindsmordfälle in Schleswig-Holstein von 1701 bis 1801*

Findelkinder auf 100 Geburten		**Es starben von 100 aufgenommenen Kindern in den Findelhäusern von**	**%**
Lissabon		Paris 1780	60,0
(1815–1819)	26,28	Wien 1811	72,0
Madrid	25,58	Paris 1817	67,0
Rom		Brüssel 1811	79,0
(1801–1821)	27,90	Brüssel 1817	56,0
Paris		Belgien 1823–1833	54,0
(1815–1821)	20,91	Gent 1823–1833	62,0
Brüssel		Mons 1823–1833	57,0
(1816–1821)	14,68	Bordeaux 1850–1861	18,0
Wien		bei Kindern, aufs Land gegeben	15,0
(1815–1821)	23,43	Dublin 1701–1797	98,0
Petersburg		Petersburg 1772–1784	85,0
(1820)	45,00	Petersburg 1785–1797	76,0
Moskau	27,94	Petersburg 1830–1833	50,5
Grafschaft		Moskau 1822–1831	66,0
Nizza	6,06	Irkutsk	100,0
Savoyen	5,83	Frankreich 1838–1875	50,0
		Dijon 1838–1845	61,0
		Prag 1865	19,6
		bei Kindern, aufs Land gegeben	34,56

Abb. 37: *Häufigkeit und Sterblichkeit der Findelkinder. (Aus: Die gesellschaftliche Wirklichkeit der Kinder in der bildenden Kunst, Berlin 1979, S. 229)*

der anderen Seite vermag es der Götz, Jünger hervorzubringen, die dieses Prinzip der Nachkommenschaft zu ersetzen in der Lage sind. Diese Jünger sind Jünger des im Verlauf der Handlung zum Dichter gewordenen Protagonisten, sie sind Jünger im Geiste, sie sind edler als der leibliche Sohn. Die untergehende Idee der Nachkommenschaft scheint einen Ersatz zu finden: die der Nachfolge. Hier manifestiert sich, was eingangs bereits deutlich wurde. Da im Sinne der Nachfolge virtuell jeder der Vater vieler Jünger werden kann und umgekehrt ein einzelner mehreren ‹Vätern› nachzufolgen in der Lage ist, wird der Vater vervielfältigt, diversifiziert.

Literatur

Benner, D. / Göstemeyer, K.-F.: Postmoderne Pädagogik: Analyse oder Affirmation eines gesellschaftlichen Wandels? In: Zeitschrift für Pädagogik 33 (1987), S. 61–81.

Campe, J. H.: Väterlicher Rath für meine Tochter, Braunschweig 1796.

Filmer, R.: Patriarcha and Other Writings, New York o. J.

Frühsorge, G.: Die Begründung der ‹väterlichen Gesellschaft› in der europäischen oeconomia christiana. Zur Rolle des Vaters in der ‹Hausväterliteratur› des 16. bis 18. Jahrhunderts in Deutschland. In: Tellenbach, H. (Hg.): Das Vaterbild im Abendland I, Stuttgart (u. a.), 1978, S. 110–123.

Goethe, J. W. v.: Götz von Berlichingen mit der eisernen Hand, Frankfurt/M. 1774.

Kersting, Ch.: Prospekt fürs Eheleben. Joachim Heinrich Campe: Väterlicher Rath für meine Tochter. In: Schmidt-Linsenhoff, V. (Hg.): Sklavin oder Bürgerin? Französische Revolution und Neue Weiblichkeit 1760–1830, Ausstellungskatalog, Historisches Museum Frankfurt/M. und Marburg, Marburg 1989, S. 373–390.

Kinderbiographie bis an die Jahre ihres Bestimmungsstandes, Altenburg 1783.

Koselleck, R.: Die Auflösung des Hauses als ständischer Herrschaftseinheit. Anmerkungen zum Rechtswandel von Haus, Familie und Gesinde in Preußen zwischen der Französischen Revolution und 1848. In: Bulst, N. u. a. (Hg.): Familie zwischen Tradition und Moderne, Göttingen 1981, S. 109–124.

Leis-Schindler, I.: Die Ehe als gottgewollter Stand. Die Bedeutung der Ehe- und Hausstandslehre Martin Luthers für die Entwicklung bürgerlicher Familienleitbilder vom 16. bis 18. Jahrhundert. In: Universität des Saarlandes: Martin Luther, 1483–1983, Saarbrücken 1983, S. 203–241.

Lloyd, G.: Das Patriarchat der Vernunft. «Männlich» und «weiblich» in der westlichen Philosophie, Bielefeld 1985.

Mitterauer, M.: Die Entwicklung zum modernen Familienzyklus. In: Mitterauer, M./Sieder, R. (Hg.): Vom Patriarchat zur Partnerschaft, München 1984, S. 64–91.

Moritz, K. Ph.: Anton Reiser, Stuttgart 1980.

Rousseau, J. J.: Emile oder Über die Erziehung, Stuttgart 1980.

Salzmann, Chr. G.: Conrad Kiefers ABC und Lesebüchlein oder Anweisung auf die natürlichste Art das Lesen zu erlernen, Ulm 1798.

Schiller, F. v.: Don Carlos Infant von Spanien, Hamburg/Altona 1808.

Schopenhauer, A.: Parerga und Paralipomena, Bd. 2. In: Ders.: Sämtliche Werke, Bd. 6, Wiesbaden 1961.

Ulbricht, O.: Kindsmord und Aufklärung in Deutschland, München 1990.

Wais, K. K. T.: Das Vater-Sohn-Motiv in der Dichtung, Berlin/Leipzig 1931.

Wild, R.: Die Vernunft der Väter. Zur Psychographie von Bürgerlichkeit und Aufklärung in Deutschland am Beispiel ihrer Literatur für Kinder, Stuttgart 1987.

11. Bürgerliches Vaterleitbild und proletarische Vaterabwesenheit

Die Diversifikation der Ersatzväter im 19. Jahrhundert

Die Ersetzung der leiblichen Vaterschaft durch eine geistige – diese bei Goethe aufgefundene Figur wird im 19. Jahrhundert sicher zu einer realen Erscheinung. Dieses gilt für soziale Lebensverhältnisse, in denen der Gedanke der intellektuellen Nachfolge wertgeschätzt werden konnte, weil die Sorge um das tägliche Brot nicht im Lebensmittelpunkt stehen mußte. Für den Teil der Bevölkerung aber, der im Verlauf des 19. Jahrhunderts zum zahlenmäßig größten wird, konnte die Idee der mentalen Nachfolge nicht an die Stelle leiblicher Vaterschaft treten. Seine Rolle blieb unausgefüllt. Seine Funktionen übernahmen andere. Jedoch, und das ist das charakteristische Merkmal des 19. Jahrhunderts, die in ihrem Selbstverständnis vielleicht fortschrittliche Konzeption bürgerlicher Vaterschaft färbte nicht auf die familiale Wirklichkeit der Elendsschichten ab, sondern es gab, wenn überhaupt, dann eher einen umgekehrten Prozeß. Die Instanzen, die dem Proletariat Vaterschaft (und auch Mutterschaft) zu ersetzen suchten, beschränkten sich nicht auf eine Okkupation des väterlichen Feldes in der untersten sozialen Schicht, sondern das mit diesen Instanzen gegebene Instrument staatlicher Kontrolle über die Familie und über den einzelnen fand seinen Einsatz im Laufe der Zeit, wenngleich mit Modifikationen, in der gesamten Bevölkerung. In einer überspitzten, indessen durchaus ernstzunehmenden Abwandlung des berühmten Wortes von Karl Marx ließe sich deshalb sagen, daß das Bürgertum mit seiner spezifischen Vaterkonzeption seinen Gegensatz, die Vaterlosigkeit, über die soziale Ausbeutung des Proletariats gewissermaßen selbst herangezogen hat.

Man wird diese Dynamik nur zureichend verstehen, wenn man sich die sozialen und weltgeschichtlichen Umstände vor Augen führt, unter denen die Idee der Vaterschaft sich behaupten sollte. Dabei ist der weltgeschichtliche Gesichtspunkt umstandslos gar nicht mehr einzuholen. Der Blick muß sich auf Deutschland, genauer auf Preußen, beschränken, weil die hier entstehende Staatstätigkeit mit den Folgen der Aufklärung unlösbar verknüpft ist und sie gleichzeitig zum Muster späterer Wandlungen in großen Teilen Europas wird. Man wird dabei allerdings nicht übersehen dürfen, daß der kulturelle Raum des sich im 19. Jahrhundert arrondierenden deutschen Reichs in der Geschichte der Vaterschaft dennoch insofern eine Sonderstellung einnimmt, als daß der Staatsmonopolismus in breiten Feldern des Sozial- und Erziehungswesens in dieser extremen Form zu jener Zeit einzigartig geblieben sein dürfte. Das 19. Jahrhundert ist in diesem Raum zunächst einmal eine Phase der Stabilisierung des deutschen Bewußtseins, nicht unbeeinflußt durch Herder und seine Vorstellung vom unbewußt schaffenden «Volksgeist», von dem er sich eine «Beförderung der Humanität» versprach. Die so durch ihn, aber auch durch Johann Gottlieb Fichte, Friedrich Daniel Ernst Schleiermacher, Heinrich Kleist und viele andere aufklärerisch legitimierte nationale Bewegung macht den ihr zugrunde liegenden Gedanken einer geistigen Kulturgemeinschaft, einer völkischen Schicksalsgemeinschaft und gleichzeitig einer politischen Gemeinschaft buchstäblich salonfähig. Aus demselben aufklärerischen Geist, noch unter der Herrschaft Napoleons, der gelegentlich als ‹Einiger des deutschen Volkes› bezeichnet wird, entsteht gleichzeitig eine Binnenreform in Deutschland, die ihren Anstoß zwar der Französischen Revolution verdankt, aber, wie so oft in Deutschland, als ‹Revolution von oben› nicht ohne Halbheiten bleibt. Immerhin fällt in diese Phase bereits die Gründung der Berliner Universität als auffälligster Ausdruck der neuhumanistischen Bildungsreformen, inauguriert durch Wilhelm von Humboldt und Karl August Hardenberg. Wichtiger für die Geschichte der Vaterschaft ist an diesen Reformen indessen die Entstehung der staatlichen Gymnasialordnung von 1812 und die Reform der Volksschule unter dem Einfluß Pestalozzis (1746–1827).

Die Befreiungskriege zwischen 1813 und 1815 tun ein übriges, um nicht nur die politische Kohäsion der deutschen Staaten etwa im Deutschen Bund (1815–1866) zu intensivieren, sondern sie stärken das nationale Selbstbewußtsein und mit ihm das Vertrauen in eine staatliche Organisation, ohne die die Befreiung von französischer Vorherrschaft schwer denkbar ist. Nationalismus, der im Sinne des Vaterlandsgefühls besser als Patriotismus gekennzeichnet ist, und Konservatismus, der an einer patriarchalisch-ständischen Ordnung festhalten will und sich, etwa in der Gestalt des konservativen Denkers Friedrich August Ludwig von der Marwitz, gegen die preußischen Reformen richtet, bilden eine Gemengelage, in der das Konzept des Vaters eigentlich mißbraucht wird für eine Vorstellungswelt, die bei dem Gedanken an den Vater eher das Vaterland, den Monarchen, den Staatsapparat, eben die Obrigkeit assoziiert als einen leibhaftigen, gar liebenden Vater der Kinder. Insofern darf es nicht verwundern, wenn die freilich viel später erfolgreichen Demokratisierungsbestrebungen gewissermaßen im Umkehrschluß sich nicht nur gegen autoritäre Staatsvorstellungen wenden, sondern im Zusammenhang damit auch gegen den leiblichen Vater, der diesen Vorstellungen nolens volens seinen Namen abgetreten hat. Obgleich bereits im zweiten Jahrzehnt des 19. Jahrhunderts in der Gestalt der Tagelöhner die Entstehung einer Art von Proletariat erkennbar wird, gilt diese Frontstellung noch nicht für die Zeit des Vormärz zwischen 1830 und 1848, sondern erst in der zweiten Hälfte des Jahrhunderts. Die Denker und Autoren des Vormärz, so Heinrich Heine oder Karl Gutzkow, können indessen als die literarische Vorhut einer Wirklichkeit angesehen werden, in der sich die gegen die Obrigkeit gerichtete Vaterfeindschaft auf die Familie überträgt. Aber das bleibt zunächst Literatur. Die Märzrevolution von 1848, die nächste deutsche Halbherzigkeit, ist nicht geeignet, die Strukturen des Obrigkeitsstaates zu zerschlagen. Das Ende der Nationalversammlung 1849 signalisiert letztlich ein Mißlingen der Revolution, zu welchem der Gehorsam des Heeres und des Beamtenstandes den wesentlichsten Beitrag geleistet hat. Die Geschichte öffnet sich für eine zweite patriotische Welle in der Zeit zwischen 1850 und 1862. Dazu leisten nationalkonservative Historiker wie Johann Gustav Droysen oder Theodor Mommsen ebenso ihren Beitrag wie die zahlreichen Sänger-, Turn- und Schützenvereine, die das ‹gemeine Volk› patriotisch orientieren.

Aber die patriotisch-konservative Macht hat auch ihr Gegenteil. Der Sozialismus entfaltet sich als Idee, teilweise im Rückgriff auf Utopien des 17. Jahrhunderts. Er findet eine ‹wissenschaftliche› Begründung in Marxens «Das Kapital» (ab 1867). Diesem zentralen Werk war 20 Jahre zuvor das «Kommunistische Manifest» vorangegangen. Sein Vereinigungsaufruf an die Proletarier aller Länder blieb nicht ohne Wirkung für die Entstehung einer Arbeiterbewegung, zu deren Erfolgen im letzten Drittel des 19. Jahrhunderts an erster Stelle eine Sozialgesetzgebung gehört, die weltweit unübertroffen bleiben sollte. Der sozialistische Gedanke indessen hebt der Natur seiner Sache nach nicht auf Über- und Unterordnungsverhältnisse ab. Sie sind gerade sein Gegenstück, sein Auslöser in der Gestalt, wie der obrigkeitliche Staat sie greifbar macht. Die sozialistische Idee greift mit dem 1832 in Frankreich entstehenden Begriff des Genossen auf die Idee der Brüderlichkeit zurück, die ihre Emphase eben nicht aus der Relation zwischen Vätern und Söhnen oder Töchtern bezieht, sondern in ihrer Metaphorik bereits das Generationenverhältnis übergeht und damit eine Interaktionsform favorisiert, die sich innerhalb derselben Generation abspielt. Auf der Ebene dieser Metaphernwahl darf der aus der Brüderlichkeitsforderung entlehnte Gedanke des Genossentums also als das entscheidende Gegenstück zur Vaterkonzeption als organisierender Metapher verstanden werden.

So erfolgreich die sozialistische Bewegung, zwar nicht im Sinne ihres revolutionären Anspruchs, so doch sozialreformatorisch, auch ist, welt- oder zumindest europapolitisch obsiegt die Idee des vaterländischen Staates. Die nationale Einigung zwischen 1866 und 1871, die durch den entscheidenden Sieg der Preußen 1866 bei Königgrätz möglich wurde, bestätigt, so gesehen, noch einmal die vaterländisch mißbrauchte Metapher der Vaterkonzeption. In dem berühmt gewordenen Ondit, daß nicht Helmuth von Moltke, sondern der preußische Volksschullehrer die Schlacht bei Königgrätz gewonnen habe, spiegelt sich aber bereits die Tatsache, daß die ideologische Leistung dieser Vaterkonzeption den leibhaftigen Vätern schon gar nicht mehr zugeschrieben wird, sondern den Ersatzvätern, welches jene Volksschullehrer inzwischen geworden sind. Wenn man berücksichtigt, daß die charakteristische Politik des 1871 entstehenden Deutschen Reichs, die Politik der Gleichzeitigkeit schärfster Sozialistenverfolgung und nachgiebiger Sozialgesetzgebung durch Otto v. Bismarck geprägt wurde, dann ist mit seiner Entlassung 1890 jene Epoche im Grunde zu Ende, die man als *das* 19. Jahrhundert bezeichnen will. Die nach ihm einsetzende, sich auf die Außenpolitik konzentrierende Entwicklung hinterläßt innenpolitisch, was die Frage der Vaterschaft betrifft, gewissermaßen ein Vakuum, welches durch die aufkommende Jugendbewegung gefüllt wird, deren Auswirkungen jedoch erst für das 20. Jahrhundert bedeutsam werden.

Betrachtet man die Entwicklungsdynamik des 19. Jahrhunderts unter wirtschaftlichen Gesichtspunkten, so fällt zunächst auf, daß um

1800 das Gebiet des Deutschen Reichs im wesentlichen durch Landwirtschaft gekennzeichnet war. Zwei Drittel bis vier Fünftel der Bevölkerung lebte auf dem Lande. Die Abhängigkeit der gesamten Regionen von der Landwirtschaft war erheblich. Durch klimatische Ereignisse wurden immer wieder Hungersnöte hervorgerufen, so noch 1815/16 und 1847. Im vierten Jahrzehnt des 19. Jahrhunderts beginnt die erste Phase einer nachhaltigen Industrialisierung, die durch die Entstehung von Großbetrieben geprägt war. Das rapide Bevölkerungswachstum (von 1816 bis 1864 stieg in den Gebieten des späteren Deutschen Reiches die Bevölkerung von ca. 23 auf ca. 38 Millionen Einwohner) erlaubte es nicht, einen gleichbleibenden Bevölkerungsanteil in der Landwirtschaft zu beschäftigen. Die Tatsache, daß die frühe Industrialisierung, die zunächst, wie aus den berühmten Schilderungen des Elends der Weber bekannt ist, mit erheblichen sozialen Einbrüchen erkauft wurde, die einzig mögliche Basis für die Versorgung der steigenden Bevölkerungszahlen war, wird oft übersehen. Erst zur Jahrhundertmitte beginnt die veränderte ökonomische Entwicklung sozial positive Wirkungen zu zeitigen. – Zunächst und dieses weit über das zweite Drittel des 19. Jahrhunderts brachte die notgedrungene geographische und berufliche Umstellung großer Bevölkerungsteile eine Zerstörung der über Jahrhunderte etablierten sozialen Ordnung mit sich, die sich unter anderem über die veränderten Arbeitsgewohnheiten massiv auf die Gestaltung des Familienlebens auswirkte, soweit man von diesem überhaupt noch reden konnte. Seit der Mitte des Jahrhunderts machte der neue Stand, das ‹Proletariat›, etwa die Hälfte der gesamten Bevölkerung aus, so daß man tatsächlich von einer polarisierten Gesellschaft ausgehen kann (zur ökonomischen und sozialgeschichtlichen Lage in Deutschland vgl. Jeismann 1987).

Dieser ökonomische und soziale Riß durch die Bevölkerung trennte auch die Konzeptionierung von Familie, Kindheit, Jugend und Elternschaft. Folgt man der Darstellung Ulrich Herrmanns (vgl. 1987 und die Schematisierung in Abb. 38), so steht auf der einen Seite eine soziale Wirklichkeit, in der das Familienleben auf den Erziehungs- und Heranwachsensprozeß der Kinder hin orientiert ist. Auf der anderen Seite steht der Teil der Bevölkerung, für die Kinder so lange eine unbequeme Last sind, wie sie zum ökonomischen Reproduktionsprozeß der Familie durch ihre Arbeit keinen Beitrag erbringen können. Diese Ausgangslage erlaubt eine deutliche Differenzierung. In der Schicht der

Beamten, der Akademiker, der bürgerlichen Intelligenz und sukzessive auch des Adels, der sich den bildungsbürgerlichen Vorstellungen anzupassen sucht, begegnen wir der ‹intimisierten Privat-Familie›. Die Kindheit in diesen Familien ist dadurch gekennzeichnet, daß ihr eine große Aufmerksamkeit gewidmet wird. Den Kindern wird ein ihnen gemäßer Lebensraum bereitgestellt. Sie verfügen über ein Kinderzimmer, über Spielsachen, über Kinderliteratur. Dort, wo nicht mehr ein Hauslehrer engagiert wird, besuchen sie regelmäßig die Schule, die zu diesem Zeitpunkt in ihren Erziehungsvorstellungen in vollkommener Übereinstimmung mit den elterlichen Erziehungsintentionen und -stilen steht. In dieser Schicht entsteht eine Einstellung gegenüber dem Kind, die am Ende des 19. Jahrhunderts zu seiner Deifizierung führt, wie sie unter anderem bei Maria Montessori und Ellen Key einen fragwürdigen Höhepunkt findet.

Das Leben der Jugendlichen ist wie das der Kinder in den familialen Zusammenhang und den der anderen Jugendlichen eingebunden. Die Jugendzeit kann hier, so stellt Herrmann es dar, als «psycho-soziales Moratorium» wirksam werden, sie muß es aber auch. Die Nähe der Kinder und Jugendlichen zu ihren Eltern verlangt psychodynamisch geradezu nach einer Ablösungsmöglichkeit, für die Freundschaftsbünde nur ein Beispiel unter anderen darstellen. Der Konflikt mit der Autorität der Eltern, eher des Vaters, ist durch diese Konstellation gewissermaßen vorprogrammiert. Die Ablösung vom Elternhaus wird durch einen Autoritätskonflikt erleichtert. – Elternhaus bedeutet Vater und Mutter, die in einer Neigungsehe miteinander verbunden sind, in der eine emotionale Dimension zumindest virtuell vorausgesetzt wird. Während der Vater in erster Linie für die Alimentation und die soziale Allokation der Familie im sozialen Gefüge verantwortlich ist, obliegt die interne Organisation der Mutter, deren Verhalten im Erziehungsprozeß weniger durch Autorität als durch liebevolle Zuwendung gekennzeichnet werden kann. Ihre Funktion im Verhältnis zum ‹Außen› verleiht der Familie dort, wo die Tätigkeit des Vaters ihr einen sozialen Rang zuweist, einen kulturellen Platz.

Sozial und historisch ist die intimisierte Privatfamilie gewissermaßen die Erbin der tradierten Konzeption des ‹ganzen Hauses›, welches durch die juristische und faktische Gewalt der patria potestas organisiert war. Großbauern, Landadel sowie das handel- und gewerbetreibende Bürgertum führen, weil hier der Haushalt noch nicht von dem

Wirtschaftsbetrieb getrennt ist, die Tradition des ganzen Hauses, wenngleich in geringer werdender demographischer Bedeutung, durch das 19. Jahrhundert bis in das 20. hinein fort. Obgleich die Angehörigen dieser diversen Schichten entstammenden Berufsgruppen derselben sozialen ‹Hälfte› der Bevölkerung zugehören wie die Beamten, Akademiker und das Bildungsbürgertum, unterscheidet sich das Aufwachsen der Kinder und Jugendlichen in diesen Häusern beträchtlich. Herrmann sieht hier Reste der patriarchalischen Organisationsform erhalten. Diese Großfamilie, deren realhistorische Existenz in der geschichtlichen Tradierung sicher nicht ohne mythischen Überschuß geblieben ist, findet strukturell ihre Eigenart in der Tatsache, daß die Familie äußert heterogen zusammengesetzt ist. Die Menschen, die das ‹Haus› bevölkern, gehören verschiedenen Generationen, verschiedenen sozialen Schichten, verschiedenen Lebensphasen und Geschlechtern an. In dieser Familie kann, je nach Ablauf des Arbeitsprozesses, im Prinzip jeder zum Erzieher des anderen werden, so daß dieser Typus aus der Polarisierung von bürgerlicher und – letztlich – proletarischer Aufwachsensweise herausfällt.

Die kleinen Bauern, Handwerker und das spätere Industrieproletariat stellen zunächst eine Arbeits- und Produktionsgemeinschaft dar, in der das Familienleben keine tragende Rolle spielt. Im späteren historischen Prozeß geht selbst die Arbeits- und Produktionsgemeinschaft für das Proletariat verloren, wenn man etwa daran denkt, daß bereits um 1850 Arbeiter in Massenlagern ‹gehalten› wurden. Die Eltern dieser Kinder sind, Mann und Frau, gezwungen, den Lebensunterhalt für sich und die Kinder gemeinsam zu verdienen. Die Kinder sind dabei eine Last als vielzählige Esser wie auch als Wesen, die die Mutter von ihrem Beitrag zum Erwerb des Familienunterhalts abzuhalten drohen. Deshalb wachsen sie so früh wie möglich auf der Straße und in Kindergruppen auf, die sich wildwüchsig aus den verwahrlosten Kindern herausbilden. Sobald die Kräfte der Kinder es erlauben, werden sie zur Arbeit herangezogen. Erst 1839 erfolgt in Preußen ein Verbot der Kinderarbeit für Kinder unter neun Jahren. 1854 wird die Grenze mit zwölf Jahren angesetzt. Wenn an den Kindern irgend etwas ‹wertvoll› ist, dann ist es nicht ihr Kindsein, sondern die an ihnen heranwachsende Arbeitskraft, die die Familie bei hinreichender Kinderzahl sukzessive besserstellt. Aus diesem Grund wird die Ablösung der Kinder aus dem elterlichen Zusammenhang der Produktionsgemeinschaft nicht gern gesehen. Der Sohn, die Tochter, die eine Familie gründet, entfällt als Arbeitskraft. Abgesehen von dieser Tatsache sind die Reibungsflächen zwischen Eltern und Kindern aber nicht grundsätzlicher Natur. Die Jugendlichen, die eine Jugend im Sinne einer zum Erwachsenenalter hinführenden Lebensphase nicht durchlaufen, sind früh selbständig und der Gemeinschaft mit den Eltern und den jüngeren Kindern entwachsen. Eine jugendeigene Brauchtumskultur, so meint Herrmann, kann gewissermaßen als Pendant zu den Freundschaftsbünden der Bürgerjugendlichen verstanden werden, wenngleich sie eine ganz andere Funktion, nämlich eher die der Selbstinitiation Jugendlicher für das Erwachsenenleben, haben, die für das 20. Jahrhundert unterschiedslos zum Kennzeichen wird.

Die Väter und Mütter dieser Kinder lebten in einer Ehe, die weniger durch emotionale Zuneigung als durch Sachzwänge gekennzeichnet war. Nicht anders als in der Bürgerfamilie war auch hier der Vater für die Alimentation der Familie zuständig und verrichtete körperliche Schwerstarbeit. Dieses galt indessen auch, jetzt abweichend von der Bürgerfamilie, für die Frau. Für die in dieser Schicht befindlichen Männer und Väter war diese Tatsache, wie Jürgen Kuczynski schreibt, eine arge Demütigung. So gehörte es zu den erstrebenswertesten Zielen der gelernten Arbeiter, daß ihre Frauen nicht ‹auf Arbeit gehen› mußten. Diese Einstellung, die sich bis ins zweite Drittel des 20. Jahrhunderts hielt, ist vor dem Hintergrund des heutigen Selbstverständnisses vieler Frauen in kurioser Weise aporetisch. Während nämlich die Männer jener Schicht ihre eigenen Kräfte überstrapazierten, um ihre Frauen vor der Lohnarbeit zu schützen, wird ihnen heute, unter veränderten Arbeitsanforderungen, dieses Schutzverhalten als autoritäre Bevormundung und Behinderung der Selbständigkeit vorgeworfen. Wenn daraus für den einen oder anderen männlichen Zeitgenossen der Gedanke erwächst, daß die Frauen sich historisch offenbar immer den leichteren Part suchen, den als Familienerzieherin, wenn die Alternative der Untertagebergbau ist oder die der Angestelltentätigkeit, wenn die öffentlichen Anforderungen an die familiale Erziehung übergroß werden, dann mag das die Verhärtung der Positionen in der Geschlechterauseinandersetzung des ausgehenden 20. Jahrhunderts ver-

Abb. 38: *Familie, Kindheit, Jugend und Elternschaft im 19. Jahrhundert (vgl. Herrmann 1987)*

Soziale Schicht	**Großbauern, Landadel, handel- und gewerbetreibendes Bürgertum**	**Beamte, Akademiker, bürgerliche Intelligenz, Adel gleicht sich an, u. a. Beamtenadel**	**Bauern, Handwerker später: Proletariat**
Familie	das ganze Haus	intimisierte Privatfamilie Neigungsehe	Arbeits- und Produktionsgemeinschaft ohne Familienleben Sachzwangehe
Kindheit	generationelle, lebensphasenspezifische, soziale Durchmischung	Familien-/Schulkindheit kindgemäßer Lebensraum: Kinderzimmer, Spielsachen, Kinderliteratur Schule: Übereinstimmung mit elterlichem Erziehungsstil Deifizierung des Kindes	Straßen- und Kinderkindheit Straßen-Sozialisation, Verwahrlosung Kinderarbeit Wertschätzung als Arbeitskraft
Jugend		Familien- und Schuljugend Freundschaftsbünde Schulpflicht für Jungen Schulbildung für Mädchen (später) Autoritätskonflikte	Arbeiterjugend, junge Leute ohne Jugend Jugendeigene Brauchtumskultur Lohnarbeit mit 12 bis 14 Jahren Konfliktlosigkeit durch frühe Verselbständigung
Vater Mutter	patriarchalisch	Alimentation sozialer Rang, Autorität interne Organisation kultureller Rang; Liebe	Alimentation, körperliche Schwerstarbeit, Autorität qualifizierte Arbeit

ständlicher machen. Dort, wo es keine Gefahren mehr gibt, vor welchen Frauen zu beschützen sind, hat der Beschützer seine Funktion verloren. Der Beschützer kann gehen oder sich partnerschaftlich am harten Geschäft der Kindererziehung beteiligen. Man kann das alles natürlich auch umgekehrt deuten: Unterstützte die Frau den Mann durch ihre eigene Arbeit in dessen Alimentationspflicht, so ist er ihr, historisch, heute die Unterstützung bei den Aufgaben in Haushalt und Familie schuldig.

Was die Stellung des Vaters auch bei den Angehörigen der Unterschicht betrifft, so darf trotz weitestgehender Vaterabwesenheit nicht davon ausgegangen werden, daß diese unautoritär gewesen wäre. Dieses war, man darf das jenseits der Frage sozialer Schichtung nicht aus dem Auge verlieren, weniger eine Frage des sozialen Rangs als eine Frage des Altersabstandes. In den unterschiedlichen Anredeformen spiegelt sich das sehr deutlich. Das Du wurde zwischen Gleichaltrigen und von Älteren gegenüber Jüngeren verwendet. Die ältere Generation wurde demgegenüber ohne Rücksicht auf die gesellschaftliche Stellung mit dem Namen beziehungsweise mit ‹Vater› oder ‹Mutter› und der dritten beziehungsweise zweiten Person Plural angeredet (vgl. Kuczynski 1981, Bd. 3, S. 288). Vielleicht war dieses der letzte greifbare Rest des Tradierungs- und Vererbungszusammenhangs, der die Ehrung der älteren Generation einst erforderlich gemacht hatte.

Man hätte sich vorstellen können, daß die Polarisierung der Bevölkerung auf der Ebene der Familien Anlaß dazu hätte sein mögen, schon unter den Gesichtspunkten des Gleichheitsdiskurses, die defizienten proletarischen Familienverhältnisse durch geeignete soziale Maßnahmen den bürgerlichen anzupassen. Dieses war, in der Tat, die mehr oder minder freiwillige, die mehr zwangsläufige Politik des Staates. Vom Standpunkt des radikalen Kommunismus aus gesehen, war diese Vorstellung indessen inakzeptabel. Schon 1848 schrieben Marx und Engels: «Die bürgerlichen Redensarten über Familie und Erziehung, über das traute Verhältnis von Eltern und Kindern werden umso ekelhafter, je mehr infolge der großen Industrie alle Familienbande für die Proletarier zerrissen und die Kinder in einfache Handelsartikel und Arbeitsinstrumente verwandelt werden» (MEW, Bd. 4, S. 478). Die bürgerliche Familienvorstellung auf die proletarische zu übertragen, dagegen gab es gewichtige Argumente. So schrieb Engels: «Die moderne Einzelfamilie ist gegründet auf die offene oder verhüllte Haussklaverei der Frau.» – «Mit dem Übergang der Produktionsmittel in Gemeineigentum hört die Einzelfamilie auf, wirtschaftliche Einheit der Gesellschaft zu sein. Die Privathaushaltung verwandelt sich in eine gesellschaftliche Industrie. Die Pflege und Erziehung der Kinder wird öffentliche Angelegenheit» (MEW, Bd. 21, S. 75 u. 77). Diese Argumentation schien schlüssig, und sie konnte sich virtuell der Zustimmung der einen Bevölkerungshälfte, der Frauen, sicher sein. Sie verrät im übrigen kurz und prägnant, warum die bürgerliche Familie für die Entfaltung des Kommunismus ein Hindernis darstellte, das unbedingt überwunden werden mußte. Nur wenn es gelang, die Familie als eine bürgerliche Einrichtung erscheinen zu lassen, bestand die Chance, diese als Basis des autoritären Staates und als kleinste, vor allem individuell organisierte wirtschaftliche Einheit zu zerstören. Ein bürgerliches Familienleben mit einem nach sozialem Rang und Wohlstand strebenden Vater sowie einer Aufzucht und Allokation der Kinder in derselben Schicht ermöglichenden Erziehung durch die Mutter ließ sich mit einer Vorstellung von radikaler Gleichheit und Freiheit von Hierarchie in einer letztlich staatlosen Gesellschaft nicht zur Deckung bringen. Der Preis, der für die beabsichtigte Abschaffung der Familie zu bezahlen war, mußte nur den Bürgern hoch erscheinen; das Proletariat hatte ihn, gewissermaßen ohne Gegenleistung, bereits bezahlt: die Delegation der Aufzucht der Kinder und damit der Verzicht auf die daraus zu gewinnende Emotionalität. In dieser doppelten Liquidierung der Vaterkonzeption als Familienvater und als Vater Staat erschöpfte sich zumindest die Marxsche Demontagebemühung nicht. Für ihn war, wie Stichweh herausgearbeitet hat (vgl. 1978), darüber hinaus der Vatergott eine Figur, die der Durchsetzung seiner Vorstellungen hinderlich war. Die Idee der Autonomie des Menschen wurde, das war seit der Aufklärung natürlich Gemeingut, durch den Vater verstellt wie übrigens auch, geradezu im Gegensatz dazu, durch die Konzeption der Vernunft. Marx hielt sie für parteiisch und damit als – a priori – organisierende Kategorie für entschieden un-universal.

Mit anderen Worten: Die kommunistische, die sozialistische Vorstellung von der Familie versuchte gar nicht erst, die defizienten Verhältnisse im Proletariat zu verbessern, sondern die Zwangsläufigkeit der Familienabwesenheit gewissermaßen zur Norm zu machen und eine staats-, gott- und vaterlose Kultur zu konzeptionieren. Man muß sich diesen Zusammenhang deutlich vor Augen führen, wenn man die schlußendliche Zerstörung des Vaterkonzepts im 20. Jahrhundert analysiert. Alle antipatriarchalen oder auch nur vaterfeindlichen Vorstellungen und Aktivitäten sind geistesgeschichtlich aus dem Zusammenhang der kommunistischen Idee nicht wieder herauszulösen. Das bedeutet zwar nicht kurzschlüssig, daß Vaterfeindlichkeit zum Sozialismus führt, aber umgekehrt war eine sozialistische Gesellschaft unter Beibehaltung bedeutsamer Vaterschaft (wie übrigens auch: Mutterschaft) nicht denkbar.

Die geschichtliche Entwicklung ging im 19. Jahrhundert diesen Weg – noch – nicht. Aus der latenten Vaterlosigkeit der ‹anderen› Hälfte der Bevölkerung, des Proletariats, zog der Staat nicht die Konsequenz einer radikalen Abschaffung der Familie und damit des Vaters, sondern er schuf verschiedene Formen des Vater-(und des Mutter)ersatzes.

Vielleicht am greifbarsten wurde die Elternabwesenheit dort, wo die Proletarierkinder auf der Straße zu verwahrlosen drohten. Aus dieser Beobachtung entspringt die Motivation für die Gründung zahlreicher Kinderbewahranstalten, wie man es in der «Verordnung der königlichen Regierung zu Liegnitz» aus dem Jahre 1848 lesen kann:

«Bei der oft so mangelhaften häuslichen Erziehung der Kinder, besonders jener aus den arbeitenden Volksklassen und hier namentlich derer, welche die Schule noch nicht besuchen, geschieht es nur zu häufig, daß die Kleinen aus Mangel an Aufsicht der Verwilderung anheimfallen, daß sie sich selbst körperlich beschädigen und auch den Ihrigen oder anderen Personen zu Schaden gereichen. Diesen Übeln nun kann im Ursprunge schon am sichersten durch die Errichtung von Kinderbewahr-Anstalten begegnet werden, ... Anstalten, in denen Kinder vom vollendeten zweiten bis zum sechsten Lebensjahre zweckmäßig beaufsichtigt, geleitet und beschäftigt werden. Doch ist den Kinderbewahr-Anstalten wegen ihres so augenfällig wohlthätigen Einflußes eine weitere Verbreitung nicht bloß in den Städten, sondern auch in den Dörfern zu wünschen, und wir halten uns für verpflichtet, diese Anstalten der rettenden und schützenden Liebe von neuem zur Sprache zu bringen und auf die großen Vortheile derselben hinzuweisen. Diese Vortheile bestehen darin, daß Eltern, welche ihrem Gewerbe nachgehen müssen, dies unbesorgt um ihre kleinen Kinder thun können und nicht genöthigt sind, dieselben, wie so häufig geschieht, einzuschließen oder dem Zufall und somit wie die Erfahrung lehrt, vielen Unglücksfällen Preis zu geben, oder ihre größeren Kinder der Schule zu entziehen, damit sie die Kleinen warten, was noch dazu in mehrfacher Hinsicht große Bedenklichkeiten hat. Auch dürfte es als ein wahrer Segen zu betrachten sein, daß durch die genannten Anstalten die Kinder unmoralischer Eltern den nachtheiligen häuslichen Einflüssen mehr entzogen, dem Schmutze und der Rohheit entwöhnt, von dem so verderblichen Betteln abgehalten und daß die Kinder aller Eltern für den Eintritt in die Schule am angemessensten vorbereitet werden» (zit. n. Neumann 1987, S. 140f).

Die Kinder in solchen Einrichtungen vor der Verwahrlosung zu schützen, das war nicht nur eine kinderfreundliche Orientierung. Sie war immer auch verknüpft mit der Sorge um die Entstehung einer sozialen Klasse, die für die etablierte Gesellschaft letztlich bestandskritisch sein konnte. So konnte man 1830 lesen (vgl. Diesing, S. 14), daß die Verwahrlosung der Kinder schon früh «den kaum vertilgbaren Grund zu jenem zügellosen Charakter (lege), der sie in späterer Zeit zum Fluch und Schrecken einer geordneten bürgerlichen Gesellschaft macht». Und wenn Theodor Fliedner 1848 mit seinen Aktivitäten gegen die «Rohheit, Zügellosigkeit, Faulheit, Unreinlichkeit und Unsittlichkeit» vorging, dann hatte er dabei sogar einen für die Geschichte der Vater- wie der Elternschaft bemerkenswerten Hintergedanken: Er erhoffte sich nämlich einen günstigen Einfluß auf die Erziehung der Eltern über die Erziehung der Kinder. Das alte Motiv von dem Kind als dem Vater des Vaters wird hier auf erzieherische Weise perpetuiert. Der Vater ist nicht dadurch erst Vater, daß er ein Kind gezeugt hat, sondern er wird es erst dadurch, daß dieses ihn erzieht. Diese Veränderung der ursprünglichen Motivation für die Aufbewahrungsanstalten, deren erste übrigens 1802 durch Pauline zu Lippe-Detmold gegründet wurde, gibt dem gesamten Kindergartenwesen eine andere Richtung. Im Verlauf des 19. Jahrhunderts und vermehrt im 20. sind Einrichtungen für Kinder im vorschulischen Alter nicht mehr nur familienersetzende Erziehungsinstitutionen, sondern sie erhalten gegenüber der ursprünglich familienfürsorgerischen Komponente eine deutlich antifamiliale Dimension, wenn Friedrich Wilhelm Fröbel den Kindergarten für alle konzipiert und damit unausgesprochen und auch wohl ohne Bezug darauf das sozialistische Ideal von der erzieherischen Enteignung seiner Verwirklichung ein Stück weiter entgegentreibt.

Betrachtet man das «Curriculum», den Stundenplan für die Fliednerschen Klein-Kinder-Schulen, so verwundert die aufgezeigte Figur der umgekehrten Erziehungsverhältnisse nicht. Der hier geplante vorschulische, nach heutigen Maßstäben eher elementarschulische Unterricht konnte die Kinder tendenziell sehr schnell in eine Lage versetzen, in der sie ihren Eltern wegen des Besitzes der Kulturtechniken überlegen waren:

Aus den Motiven für die Errichtung von Klein-Kinder-Schulen, Kindergärten, Warteschulen, Kinderbewahranstalten und ähnlichen Einrichtungen kann übrigens auf die Wirksamkeit im staatstragenden

Vor- mittag		Nach- mittag	
8–9	Spielen im Freien	1–2	Spielen im Freien
9–9½	Gesang, Gebet und bibl. Geschichte	2–2½	Gesang, Gebet, Auswendiglernen von Liederversen und Sprüchen
9½–10	Lautiren oder Anschauungsübungen, exercirmäßiges Bewegen des Körpers, Schreiben und Zeichnen	2½–2¾	Schreiben und Zeichnen
10–10¾	Spielen im Freien und Essen des Frühstücks	2¾–3½	Spielen im Freien und Essen des Vesperbrodes
10¾–11¼	Anschauungsübungen, Zählen	3½–4	Stricken und Lautiren
11¼–11¾	Spielen im Freien	4–4½	Spielen im Freien
11¾–12	Zählen, Anschauungsübungen, Gebet und Gesang	4½–5	Moralische Erzählungen, Sprechübungen, Gesang und Gebet
Bei ungünstigem Wetter spielen die Kinder im Schulzimmer.			

Abb. 39: *Stundenplan für die vier Stunden des Vor- und vier des Nachmittags. (Aus: Fliedner, Th.: Lieder-Buch für Klein-Kinder-Schulen. Kaisers Werth 1853, S. 243)*

Sinne kaum rückgeschlossen werden. Heinz-Elmar Tenorth hat darauf hingewiesen, daß 1851 von derartigen Anstalten in Preußen allenfalls 1 Prozent der Kinder unter fünf Jahren erfaßt gewesen sein dürfte (vgl. Tenorth 1988, S. 169). Interessant an dieser Erscheinung ist deshalb eher ein mehrfaches strukturelles Moment. So gilt es in Erinnerung zu behalten, daß diese Einrichtungen in öffentlicher (wenngleich nicht immer staatlicher) Trägerschaft familien*ersetzend* waren, daß das Personal ausnahmslos weiblichen Geschlechts war und daß diese Einrichtung als systemstabilisierende Maßnahme gedacht war, über die nicht nur eine Erziehung, sondern auch eine «Controlle» der Eltern möglich sein sollte (vgl. Flashar 1865, zit. n. Neumann 1987).

Demgegenüber wurde die zweite große, nunmehr weniger die Mutter beziehungsweise die Eltern als vielmehr den Vater ersetzende staatliche Institution anders gewertet: die Schule und der Lehrer. Die Intention staatlicher Erziehung und die Zumutung einer Schulpflicht für alle war zunächst nicht unbedingt eine staatsautoritäre Maßnahme. Louis Antoine Léon de Saint Just hatte im Zusammenhang der Französischen Revolution bereits eine «éducation commune» gefordert und den Anspruch erhoben, daß «die Kinder niemandem als der allgemeinen Familie der Republik gehören» sollten, und Maximilien de Robespierre war der Meinung, daß das Vaterland allein das Recht habe, «seine Kinder zu erziehen». Die Motivationsquelle ist hier also eine andere als im Falle der Bewahranstalten. Es geht nicht darum, einen fehlenden Vater zu ersetzen, sondern, nicht zu Beginn, aber on the long run, dem durchaus vorhandenen Vater eine Konkurrenz entgegenzusetzen, die besser kontrollierbar ist. Das Gedankengut aufklärerischer Pädagogik kam für diese Intention nur zu Recht. Indem man den Menschen aufgab, sich aus ihrer ‹selbst verschuldeten Unmündigkeit› herausführen zu lassen, erklärte man sie allererst für unmündig und deswegen für heraus*führungs*bedürftig (vgl. Spaemann 1971). Daß der Gedanke an eine autonome Persönlichkeit nicht nur aus den Augen verloren wurde, sondern, so beispielsweise durch die Stiehlsche Regulative im Rahmen der preußischen Restauration von 1854, geradezu konterkariert wurde, ist eine Tatsache, die bei der Feier des staatlichen Schulwesens und der mit ihr einhergehenden Bildungsverbreitung leicht übersehen wird. Der bereits zitierte Allgemeinplatz, dem zufolge es der preußische Volksschulmeister gewesen sei, der 1866 bei Königgrätz die Österreicher besiegt habe, ist ein weiteres Indiz für das Interesse, das der (nicht nur preußische) Staat an der öffentlichen Pflichtschule und vor allem -erziehung nimmt. – Denn das steht schnell außer Frage: Unterricht darf nicht nur Unterricht, sondern er soll – Johann Friedrich Herbart ist einer der Erfinder dieser Idee – immer auch Erziehung sein. Dieser staatliche Auftrag kommt den Lehrern entgegen, die sich im Augenblick der Einführung der Schulpflicht ihre Schüler nämlich nicht mehr aussuchen können, sondern mit jedem zurechtkommen müssen. Das geht nicht auf der Basis von Freiwilligkeit, sondern nur von Zwang. Termini wie die ‹Regierung der Kinder›, ihre ‹Zucht›, die notwendige ‹Disziplin›, die einzuhalten ist, der ‹Gehorsam›, der zu verlangen ist, sprechen eine deutliche Sprache. Eine Zwangsanstalt wie das Gefängnis oder die Schule, das Militär oder die Irrenanstalt ließ sich nur mit derartigen Mitteln aufrechterhalten. Die Kasernierung von 40, 50, 60 Kindern auf kleinstem Raum gegen ihren freien Willen konnte nur gelingen, wenn die ‹Autorität› des Lehrers unangefochten blieb. Die Sorge um die Aufrechterhaltung seiner Autorität nahm deshalb in der öffentlichen Diskussion einen breiten Raum ein. Sie ging gelegentlich so weit, daß kritische Bemerkungen von Lehrern gegenüber ihrem eigenen Stand als unangemessen und staatsabträglich abgewehrt wurden. Der Grund: Eine Kritik am Stand der Volksschullehrer drohe nicht nur deren Autorität, sondern auch die Autorität des gesamten Staates insbesondere gegenüber den ‹unteren Schichten› zu schwächen, die in Schach zu halten sich nicht nur die Polizei und der Kindergarten, sondern eben auch der Volksschullehrer anschickte (vgl. Meyer 1976, S. 130f).

Anders als bei den Institutionen für die kleinen Kinder ist das Volksbildungswesen ungleich effektiver. Bereits 1816 beträgt der Anteil der schulpflichtigen Kinder, die eine Elementarschule besuchen, in Preußen etwa 51 Prozent, 1846 78 Prozent und 1864 85 Prozent. 1871 beträgt der Anteil von Analphabeten an der Gesamtheit der männlichen Bevölkerung nur noch 10,8 Prozent und an der weiblichen Bevölkerung 16,4 Prozent (vgl. Tenorth 1988, S. 161). – Die Autorität dieser Volks-Pflichtlehrer ist indessen eine doppelt geliehene: Sie beziehen sie von einem Staat, der immer auch mißtrauisch darüber wacht, daß sie sie nicht mißbrauchen, und mit dieser Anleihe beim Staat sind die Lehrer eigentlich Schuldner im doppelten Sinne; denn der Staat selbst hat sich die Autorität über die Kinder, mal schleichend, mal gewaltsam von deren Vätern angeeignet. Diese Ersatzväter, die die Lehrer sind und die in der Folge Pestalozzis auch ohne Umstände als «Schulväter» bezeichnet werden (vgl. Pestalozzi 1958, Bd. 15, S. 446), stehen vielleicht weniger wegen ihrer Erziehungsanmaßung als vielmehr deswegen in einem häufig konfliktträchtigen Gegensatz zur Bevölkerung, weil diese das öffentliche Schulwesen mit spürbaren ökonomischen Belastungen bezahlen muß.

Christian Dietrich Grabbe hat in der Komödie «Scherz, Satire, Ironie und tiefere Bedeutung» den Omnipotenzanspruch des Schulmeisters lächerlich gemacht:

«*Der Schulmeister*: Hier will ich stehen bleiben, auf die Fluren meines Schulbezirks niederschauen und meinen patriotischen Phantasien nachhängen. Wie könnte doch alles verbessert werden! Wenn die Bauern so lange in die Schule gehen müßten bis daß sie etwas gelernt hätten, so müßten sie selbst am Weltende noch sechs volle Wochen bei Wasser und Brot nachsitzen! Ferner, was für eine Nutzanwendung wäre nicht mit dem großen Eichenwalde da drüben vorzunehmen! Wann werden die glücklichen Zeiten der Aufklärung erscheinen, wo man ihn in lauter Schulbänke zerschneidet, diese Schulbänke systematisch geordnet auf den Gefilden umhersetzt, lernbegierige Knäblein und Junggesellen hinzutreibt, und mich zum Direktor des Ganzen kreiert? O, dann würde ich vermittelst eines Luftballons die Abendsonne zu meinem leuchtenden Katheder machen, – den Kirchturm würde ich als Feder gebrauchen, – jener See wäre mein Tintenfaß, – und dort das Gebirge wäre ein Stück Speck, welches mir die Eltern und Gönner aus Dankbarkeit verehrten!» (Grabbe 1822, hier: 1986, S. 37).

Kurzum: Der Lehrer als Vaterersatz ist ein gleichzeitig effektives und als solches systemstabilisierendes, aber auch kontrollbedürftiges, Widerstand hervorrufendes und leistendes Instrument, welches die ehedem stabilisierende Funktion des Haus- und Familienvaters nur teilweise ersetzen kann. Konnte jener sich auf die leibliche Vaterschaft und damit den Willen der Natur berufen, so mußte dieser auf die Macht des Staates und damit letztlich der Polizei verweisen, wenn seine Stellung drohte, problematisiert zu werden. An der Demontage der Funktionen des leiblichen Vaters änderte das jedoch nichts. An ihr wirkten auch noch andere Erziehungsinstitutionen mit. Dazu gehört an prominenter Stelle sicher die Sozialpädagogik. Ursprünglich aus konfessioneller, christlicher Motivation entstanden, um beispielsweise Jugendlichen zu helfen, «die trotz aller Mühe und Fürsorge oft trefflicher Eltern, also trotzdem, daß sie nicht verwahrlost sind, unter dem Einfluß hier nicht zu erörternder Verhältnisse vollständig mißraten und entartet sind» (Wichern, zit. n. Kraus 1987, S. 322), leitet diese Sozialpädagogik doch zu Formen staatlicher Kontrolle über, wenn etwa 1870 die öffentliche Zwangserziehung solcher Jugendlicher gesetzlich geregelt wird oder wenn 1876 das Reichsstrafgesetzbuch eine gesetzliche Legitimation für die «Unterbringung in einer Erziehungs- oder Besserungsanstalt» erhält. Tenorth weist zu Recht darauf hin, daß mit den Mitteln sozialpädagogischer Arbeit ein Medium für die Durchsetzung jugendlichen Normalverhaltens geschaffen wurde. – Pädagogische Institutionen und Gefängnis sind enge Verwandte. Zu ihnen gehört im übrigen im 19. Jahrhundert beginnend auch das Militär, das nicht umsonst und gänzlich ohne Ironie als ‹Schule der Nation› sich begreift.

Mit anderen Worten: Der Vater, insbesondere der Vater des proletarischen Teils der Bevölkerung, verliert im 19. Jahrhundert seine wichtige Erziehungsfunktion an staatliche, hoch organisierte Institutionen mit totalitärem Charakter. Diese eignen sich aber nicht nur seine Funktionen an und totalitarisieren diese, sondern, indem sie dafür den Vaternamen in Anspruch nehmen, zerstören sie die Erinnerung an die Wirklichkeiten und Möglichkeiten, die das Vaterkonzept einmal besessen hat. Nicht nur können sie das nicht ersetzen, was väterliche Liebe, Emphase und Emotionalität bedeutete, im Gegenteil, sie müssen, um ihre eigene Emotionslosigkeit zu verbergen, Geschichtsvernichtung betreiben. Die Erinnerung an diese Liebe wird leicht zerstört, indem sich die Nachfolgeorganisationen denselben Namen geben und damit jene vergangene Wirklichkeit leugnen.

Der autoritäre Staat und seine Helfershelfer im erzieherischen Enteignungsprozeß des Vaters konnte sich dabei der Unterstützung eines Teils des pädagogischen Genres sicher sein, welches die Liebe des Vaters als von ihm abgelöste emotionale Beziehung, als bloße Qualität konservierte, indem es das Konzept der Mutterliebe erfand. Elisabeth Badinter hat die kulturhistorische Zufälligkeit dieser Konzeption rekonstruiert und aufgedeckt, welche psychischen Belastungen diese vermeintlich natürliche, angeborene Eigenschaft für ganze Frauengenerationen mit sich brachte. Ihre Ergebnisse, die insbesondere für den französischen Raum gelten, müssen hier nicht wiederholt werden (vgl. Badinter 1981).

Für die deutsche Erziehungsgeschichte ist wie kein zweiter Pestalozzi zum Konstrukteur jenes Ersatzvaters geworden, welcher die Mutter bei ihm ist. Wie so oft (und wie übrigens auch bei Marxens Vaterfeindlichkeit) hat Pestalozzis Mutterpädagogik biographische Fundamente. Pestalozzi, er lebte von 1746 bis 1827, erfuhr den Tod des eigenen Vaters, als er fünf Jahre alt war. Nach allem, was man weiß, ernährte dieser Vater eher notdürftig seine Familie und war kein sonderlich strebsames Vorbild für den jungen Johann Heinrich. Er charakterisierte sich im «Schwanengesang» deshalb selbst als «Weiber- und Mutterkind»:

«Ich wuchs an der Hand der besten Mutter als ein Weiber- und Mutterkind auf, wie nicht bald eins in allen Rücksichten ein größeres sein konnte. Ich kam, wie man bei uns sagt, Jahr aus, Jahr ein nie hinter dem Ofen hervor; kurz, alle wesentlichen Mittel und Reize zur Entfaltung männlicher Kraft, männlicher Erfahrungen, männlicher Denkungsart und männlicher Übungen mangelten mir in dem Grad, als ich ihrer bei der Eigenheit und den Schwächen meiner Individualität vorzüglich bedurfte.»

Die ursprünglich den Vater in den Mittelpunkt des Erziehungsgeschehens stellende Version seines berühmten Romans «Lienhardt und Gertrud» erfährt 1792 und folgend eine Reihe von Neuauflagen, die eine sukzessive Umorientierung dieses Romans in Richtung einer Mutterpädagogik mit sich bringen. Das beginnt mit einem im übrigen auch schon bei Rousseau zu findenden Lob der Mutterbrust in «Welt, Weib und Mutter»:

«Mutter!... Wenn Du ihm (dem Kind) schon von Anfang an deine Brust... versagst, um es an die Brust... eines Weibs zu geben, die nicht seine Mutter ist, mangelt deinem Kind das allgemeine instinktartige Naturfundament aller Liebe und vorzuglich der Liebe für dich, ...»

Dies führt zu ihrer Deifizierung in «Wie Gertrud ihre Kinder lehrt»: «Mutter! wenn ich dich liebe, liebe ich Gott». Oder: Die Mutter ist «dem Kinde an Gottes Statt». Und in einem Brief an Wieland:

«Wärterinn der Erde!», «du heilest den Kranken.... du bezähmest den Wilden und steurest der Bosheit. Alles, was an deinem Busen sich schmieget, athmet wie im Heiligtum Gottes himmlische Lüfte. Dir dienet die neue Sonne, wie der hohe Priester im Tempel des Herrn... Holder Frühling, Mutter des Lebens, erscheine – erscheine doch wieder – Zögere nicht länger Mutter des Lebens – entbinde die tragende Erde und seye uns milde...»

Folgerichtig ist für Pestalozzi «das Christentum von dieser Seite wesentlich nichts anders als die vollendete Entwicklung und Darstellung des mütterlichen Seins und Verhältnisses». Für die Vorstellungen alltäglicher Erziehung hat diese Deifizierung handfeste Folgen. Pestalozzi sieht, mit den Worten Freuds gesprochen, in der Mutter die Über-Ich-Funktion: «Das Bild seiner Mutter, das es überall begleitet, wird selbst sein Gewissen.»

Nunmehr ist es nicht mehr der Vater, sondern die Mutter, die für die sittliche Erziehung verantwortlich ist:

«Das häusliche Leben... führt das Kind in den sanftesten Banden dahin, daß es lernt sich anstrengen, um die Mutter zu erfreuen, daß es lernt entbehren,... Selbstüberwindung, Tätigkeit, Gehorsam und mit diesem der ganze Umfang des sittlichen Denkens und Fühlens und Handelns wird ihm an der Seite der liebenden Mutter und durch die Kraft des bildenden, häuslichen Lebens auf lieblicher Bahn habituell, und so wird es in diesem Leben... zur Sittlichkeit erhoben.»

Dem Vater bleibt eine gegenüber Luther und den Folgen noch weiter marginalisierte diffuse Funktion bei der Außenrepräsentation:

«So wie die Mutter das innere Leben des Kindes vorzüglich ergreift, so bringt der Vater dasselbe beim Eintreten in seine Mitwirkung auf die Erziehung mehr in seinem äußeren Leben ... in Übereinstimmung.»

Das durch den Vater einmal repräsentierte Traditions- und Vererbungsprinzip gilt für Pestalozzi nicht mehr. Er spricht einer geschichtslosen Welt das Wort:

«Es ist vollkommener Unsinn, Menschen, die mit der in lebendiger Anschauung vor ihren Sinnen stehenden gegenwärtigen Zeitwelt noch nicht bekannt sind, mit dem Geist der Vorwelt bekannt machen zu wollen, der den Sinnen und der Anschauung der lebenden Welt schon seit Jahrhunderten und selber seit Jahrtausenden entrückt ist.»

Man darf die Wirksamkeit von Pestalozzis publizistischer Tätigkeit nicht geringschätzen. Zahlreiche seiner Schriften erlebten vielfältige Auflagen. Sie erhielten im deutschsprachigen Raum zumindest eine ähnliche Funktion, wie Rousseaus «Emile» sie im französischen Raum besaß, mehr noch: Man kann Pestalozzis Werk geradezu als eine Art Dolmetscher- und Gelenkstelle zwischen Rousseau und der deutschsprachigen Kultur werten. Pestalozzi setzte gewissermaßen für die Mütter um, was bei Rousseau, vielleicht heimlich auch für die Mütter gedacht, aber literarisch an einer männlichen Erziehungsperson festgemacht worden war. Daß Pestalozzi im übrigen wesentlich mehr vorschwebte als ein Aufruf zur Mutterliebe, das zeigt sein «Buch der Mütter». Es ist über weite Strecken eine Art Curriculum, mit Hilfe dessen die Interaktion zwischen Mutter und Kind geordnet, geregelt und der Lernfortschritt des Kindes kontrollierbar gemacht werden soll. Eine Kostprobe daraus:

«Die erste dieser Übungen lehrt die Mutter, ihrem Kinde die äußern Theile seines Körpers zu zeigen und zu benennen, d. i. sie lehrt es dieselben genau ins Auge zu fassen und ihnen ihre Namen zu geben.

In der zweyten Übung zeigt sie ihm die Lage eines jeden dieser Theile, d. i. sie zeigt ihm, was für andere Theile um diejenigen, die sie ihm bemerkt, herumliegen.

In der dritten Übung macht sie es auf den Zusammenhang der Theile seines Körpers aufmerksam.

In der vierten Übung zeigt und sagt sie ihm, welche Theile an dem Körper nur einfach, welche gedoppelt, welche vierfach u. s. w. da seyen.»

Unter der Hand gerinnt die liebevolle Mutter-Kind-Beziehung unversehens zu einer Zwangsverbindung, die durch ein Lehrverhältnis gekennzeichnet ist, das sich mit der Bimserei in der deutschen Volksschule durchaus messen kann:

«Mutter! du mußt am Faden der Methode, oder am Faden meines Buches lernen, aus dem Meere der Sinneneindrücke, in dem dein unbehülfliches Kind schwimmt, wenige, aber für die Bildung desselben wesentliche Gegenstände ausheben; aber dann ist unumgänglich nothwendig, und, Mutter! laß es dir als das unnachläßlichste Bedingnis der Methode gesagt seyn, du mußt bey den Übungen des Bemerkens und Redens über jeden derselben nach dem ganzen Umfange dieses Buches unermüdet und standhaft verweilen, bis dein Kind den Gegenstand und seine Theile nach dem Gesichtspunkt einer jeden Übung vollkommen und richtig ins Auge gefaßt und sich über denselben nicht nur mit genauer Bestimmtheit, sondern mit unbedingter Geläufigkeit ausdrücken gelernt hat.»

Man darf nicht übersehen, daß die dergestalt auf die Mutter konzentrierte Erziehungsaufgabe sich in der sozialen Wirklichkeit des 19. Jahrhunderts auf die eine Hälfte der Bevölkerung, die bürgerliche, beschränken mußte. Auf diese Weise kann man die Delegation und gleichzeitig Vervielfältigung der Vaterfunktionen nunmehr auch sozial zuordnen: Während Elemente des Vaterkonzepts im Bürgertum an die Mutter delegiert werden, verliert der Vater seine Funktionen im Proletariat an familienersetzende Erziehungsinstitutionen, an sozialpädagogische Einrichtungen, und die Kinder beider Schichten erfahren in den ‹Schulvätern› einen über den Vater Staat doppelt geliehenen Ersatzvater.

Man mag sich fragen, welchen Niederschlag diese soziale Entwicklung in der schönen Literatur des 19. Jahrhunderts gefunden hat. Konnte oder wollte sie, zumindest dort, wo sie staatskritisch war, im deutschen Realismus, sich gegen die staatliche Enteignung des Vaters, der Eltern wenden? – Nein, sieht man von einigen euphemistischen Erinnerungen an den Vater in der deutschen Romantik ab, so ist eines der großen Themen nicht nur der deutschen, sondern der europäischen Literatur der Vater-Sohn-Konflikt. Dazu kann Friedrich Hebbels Maria Magdalene genannt werden. Aber, eindringlicher, schreibt Fjodor Dostojewskij in den «Brüder Karamasoff»:

«Ein Vater, wie der erschlagene alte Karamasoff, kann nicht Vater genannt werden, er ist dieses Namens nicht wert! Die Liebe zum Vater ist, wenn sie vom Vater nicht gerechtfertigt wird, eine Albernheit, eine Unmöglichkeit. Liebe kann man nicht aus

Nichts schaffen, nur Gott allein vermag aus Nichts etwas zu schaffen. ‹Väter, betrübet nicht eure Kinder›, schreibt der Apostel aus der Fülle seines liebeglühenden Herzens heraus. Nicht wegen meines Klienten führe ich hier dieses heilige Wort an, um aller Väter willen rufe ich sie uns wieder ins Gedächtnis. Wer hat mir die Macht und das Recht gegeben, den Vätern Liebe zu lehren? Niemand. Aber als Mensch und als Staatsbürger rufe ich die Väter auf – vivos voco!... Nicht nur zu den hier versammelten Vätern rede ich, sondern allen Vätern rufe ich zu: ‹Väter, betrübet nicht eure Kinder!› Ja, erfüllen wir zuerst selbst das Gebot Christi – dann erst können wir auch von unseren Kindern die Erfüllung der Gebote verlangen! Andernfalls sind wir nicht die Väter, sondern die Feinde unserer Kinder, und auch sie sind dann nicht unsere Kinder, sondern unsere Feinde, und wir selbst machen sie zu unseren Feinden!... Sagen wir gerade heraus: Der Erzeuger ist noch nicht Vater, Vater ist, wer nicht nur erzeugt, sondern den Namen Vater auch verdient hat.»

Hier steht, in bewußter Umkehrung der antiken Tradition, der Topos von der Sohnesliebe, die der Vater erst verdienen muß, ebenso im Vordergrund wie in August Strindbergs «Das rote Zimmer»:

«Das vierte Gebot sollte so lauten: Du sollst dich durch dein angeborenes Ehrfurchtsgefühl deinen Eltern gegenüber nicht dazu bringen lassen, auch ihre Fehler zu bewundern; und du brauchst sie nicht mehr zu ehren, als sie verdienen. Du bist unter keiner Bedingung den Eltern Dankbarkeit schuldig; denn sie haben dir keinen Dienst damit geleistet, daß sie dich erzeugten; daß sie dich ernähren und kleiden, das gebietet ihnen sowohl ihr Egoismus wie das bürgerliche Gesetz. Die Eltern, die Dankbarkeit von ihren Kindern erwarten (es gibt sogar welche, die sie fordern), sind wie Wucherer: sie riskieren gern das Kapital, wenn sie nur die Zinsen bekommen...»

In «The Way of All Flesh» von Samuel Butler finden wir in erneuter Perversion die Idee von dem Sohn als dem Vater des Vaters:

«only listen to that outward and visible old husk of yours which is called your father, and I will rend you in pieces even unto the third and fourth generation as one who has hated God; for I, Ernest, am the God who made you.»

Die Literatur nimmt hier nur vorweg, was im 20. Jahrhundert Wirklichkeit wird, mit der restlosen Zerstörung des Vaters die sukzessive Marginalisierung der Familie, deren Protagonist Butler sehr früh geworden ist:

«The family is a survival of the principle which is more logically embodied in the compound animal – and the compound animal is a form of life which has been found incompatible with high development. I would do with the family among mankind what nature has done with the compound animal, and confine it to the lower and less progressive races. Certainly there is no inherent love for the family system on the part of nature herself. Poll the forms of life and you will find it in a ridiculously small minority. The fishes know it not, and they get along quite nicely. The ants and the bees, who far outnumber man, sting their fathers to death as a matter of course.»

Sehen wir, wie ausgerechnet die Deifizierung des Kindes und die Feier der Jugend neben anderen diese Zerstörungsleistung erbringt!

Literatur

Badinter, E.: Die Mutterliebe. Geschichte eines Gefühls vom 17. Jahrhundert bis heute, München 1981.

Diesing, M. A. (Hg.): Über die früheste Bildung der Kinder in den Klein-Kinderschulen, Wien 1830.

Erning, G. / Neumann, K. / Reyer, J. (Hg.): Geschichte des Kindergartens, Bd. 1, Freiburg 1987.

Flashar, O. V.: Kleinkinderschulen, Kinderbewahranstalten, Warteschulen, Kindergärten. In: Schmid, K. A. (Hg.): Encyklopädie des gesamten Erziehungs- und Unterrichtswesens, Bd. 4, Gotha 1865, S. 30ff.

Grabbe, Chr.D.: Scherz, Satire, Ironie und tiefere Bedeutung, Stuttgart 1986.

Herrmann, U.: Familie, Kindheit, Jugend. In: Jeismann, K.-E. / Lundgreen, R. (Hg.): Handbuch der deutschen Bildungsgeschichte, Bd. III 1800–1870, München 1987, S. 53–70.

Jäger, G. / Tenorth, H.-E.: Pädagogisches Denken. In: Jeismann, K.-E. / Lundgreen, R. (Hg.): Handbuch der deutschen Bildungsgeschichte, Bd. III 1800–1870, München 1987, S. 71–104.

Jeismann, K.-E.: Zur Bedeutung der «Bildung» im 19. Jahrhundert. In: Jeismann, K.-E. / Lundgreen, R. (Hg.): Handbuch der deutschen Bildungsgeschichte, Bd. III 1800–1870, München 1987, S. 1 -22.

Kraus, A.: Armenwesen, Wohlfahrtspflege, Sozialarbeit. In: Jeismann, K.-E. / Lundgreen, R. (Hg.): Handbuch der deutschen Bildungsgeschichte, Bd. III 1800–1870, München 1987, S. 317–331.

Kuczynski, J.: Geschichte des Alltags des Deutschen Volkes, Bd. 3, Köln 1981.

–: Geschichte des Alltags des Deutschen Volkes, Bd. 4, Köln 1982.

Meyer, F.: Schule der Untertanen. Lehrer und Politik in Preußen 1848–1900, Hamburg 1976.

Neumann, K.: Kinder und Eltern: Die bürgerliche Familie als Leitbild, gesellschaftliche Widersprüche und die Vermittlungsfunktion der öffentlichen Kleinkinderziehung. In: Erning, G. / Neumann, K. / Reyer, J. (Hg.): Geschichte des Kindergartens, Bd. 2, Freiburg 1987, S. 135–147.

Pestalozzi, J. H.: Das Buch der Mütter. In: Ders.: Sämtliche Werke, Bd. 15, Zürich 1958, S. 341–424.

Rappard, I. v.: Die Bedeutung der Mutter bei J.H. Pestalozzi, Bonn 1961.

Reyer, J.: Wenn die Mütter arbeiten gingen..., Köln 1983.
Scheuerl, H.: Geschichte der Erziehung, Stuttgart (u. a.) 1985.
Spaemann, R.: Autonomie, Mündigkeit, Emanzipation – Zur Ideologisierung von Rechtsbegriffen. In: Oppolzer, S. / Lassahn, R. (Hg.): Erziehungswissenschaft 1971 zwischen Herkunft und Zukunft der Gesellschaft. In memoriam Ernst Liechtenstein, Wuppertal / Ratingen 1971, S. 317–324.
Stichweh, K.: Erscheinungsformen der Vateridee bei Karl Marx. In: Tellenbach, H. (Hg.): Das Vaterbild im Abendland I, Stuttgart (u. a.) 1978, S. 166–178.
Tenorth, H.-E.: Geschichte der Erziehung. Einführung in die Grundzüge ihrer neuzeitlichen Entwicklung, Weinheim / München 1988.
Wais, K. K. T.: Das Vater-Sohn-Motiv in der Dichtung bis 1880, Berlin / Leipzig 1931.

12.

Von der Diffamierung zur Liquidation des Vaters

«Das Jahrhundert des Kindes»

Je weiter eine historische Betrachtung sich dem zeitlichen Ort des Betrachters nähert, desto enger sind die Urteile der Rekonstruktion an den Standpunkt des Historiographen gebunden. Die Fülle der Daten nimmt zu, sie wird unübersichtlich und, im vorliegenden Falle, auch nicht näherungsweise vollständig wiederzugeben. Vieles erscheint wichtig, was 20, 30 Jahre später als ein belangloses Aperçu der Geschichte erscheinen mag. Die Neigung zu kurzschrittigen Epochalisierungen nimmt zu. Dieses hat im übrigen einen weiteren Grund: Unabhängig von der Nähe der Ereignisse zum Lebensort des Betrachters läßt sich eine Beschleunigung der Geschichte im 20. Jahrhundert kaum übersehen. Es spricht deshalb vieles dafür, das 20. Jahrhundert in vier bis fünf Teilschritten zu betrachten.

So läßt sich die Phase von 1890 bis zum Ende des Ersten Weltkriegs in einem Zusammenhang sehen, der durch einen rapiden Verfall der Bedeutung und der Autorität des Vaters in den Augen der nachwachsenden Generation gekennzeichnet ist. Der Zeitraum zwischen 1918 und Hitlers Machtergreifung stellt demgegenüber schon durch seine massiven reformpädagogischen Bemühungen eine Phase dar, in der ‹die Jugend› sich anschickte, eine weltgeschichtliche Alternative hervorzubringen. Sodann kann die Zeit des Hitler-Faschismus als ein Höhepunkt der Entfaltung von Ersatzvaterschaft im Führerprinzip gesehen werden. Nach 1945 suchen die Deutschen unter dem Schutt des «Dritten Reiches» nicht nur nach den Resten ihrer Habe, sondern – vergeblich – nach einer tragenden Orientierung, wie sie das Vaterprinzip einmal beanspruchte. Schließlich lassen sich vielleicht die Jahre nach dem Abbruch der Bildungsreform in der Bundesrepublik Deutschland, also der Zeitraum seit 1975, als ein Pluralisierungsprozeß beschreiben, der die Darstellung *einer* Vaterkonzeption grundsätzlich nicht mehr erlaubt.

Beginnen wir mit dem ersten Abschnitt, der mit der Entlassung Bismarcks einsetzt. Vielleicht ist es mehr als nur eine metaphorische Deutung der politischen Ereignisse, wenn man mit dem ‹Lotsen› Bismarck, der das Regierungsschiff verläßt, auch eine Vaterfigur im traditionell-bürgerlichen Sinne sich verabschieden sieht. Die ihm folgende, sogenannte Wilhelminische Ära kann jedenfalls nicht als eine Phase gelesen werden, in der Wilhelm II. auch nur im entferntesten im Stande gewesen wäre, die politische Vaterfigur Bismarcks substantiell zu ersetzen, wenngleich dieses wohl seine Absicht war. Im Grunde genommen repräsentiert dieser Kaiser bereits eine Vatergestalt, wie sie in verschiedenen Zeitzeugnissen, unabhängig von politischen Kontexten, also literarisch wie wissenschaftlich, geschildert wird. Auf der einen Seite kehrt Kaiser Wilhelm seine Position, seinen Führungsanspruch durch einen fatalen Hang zur kostspieligen Selbstdarstellung nach außen. Auf der anderen Seite vermag dieses repräsentative Gehabe der Stärke nur noch unzulänglich die gleichzeitige Schwäche dieser Figur zu verdecken. Die darin zum Ausdruck kommende Ambivalenz mit der eigenen ‹Vater›-Rolle hat erhebliche politische Folgen für das Deutsche Reich. Dessen Politik schlingert in fast allen Bereichen zwischen den Extremen hin und her. So ist die deutsche Kolonialpolitik ein einziges unentschiedenes Fiasko, der paternalistische Zentralstaat ist abhängig von den Substaaten, die zentralstaatliche Gesetzgebung konkurriert mit der der Einzelstaaten, der Auschluß der politischen Parteien von der Verantwortung verhindert eine politische Organisation des Willens der ‹Untertanen›, und die zackige, unreflektierte, hektische, aber eben Autorität simulierende Ultimativpolitik im Anschluß an das Ereignis der Ermordung des österreichischen Thronfolgers vom 28.6.1914 läßt den größten Teil der Welt in die Kriegskatastrophe abrutschen. Natürlich kann man bei solchen makrohistorischen Prozessen keine Kausalitäten in dem Sinne identifizieren, daß der Verlust begründeter paternaler Autorität nach der Demission Bismarcks den Ersten Weltkrieg ‹verursacht› habe. Allerdings gab es eben auch keine paternale Instanz, die mehr gewesen wäre als ihre eigene Inszenierung und deshalb geeignet, dauerhaft eine Vaterinstanz zu stabilisieren und mit ihr den Weltfrieden.

Die (nicht nur deutsche) Literatur des Realismus widmet sich mit großer Aufmerksamkeit seit etwa 1880 der heraufziehenden Autoritätskrise des Vaters, betreibt und verschärft sie. So schildert Gerhart Hauptmann 1900 in seinem Drama «Michael Kramer» den Konflikt zwischen einem fleißigen und mäßig erfolgreichen Vater und seinem zwar begabten, aber im alltäglichen Leben scheiternden Sohn, ein Konflikt, der durch die Verachtung des Vaters gegenüber diesem Sohn gekennzeichnet ist:

«Sage etwas! Verteidige dich! Sage doch etwas wie Mann zu Mann. Sprich meinetwegen wie Freund zum Freund. Tat ich dir Unrecht? Belehre mich doch! Rede! Du kannst doch reden wie wir. Warum kriechst du denn immer vor mir herum? Die Feigheit veracht ich, das weißt du ja. Sage: mein Vater ist ein Tyrann. Mein Vater quält mich. Mein Vater plagt mich. Er ist wie der Teufel hinter mir her. Sag' das und sag' es ihm frei heraus.»

Die Mehrzahl der literarischen Zeugnisse des Vater-Sohn-Konflikts nimmt deutlich Partei für den Sohn. Interessanterweise sind die meisten Literaten dieser Provenienz in der Folgezeit mehr oder minder in Vergessenheit geraten, zum Beispiel Michael Georg Conrad oder Georg Hirschfeld oder Carl Spitteler, weniger vielleicht Herrmann Bahr oder Richard Dehmel, von dem ein 1893 verfaßtes Gedicht «Lied an meinen Sohn» stammt, dem folgende Zeilen entnommen sind:

«Dumpf brandet heut im Forst der Föhn,
wie damals, als ich sein Getön
vor Furcht wie meines Vaters Wort vernahm.

Horch, wie der knospige Wipfelsaum
sich sträubt, sich beugt, von Baum zu Baum;
mein Sohn, in deinen Wiegentraum
zornlacht der Sturm – hör zu, hör zu!
Er hat sich nie vor Furcht gebeugt!
horch, wie er durch die Kronen keucht:
sei Du! sei Du!

Und wenn dir einst von Sohnespflicht,
mein Sohn, dein alter Vater spricht,
gehorch ihm nicht, gehorch ihm nicht; ...»

Diesen Vaterfeinden unter den Literaten stand indessen, Ausdruck selbst der zeitgenössischen Ambivalenz, eine neuromantische Strömung gegenüber, zu denen große Namen zu zählen sind wie Rainer Maria Rilke, Hugo von Hofmannsthal und auch weniger bekannte wie Richard Beer-Hofmann oder Max Brod, bekanntlich ganz in der persönlichen Nähe zu dem so ganz anderen Franz Kafka. Während bei den Neuromantikern der Gedanke der Blutsverbundenheit mit dem Vater und den zurückliegenden Generationen häufig im Vordergrund steht, ist es gerade dieses, was von den Realisten bekämpft wird. Die Scheidelinie geht mitten durch die deutsche Literatur jener Zeit hindurch. Gelegentlich, wie im Falle Franz Werfels, finden wir bei ein und derselben Dichterpersönlichkeit einen lebensgeschichtlichen Schnitt, der ihn von der neuromantischen Haltung zur Vaterablehnung trägt. Manchmal, wie im Falle des Gedichts «Vater und Sohn» aus dem Jahre 1911, sind beide Positionen sogar in einem Werkstück vereinigt:

«Und in seinem schwarzen Mantelschwunge
Trägt der Alte wie der Junge
Eisen hassenswert.
Die sie reden, Worte, sind von kalter
Feindschaft der geschiedenen Lebensalter,
Fahl und aufgezehrt.

Und der Sohn harrt, daß der Alte sterbe
Und der Greis verhöhnt mich jauchzend: Erbe!
Daß der Orkus widerhallt.
Und schon klirrt in unseren wilden Händen
Jener Waffen – kaum noch abzuwenden –
Höllische Gewalt.

Doch auch uns sind Abende beschieden
An des Tisches hauserhabenen Frieden,
Wo das Wirre schweigt,
Wo wir's nicht verwehren trauten Mutes,
Daß, getränkt von Wallung gleichen Blutes,
Träne auf und nieder steigt.

Wie wir einst in grenzenlosem Lieben
Späße der Unendlichkeit getrieben,
Ahnen wir im Traum.
Und die leichte Hand zuckt nach der greisen
Und in einer wunderbaren, leisen
Rührung stürzt der Raum.»

Letztendlich überwiegt die Vaterablehnung. Die frühe Leugnung eines angeborenen Liebesgefühls des Kindes gegenüber seinem Vater bei Ibsen mag als Signet jener Phase gelesen werden. Die berühmte, thematische Passage aus den «Gespenstern» steht dafür:

«*Frau Alving*: Entsetzlicher Gedanke! Sollte ein Kind nicht unter allen Umständen Liebe für seinen Vater fühlen?... Und das sollte nur Aberglauben sein – ?
Osvald: Ja, das mußt Du doch einsehen, Mutter. Das ist so eine von den Anschauungen, die auf der Welt gang und gäbe sind und –

Frau Alving (erschüttert): Gespenster!
Osvald (geht durchs Zimmer): Ja, Du kannst sie schon Gespenster nennen.»

Sigmund Freud hat das Œuvre Ibsens und dessen große Akzeptanz begierig aufgegriffen und als Beleg für die Richtigkeit seiner Ödipus-Theorie herangezogen. Mit Kafka und Freud sind nun für die Vaterproblematik der Jahrhundertwende zwei Namen benannt, anhand deren sich der durch das ganze Jahrhundert wirkende Zeitgeist der Vaterambivalenz und der späteren Vaterfeindlichkeit recht gut nachvollziehen läßt.

Kafkas berühmter «Brief an den Vater» datiert zwar erst aus dem Jahre 1919, ist aber über die lebensgeschichtlich-subjektiv-psychologischen Merkmale des Einzelfalls Franz Kafka hinaus eine Art repräsentative Zusammenfassung der vorangegangenen Auseinandersetzungen. Das beherrschende Thema dieses an den Vater nie abgeschickten Briefes ist das Verhältnis zwischen dem starken Vater und dem schwachen Sohn. Schon in der Einleitung des Briefes thematisiert sich dieses Gefälle:

«Liebster Vater,
Du hast mich letzthin einmal gefragt, warum ich behaupte, ich hätte Furcht vor Dir. Ich wußte Dir, wie gewöhnlich, nichts zu antworten, zum Teil eben aus der Furcht, die ich vor Dir habe, zum Teil deshalb, weil zur Begründung dieser Furcht zu viele Einzelheiten gehören, als daß ich sie im Reden halbwegs zusammenhalten könnte. Und wenn ich hier versuche, Dir schriftlich zu antworten, so wird es doch nur sehr unvollständig sein, weil auch im Schreiben die Furcht und ihre Folgen mich Dir gegenüber behindern und weil die Größe des Stoffs über mein Gedächtnis und meinen Verstand weit hinausgeht.»

Der Sohn Franz sieht sich als schwächlicher Gegensatz zum Vater:

«Du dagegen ein wirklicher Kafka an Stärke, Gesundheit, Appetit, Stimmkraft, Redebegabung, Selbstzufriedenheit, Weltüberlegenheit, Ausdauer, Geistesgegenwart, Menschenkenntnis, einer gewissen Großzügigkeit, natürlich auch mit allen zu diesen Vorzügen gehörigen Fehlern und Schwächen, in welche Dich Dein Temperament und manchmal Dein Jähzorn hineinhetzen.»

Unterzieht man den gesamten, etwa 70 Seiten umfassenden Brief einer inhaltsanalytischen Betrachtung, dann läßt sich ein recht präzises Polaritätsprofil aus den Eigenschaften erstellen, die Kafka klagend seinem Vater zuschreibt und denen gegenüber er gewissermaßen das Gegenteil als jene Charakteristika ansieht, durch die er sich einen Vater bestimmt wünscht. In der folgenden, auf die wichtigsten Faktoren reduzierten Gegenüberstellung wurden den im Brief auffindbaren Charakterdarstellungen des Kafkaschen Vaters jeweils die gegenteiligen gegenübergestellt, teilweise im Rückgriff auf entsprechende Formulierungen des Textes, teilweise durch Bildung von Oppositionen. Diese Konfrontation zeigt, verallgemeinert, wie zu Beginn des 20. Jahrhunderts eine Vaterwirklichkeit mit der von den Söhnen gewünschten Vaterfigur konfligiert (vgl. Abb. 40).

Diese Gegenüberstellung ist zusätzlich dadurch erhellend, daß die zum Teil erschlossenen Sollkategorien überraschenderweise in vielen Fällen deckungsgleich mit der Beschreibung des Selbstbildes sind, das Franz Kafka von sich hat. Mit anderen Worten: Der Sohn Franz Kafka wünscht sich seinen Vater so, wie er selbst ist. Wir sehen darin eine für das 20. Jahrhundert in besonderer Weise wirksam werdende Figur, der zufolge das mimetische Verhältnis zwischen Vater und Kind nicht mehr als Nach*kommen*verhältnis, ja nicht einmal mehr im Goethischen Sinne als Nach*folge*verhältnis verstanden, sondern umgekehrt wird: Der Vater soll den Intentionen des Kindes folgen. Diese Konfiguration wird zu einem Signet des 20. Jahrhunderts.

Man muß sich darüber klarwerden, welchen geistesgeschichtlichen Hintergrund dieser Wechsel hat. Wenn man vom literarischen zum wissenschaftlichen, genauer zum psychologischen Genre überwechselt, dann wird dieses vielleicht verständlicher. Wie Kafka ist Freud (und ja auch Marx) Jude, in ihrem Schaffen aus dem geistesgeschichtlichen jüdischen Hintergrund gar nicht herauszulösen. Dabei geht es nicht um eine psychologisierende Deutung der Triebkräfte bei Freud, Marx oder Kafka, die verschiedentlich geleistet geworden ist und sicher auch ihre Berechtigung hat – besonders dann, wenn man im Blick auf den Stalinismus bedenkt, daß insbesondere im Falle des Marxismus eine zufällige biographische Konstellation wegen ihrer Verallgemeinerung durch die ‹Theoriestifter› das Leben und auch das Sterben von Millionen von Menschen mitbestimmt hat. – Hier geht es um einen anderen Gesichtspunkt: Anhand eines so markanten Beitrags wie dessen der Psychoanalyse zur Geschichte der Vaterschaft läßt sich zeigen, wie an der Jahrhundertwende eine jüdische Vaterkonzeption die christliche abzulösen beginnt.

So entwickelte Freud bekanntlich eine historisierende Vorstellung von der «Urhorde», in der seinem Glauben zufolge der Vater insbe-

Der erlebte, wirkliche Vater	Der gewünschte Vater
Furcht machend	Mut machend
gesund	krank
Appetit	appetitlos
Stimmkraft	schwache Stimme
Redebegabung	sprachlos
Selbstzufriedenheit	mit sich unzufrieden
Weltüberlegenheit	Weltunsicherheit
Ausdauer	ohne Ausdauer
Geistesgegenwart	(geistig) langsam
Menschenkenntnis	ohne Menschenkenntnis
Großzügigkeit	Geiz
Temperament	temperamentlos
Jähzorn	Ausgeglichenheit
streng	permissiv
niederstampfend	aufrichtend
–	freundlich
–	stilles Bei-der-Hand-Nehmen
–	guter Blick
lärmend	leise
wild	zivilisiert, gezähmt
ursprünglich	zivilisiert
unbekümmert	kummervoll
drohend	ängstlich
riesig	winzig
–	aufmunternd
–	Offenhalten meines Wegs
Körperlichkeit	Geistigkeit
stark, groß, breit	schwach, klein, schmal
geistige Oberherrschaft	geistige Unterlegenheit
Selbstvertrauen	mangelndes Selbstvertrauen
Tyrann	Sklave
Kinder enttäuschend	Kinder erfreuend
Bischimpfung	Lob
Verleumdung	Gutes nachsagend
Entwürdigung	würdigend
Leid zufügend	Freude vermittelnd
Schande zufügend	Ehre vermittelnd
hält sich nicht an eigene Gebote	hält sich an eigene Gebote
männlich	weiblich
–	ruhig über eine Sache sprechen
Ironie	Ernsthaftigkeit
böses Lachen	liebes Lachen
Selbstbeklagung	klaglos
rätselhafte Unschuld	Schuld
Unangreifbarkeit	Angreifbarkeit
–	müde

–	weinend
–	rücksichtslos
–	stilles, zufriedenes, gutheißendes Lächeln
unanständige Redensweise	anständige Redensweise
Lebenskraft	kraftlos
schreien	flüstern
Rotwerden des Gesichts	blaß bleiben
–	Rat
–	Aufsicht
–	Duldung
eins mit dem Geschäft	nicht mit dem Geschäft verwachsen
besinnungslos zornig	besonnen lieb
überlegen	unterlegen
immer frisch	immer müde
immer bei Kräften	immer kraftlos
Mißtrauen	vertrauensselig
Herrscher	Knecht
Vaterstolz	ohne Stolz
Unkenntnis über das Kind	genaue Kenntnis des Kindes
abweisende Miene	werbende Miene
Dinge einfach nehmend	Dinge schwernehmend
in den Schmutz ziehend	nicht in den Schmutz ziehend
Kinder niederhaltend	Kinder hochkommen lassend
gewisse Maßlosigkeit	maßvoll
Unzulänglichkeit	Zulänglichkeit
Unzufriedenheit	Zufriedenheit

Abb. 40: *Kafkas Brief an den Vater. Charakterisierungen des Vaters und ihre Oppositionen – Auszug aus einer inhaltsanalytischen Auswertung*

sondere über die Frauen der Horde ursprünglich jegliche Macht besessen haben sollte. Diese Macht des Vaters löste Neidgefühle bei seinen Söhnen aus, die ihn schließlich töteten. Aus dem Mord am Urvater resultierten Schuldgefühle und immer wiederholte Versuche, diese Schuld dadurch abzutragen, daß der Urvater totemistisch verehrt wird. Freud ging allerdings davon aus, daß eine solche Ent-Schuldigung letztlich unmöglich sein würde. Die Belastung durch jene Urschuld ist (wie übrigens bei einer fast wörtlich übereinstimmenden Formulierung von Marx) eine Erbschuld für alle nachfolgenden Generationen. Sie drückt sich darin aus, daß, so jedenfalls Freud, alle männlichen Nachfolger eines Vaters den ödipalen Wunsch besitzen, ihre Mutter zu penetrieren und deshalb den Vater umbringen wollen. Freud schreibt:

> «Sie haßten den Vater, der ihrem Machtbedürfnis und ihren sexuellen Ansprüchen so mächtig im Wege stand, aber sie liebten und bewunderten ihn auch. Nachdem sie ihn beseitigt, ihren Haß befriedigt und ihren Wunsch nach Identifizierung mit ihm durchgesetzt hatten, mußten die sich dabei überwältigten zärtlichen Regungen zur Geltung bringen. Es geschah in der Form der Reue, es entstand ein Schuldbewußtsein, welches hier mit der gemeinsam empfundenen Reue zusammenfällt. Der Tote wurde nun stärker, als der Lebende gewesen war; all dies, wie wir es noch heute an Menschenschicksalen sehen» (Freud 1982, S. 427).

Freud glaubte also, daß diese Stärkung des toten Vaters eine Art Auferstehung des Sohnes im «Über-Ich-Bereich» darstelle, ein Anspruch, den der Sohn in seinem Leben zu erfüllen versuche. Diese Vorstellung läuft darauf hinaus, die christliche Grundkonfiguration auf den Kopf zu stellen: Während die christliche Religion wesentlich eine infantizidale Religion ist, deren Heilsversprechen durch den Tod des Sohns, des vom Vater geopferten Sohns, erfolgt, beruht die jüdisch bestimmte Konzeption darauf, daß der Sohn den Vater tötet, um seinen Platz einnehmen zu können. In «Der Mann Moses und die monotheistische Religion» (a. a. O., S. 580) vertrat er die Auffassung, daß die christliche Religion dem Verhängnis, den Vater beseitigen zu müssen, nicht entgehen könne.

Man kann die Freudsche Theorie, insbesondere die der Triangulierung, als einen Lösungsvorschlag für den Vater-Sohn-Konflikt verstehen (vgl. Loch 1988, S. 46). Dieser wird von der Frau und Mutter aus zu lösen versucht, indem er in die früheste Kindheit vorverlegt wird und nicht erst auf einen Zeitpunkt, zu dem der Konflikt zwischen Vater und Sohn offenkundig ist. Das mag den in der Pubertät auftretenden Konflikt tendenziell entlasten; aber wir können heute nicht sicher sein, ob eine zeitgeschichtliche Konfliktsituation zwischen Söhnen und Vätern um die Jahrhundertwende in der Freudschen Theorie ein Lösungsmodell fand oder ob nicht umgekehrt diese Theorie eher der Ausdruck und die Radikalisierung einer ohnedies vorhandenen Konfliktsituation war. Man kann das auch anders sagen: In einer historischen Situation, in der die christlich konstituierte Vaterkonzeption aus politischen, ökonomischen und soziologischen Gründen offenkundig an ihre Realisierungsgrenze stieß, bot sich eine Konzeptionierung an, die religionsgeschichtlich hinter die Entstehung des Christentums zurückgriff. Dieses nun aber nicht in dem vordergründigen Sinne, daß eine Restabilisierung des Patriarchats versucht worden wäre. Entspre-

Abb. 41: *David Hockney: Meine Eltern und ich, 1975*

chend der von Friedrich Nietzsche in der «Genealogie der Moral» gekennzeichneten Stärkung des Schwachen wurde gewissermaßen eine Stärkung der Vaterkonzeption paradoxerweise in ihrer Schwächung gesehen. Kafkas Wunschvorstellungen von einer Vaterfigur machen dieses ebenso unmittelbar einsichtig wie die radikalisierte, dazu aber ins Imaginative übertragene Vatermordvorstellung Freuds.

Die Freudsche Triangulierungsidee, die große Teile der wissenschaftlichen wie der künstlerischen Kultur des 20. Jahrhunderts geprägt hat (vgl. Abb. 41), war natürlich keine Lösung in dem Sinne, daß eine Kultur ihr hätte ‹folgen› können. Wenn eine Bereitschaft zur Rezeption der Freudschen Theorien überhaupt bestand, dann hatte sie zumindest in erster Linie weniger eine Lösungsfunktion als die, den Funktionsverlust des Vaters nicht nur zu bezeichnen, sondern womöglich sogar zu beschleunigen. Das heißt aber: Der dem Vater in der Familie und in der Kultur einmal reservierte Platz blieb unausgefüllt. Das Motiv der umgekehrten Nachfolge, der Vater soll sein, wie der Sohn es wünscht, wurde bestimmend. Bestimmend wollten sie also werden, die Söhne (und Töchter), die ihren Sammlungsort in der Jugendbewegung fanden.

Dazu waren die ideologischen Vorbereitungen zu Beginn des 20. Jahrhunderts bereits erfolgt. Ellen Key hatte 1903 das «Jahrhundert des Kindes» verlangt und mit heilsgeschichtlicher Attitüde formuliert:

«Bevor nicht Vater und Mutter ihre Stirne vor der Hoheit des Kindes in den Staub beugen, bevor sie nicht einsehen, daß das Wort Kind nur ein anderer Ausdruck für den Begriff Majestät ist; bevor sie nicht fühlen, daß es die Zukunft ist, die in Gestalt des Kindes in ihren Armen schlummert, die Geschichte, die zu ihren Füßen spielt – werden sie auch nicht begreifen, daß sie ebensowenig die Macht oder das Recht haben, diesem neuen Wesen Gesetze vorzuschreiben, wie sie die Macht oder das Recht besitzen, sie den Bahnen der Sterne aufzuerlegen.»

Die heimliche Botschaft des epochalen Buches von Ellen Key war eine feministische. Sie prognostizierte eine Deifizierung von Kind und Mutter, die im hypermodernen Bild der Kindheit inzwischen tatsächlich eingetreten ist:

«Die Zeit wird kommen, in der das Kind als heilig angesehen werden wird selbst, wenn die Eltern mit profanen Gefühlen dem Mysterium des Lebens genaht sind; die Zeit, in der jede Mutterschaft als heilig betrachtet werden wird, wenn sie durch ein tiefes Liebesgefühl veranlaßt war und tiefe Pflichtgefühle hervorgerufen hat.»

Daß die Feier des Nachgeborenen, des Kindes, im übrigen keineswegs auf den jüdischen Denkraum beschränkt blieb, sondern im Gegenteil auch Teile des erklärten Katholizismus erfaßte, belegt ein Zitat, das die erwartete Deifizierung des Kindes durch Maria Montessori anschaulich macht: «Das Kind ist der einzige Messias, der immer wieder unter die gefallenen Menschen zurückkehrt, um sie ins Himmelreich zu führen» (1982, S. 77).

Die bündische Jugendbewegung war gewissermaßen der ideologische Kristallisationspunkt einer Erneuerungsbewegung, die nicht erst nach dem Ersten Weltkrieg entstand, der mit seinen maßlosen Opfern verbundenen Vaterlosigkeit und der moralischen Kreditunwürdigkeit der überlebenden Väter verbunden war. Im engen Schulterschluß mit den führenden Köpfen der deutschen Reformpädagogik wurde bereits 1913 beim «Fest auf dem Hohen Meißner» formuliert: «Die Freideutsche Jugend will ihr Leben nach eigener Bestimmung, vor eigener Verantwortung, in innerer Wahrhaftigkeit gestalten.» Die sich in der bündischen Jugendbewegung organisierende junge Generation darf aber nicht im Sinne des späten 20. Jahrhunderts als eine antiautoritäre Bewegung mißverstanden werden. Der leere Platz des Vaters sollte nicht leer bleiben, sondern ausgefüllt werden durch Angehörige der Bewegung selbst. Hier ist der Entstehungsort des später so verhängnisvollen Führerprinzips. Auf der Suche nach einer inhaltlichen Ausfüllung für die Position jener Ersatzväter wurden allerlei Wege beschritten. Dazu gehörte auch die Rückwendung auf die griechische Antike. So war die 1896 durch die Schülerwandergruppe «Der Wandervogel» begründete «Wandervogelbewegung» durch ein Erastensystem gekennzeichnet, das deutliche Anleihen in Sparta machte. Dabei wurde auch die erotische Dimension nicht ausgeklammert, so daß die freideutschen Jugendorganisationen immer unter Päderastieverdacht standen und entsprechend attackiert wurden. Es spricht vieles dafür, daß auch diese Dimension bis zu den Staatsjugendorganisationen wie der Hitlerjugend in der Mitte des 20. Jahrhunderts erhalten blieb. Das Interesse an ihr gilt im Rahmen einer Geschichte der Vaterschaft weniger der Tatsache, daß hier sehr spät noch einmal einem antiken Vorbild nachgeeifert wird, als vielmehr dem Umstand, daß die Vatersuche eine Konzeptionslosigkeit verrät, welche selbst vor Begleiterscheinungen des Führungsprinzips nicht haltmachte, die gesellschaftlich nicht toleriert werden konnten.

Wenn man die deutsche Jugendbewegung als einen eher ideologischen Kern charakterisiert, ist dieses der Tatsache geschuldet, daß diese Bewegung rein quantitativ bedeutungslos war. Die bündische Jugendbewegung umfaßte 1919 nur 0,7 Prozent der Jugend, und selbst 1925 waren nicht mehr als 2 Prozent in ihr organisiert (vgl. Eichberg 1989, S. 30). Ihre ideologische Wirkung auf die insgesamt vier Millionen Mitglieder der großen Jugendverbände, die parteilich oder konfessionell organisiert waren, ist indessen nicht zu übersehen. Die durch sie und durch die mit ihr verbundene Reformpädagogik transportierten Ideen stellten insbesondere nach 1918 für viele ein Hoffnungspotential dar. 1919 verlautete im preußischen Kultusministerium: «Wir haben in Deutschland stets zuviel kommandiert, nun haben wir uns zu Tode kommandiert» (zit. n. Tenorth/Langewiesche 1989, S. 12). Die Idee der Verbesserung aller gesellschaftlichen Verhältnisse durch Pädagogik, jetzt aber durch eine von der Jugend getragene Pädagogik, ging um.

Mit der Konzentration der Hoffnungen auf die Jugend für die Jugend war allerdings eine grundlegende Polarisierung in die Welt gesetzt, die streckenweise mit politisch rechter beziehungsweise linker Orientierung kongruent wurde. So stellte sich die politische Rechte eher auf die Seite der Familie und der Eltern und verband das Schicksal der Familie in bekannter Weise mit dem Schicksal des Staates. Ein deutschnationaler Reichstagsabgeordneter formulierte das 1928 so: «Wenn die Ehe bolschewisiert und zum Konkubinat herabgewürdigt, die Familie zerstört wird, ist ein Wiederaufstieg Deutschlands unmöglich, dann gehen wir rettungslos zugrunde» (zit. n. a. a. O., S. 4). Die politische Rechte trat auch stets, dieses schon vor dem Ersten Weltkrieg, für staatliche Eingriffe in das Generationsverhalten der jungen Familien ein, was von der politischen Linken immer bekämpft wurde. Dort sah man in den sinkenden Geburtenzahlen eine Chance zur Individualisierung. Nach dem Kriegsende trat zwar ein Heirats-, aber kein Geburtenboom ein. Die Ehe als Existenzform war insbesondere in der Weimarer Zeit schon aus ökonomischen Gründen sehr gefragt. Die Familie mit zwei Kindern wurde aber zum Normalfall. Trotzdem war der Anteil der Kinder und Jugendlichen an der Gesamtbevölkerung erheblich. 1911 hatte der Anteil der unter 20jährigen 44 Prozent betragen, 1934 machte er immerhin noch 29 Prozent aus. Dieser Hintergrund ist wichtig, um auch demographische Ursachen für die Konzentration auf die Jugend mit in die Aufmerksamkeit einzubeziehen. Auf der anderen Seite der Barriere des Kampfes um die pädagogische Erneuerung standen diejenigen, die auf den Staat als zentrale Beziehungsorganisation setzten. Diese Auffassung wurde eher von der politisch linken Seite unterstützt, wenngleich das sozialistische Lager durchaus nicht einheitlicher Meinung war. So wurde teilweise eine Parteierziehung gefordert, um den Menschen ‹gemeinschaftsfähig› zu machen, teilweise war an eine Reform der Familie aus ihrem Inneren heraus gedacht worden. Diese Gegenüberstellung bedeutet nicht, daß das bürgerliche Lager gegen reformpädagogische Bemühungen aufgetreten wäre. Hier wollte man vielmehr davon ausgehen, die pädagogische Erneuerung in der Familie durchzusetzen. Und in der Tat kamen bei einer solchen Einstellung auf die Familie, genauer auf die nicht erwerbstätige Mutter, durch die Expansion des pädagogischen Denkens erhebliche Anforderungen zu. Hierin lag aber auch gerade das Problem für die Familien aus der Arbeiterschaft. 1925 waren dort immerhin noch 22 Prozent der Frauen erwerbstätig, während dieses nur für sieben Prozent der Ehefrauen von Angestellten und Beamten galt. Schon aus diesem Grund mußte denjenigen, die Partei für die Arbeiterschaft nahmen, an staatlichen pädagogischen Angeboten gelegen sein.

Das Ergebnis des Pädagogisierungsprozesses in der Weimarer Zeit ist uneinheitlich. Was man mit Sicherheit sagen kann, ist, daß der im 19. Jahrhundert einsetzende pädagogische Staatsinterventionismus nicht zurückgenommen, sondern erweitert wurde, vielleicht aber nicht in dem Maße, wie mancher sich das vorstellte. Immerhin betrug zum Beispiel das Versorgungsniveau der Bevölkerung mit Kindergärten 1930 28 Prozent. Anläßlich der Reichsschulkonferenz von 1919 hatte sich indessen gezeigt, daß eine Durchsetzung des Zwangskindergartens für alle nicht zu erzielen war. Auf der anderen Seite hatte der Staat in solche Verhältnisse massiv einzugreifen begonnen, in denen keine ‹ordentliche› Familie oder Ehe vorlag. Das Reichsjugendwohlfahrtsgesetz setzte eine Berufsvormundschaft für Uneheliche durch, um gegenüber den Vätern Alimente eintreiben zu können. In ähnliche Richtung weisen die steigenden Zahlen von Zwangserziehungsmaßnahmen bis zum Jahre 1926. Dieses eher düstere Kapitel der deutschen Sozialpädagogik ist gut geeignet, die Auseinandersetzung zwischen pädagogischem Staatsinterventionismus und individuellen Erziehungsrechten zu zeigen. Hier, wo ein Teil der Bevölkerung an der Wahrnehmung seiner Erziehungsrechte gehindert war oder aus anderen Gründen nicht interessiert schien, stieg der Staat massiv ein. Die Zahlen der Insassen von Zwangserziehungsanstalten in Preußen zeigen dieses deutlich:

1901: 14000
1913: 56464
1917: 61395
1926: Beginn des Rückgangs

Seit 1922 fußten diese Maßnahmen auf einer Regelung des Reichsjugendwohlfahrtgesetzes: «Jedes deutsche Kind hat ein Recht auf Erziehung zur leiblichen, seelischen und gesellschaftlichen Tüchtigkeit... Insoweit der Anspruch des Kindes auf Erziehung von der Familie nicht erfüllt wird, tritt unbeschadet der Mitarbeit freiwilliger Tätigkeit öffentliche Jugendhilfe ein.» Diese Regelung orientierte sich aber nur scheinbar an dem Interesse der betroffenen Zöglinge. Die Verschiebung eines Erziehungsrechts, das vordem ein *Recht der Eltern* war, in Richtung auf ein Recht des *Erzogenwerdens der Kinder* erlaubte allererst die Frage offenzuhalten, wer denn der Erzieher sei. Peukert (vgl. 1989) hat dargelegt, daß diese Rechtsregelung als «Recht des Staates auf die Beaufsichtigung und eventuelle Korrektur des Erziehungsprozesses namens und anstelle des Kindes» gedacht war (a. a. O., S. 311). Er macht deutlich, daß es sich bei den angestrebten Rechtsregelungen in der Weimarer Zeit um den Versuch handelte, ein Sozialdisziplinierungskonzept zu errichten, für das Sozialdemokraten bis ins Dritte Reich hinein in der Form eines «Bewahrungsgesetzes» eintraten, dem zufolge solche Teile der Bevölkerung in Verwahrung genommen werden sollten, die durch eine «krankhafte oder außergewöhnliche Willens- oder Verstandesschwäche» oder durch eine «krankhafte oder außergewöhnliche Stumpfheit des sittlichen Empfindens» gekennzeichnet sind, wenn keine andere Möglichkeit besteht, «diesen Zustand der Gefährdung oder Verwahrlosung zu beheben». – Tendenziell war damit unter dem Deckmantel des Pädagogischen die Möglichkeit eröffnet, solche Teile der Bevölkerung aus dem Normalzusammenhang zu entfernen, die den Strukturen genau dieser Normalität nicht entsprachen.

Wenn man aus der historischen Distanz heute weiß, daß die nachfolgenden Nationalsozialisten das Problem der Anomalität rigoros dadurch zu lösen versuchten, daß sie die Devianten im Zweifelsfall liquidierten, dann muß die staatliche Zwangserziehung als die humanere Alternative erscheinen. Auf der anderen Seite ließ sich die Pädagogik, ja das Pädagogische in seiner euphemistischen Form offenkundig als Legitimation für Steuerungsinteressen des Ersatzvaters ‹Staat› instrumentalisieren. Mit anderen Worten: Auf der Suche nach Ersatzvätern, seien sie ‹Führer›, ‹Staat› oder ‹Mutter›, hat die Pädagogik in der Reformzeit Weimars eine wichtige theoretische Hilfestellung geleistet. Sie hat nicht nur finden geholfen, sondern auch dabei, durch ihre eigene Existenz das auszugleichen, was die Ersatzväter angeblich nicht besitzen konnten. Sie kompensierte im Namen von pädagogischem Engagement, das an die Stelle der väterlichen Liebe getreten sein möchte, und im Namen pädagogischer Wissenschaftlichkeit, die allemal geeignet schien, die Defizite der Väter auszugleichen, ja alles zu übertreffen, was leiblichen Vätern je möglich gewesen war.

Trotz dieser weitgehenden Ansprüche blieb die Pädagogik in der

Wirklichkeit der Weimarer Republik mehr Wissenschaft und Ideologie des Vaterersatzes als tatsächlich durchgesetzte Erziehungswirklichkeit in – am Ende gar – staatlicher Regie. Staatliche und elterliche Ansprüche an die Erziehung hielten einander, zumindest im bürgerlichen Bereich, noch in Schach. Die mit der Pädagogik virtuell gesetzte Möglichkeit des professionellen Familienersatzes wurde erst in der Zeit des Hitlerfaschismus weiterzutreiben versucht.

Das autoritäre Führerprinzip der NS-Zeit ist keine Erfindung des Hitlerfaschismus. Die Erziehung zum Untertanen war schon vor 1918, nämlich im 19. Jahrhundert angelegt worden, wie wir am Beispiel des euphemistischen Lobs gegenüber dem deutschen Volksschullehrer gesehen haben. Weimar, die kurze Zeit der pädagogischen Bewegung, hatte nicht genügt, um dort, wo das überhaupt intendiert war, demokratische Elemente in die Erziehungsverhältnisse einzubringen. So verknüpften sich in der NS-Zeit Motive der pädagogischen Bewegung mit der autoritären Grundtendenz der Diktatur. Das Führerprinzip mit seiner Hierarchie verschiedener Führer und Unterführer kann als die Durchsetzung einer Ersatzvaterschaft gewertet werden. Denn eines darf nicht übersehen werden: Auch die Hitlerjugend repräsentierte eine organisierte Jugend in Auflehnung gegen ihre Väter. So meint Mendel (vgl. 1972), daß die verschiedenen Jugendbewegungen ihre ödipalen Konflikte überwiegend nicht durch die Identifikation mit den Vätern, sondern mit charismatischen Führern gelöst hätten, von denen einige absolute Vaternegationen, andere Überväter gewesen seien. Durch diesen Mechanismus sei die Autorität der leiblichen Väter geradezu eingeschränkt worden. Dieser Gesichtspunkt ist deshalb wichtig, weil nach der Katastrophe des Faschismus die Ursachenrecherche unter anderem dahin geht, das autoritäre Erziehungsverhalten der leiblichen Väter für die Entwicklungen der Zeit zwischen 1933 und 1945 verantwortlich zu machen. In dieser Richtung argumentierten nicht nur die Studien über Autorität und Familie des Instituts für Sozialforschung, sondern auch Offiziere des amerikanischen und britischen Reeducation-Programms nach dem Zweiten Weltkrieg. In der «for staff use» verfaßten, mit einem Vorwort von Margaret Mead versehenen Studie «Father Land. A study of authoritarianism in the German family» von Bertram Schaffner (vgl. 1948) stellt sich der Schuldzusammenhang des deutschen Vaters holzschnittartig dar und sein Profil nicht minder:

«Family life revolves around the figure of the father. He is omnipotent, omniscient, and omnipresent, as far as this is possible for a human being. He is the source of all the authority, all the security, and all the wisdom that his children expect to receive. Every other member of the family has lower status and lesser rights than his.

It is the father who issues orders and who expects them to be obeyed. In case of disputes or disobedience, it is the father who judges and decides the issues. In disputes between other members of his family, he is the last court of appeal. He considers his decisions final and binding upon his wife as well as his children. Demurral or disagreement is a slur upon his authority.

The father also serves as a model for his children. He is a *Vorbild* (an ideal) for them to follow. This imposes upon him the duty of living on the level of his own standards, and makes him a rather remote and lofty figure. A good deal of the time he is aware that he must act the part of an admirable father figure. He hopes that his eldest son will be particularly like him (in some areas, it is the youngest son), will follow his trade, stand for the same ideas, and carry on his way of life. But he really expects all his children to follow his example and to obey his regulations promptly and implicitly.

The German father lays so much stress upon respect for his authority that he actually may sacrifice other familial values in order to maintain it» (a. a. O., S. 15).

Dementsprechend untergeordnet erschien dem Autor die deutsche Mutter:

«The position of the German mother, in contrast to that in some other cultures, is secondary in the family. This is due to two chief factors: her subjugation to the undisputed authority of the father, and her abandonment of those qualities associated with ‹femininity› which would make her a colorful, self-reliant personality instead of an insecure passive drudge. She is completely dependent on her husband» (a. a. O., S. 34).

Aus all dem folgerte der Autor, daß es darauf ankomme, die deutschen Väter dazu zu bringen, ihre Kinder Unabhängigkeit statt Servilität zu lehren:

«German children (as well as German adults) need to be taught to think for themselves, to doubt, to question established authorities, to develop insight into and criticize themselves. This will no doubt have to be taught through the schools» (a. a. O., S. 111).

Damit war die alte Konfrontation zwischen Schule und Elternhaus offenkundig neu gesetzt. Die Schule sollte die Funktion bekommen, die falsche, weil autoritäre Erziehungsform der leiblichen Väter zu konterkarieren, soweit diese überhaupt überlebt hatten. Ob die von den Besatzern geschilderten autoritären Familienstrukturen tatsächlich existierten, läßt sich heute nicht mit Sicherheit sagen. Wie weit beispielsweise ein autoritärer Erziehungsstil bereits zu Weimarer Zeiten verbreitet war, ist nur ansatzweise erforscht (vgl. Castell-Rüdenhausen 1989, S. 82). Gerhard Wurzbacher hat nach dem Zweiten Weltkrieg anhand von 164 Familienmonographien aus den 30er und 40er Jahren «Leitbilder gegenwärtigen Familienlebens» überprüft und in dieser Form nicht bestätigt gefunden. Nur in zehn Familien seiner Stichprobe fand er ausgeprägt autoritäre Eltern-Kind-Beziehungen. Die egalitäre Beziehung zwischen den beiden Elternteilen dominierte in 55 Fällen in Verbindung mit einer «Achtung des Eigenwertes und der Freiheit zu eigenbestimmter Entwicklung und Lebensgestaltung des Kindes». In 42 Familien fand Wurzbacher schließlich eine eher ambivalente Beziehung zwischen Eltern und Kindern vor (vgl. Wurzbacher 1951). Die Ergebnisse dieser Studie wurden von Schelsky 1955 erhärtet und im wesentlichen bestätigt.

Sollten sich diese Ergebnisse auch in der künftigen historischen Forschung bestätigen lassen, dann wird deutlich, daß bei dem Versuch der Reeducation des deutschen Volkes zumindest teilweise an der falschen Stelle angesetzt wurde. Diese Annahme liegt im übrigen auch deshalb nahe, weil das nationalsozialistische, von der Jugendbewegung übernommene Führerprinzip bereits eine Ersatzvaterfunktion übernommen hatte und der eigentliche Ort für autoritäre Unterordnungsverhältnisse geworden war. Wenn man berücksichtigt, daß ein Mann wie Eduard Spranger die Machtergreifung Hitlers 1933 begrüßte, «weil daraus ein Geist und eine Totalerziehung des deutschen volks- und staatsverbundenen Menschen» spreche, dann wird der Befund gegenüber den Korrektionsvorstellungen des Nachkriegsdeutschland noch gespenstischer: Es sollte nämlich gerade wiederum die Aufgabe des (inzwischen freilich gewandelten) Staates sein, eine Umerziehung des deutschen Volkes vorzunehmen, nicht die Aufgabe des Vaters. Mit anderen Worten: Der mit der Reformpädagogik populär gewordene Gedanke einer Erziehung des gesamten Volkes gegen die Intentionalität der Väter, die nach dem Ersten Weltkrieg ihren Kredit verspielt zu haben schienen, wird nach demselben Muster 1945 wiederholt – obwohl der faktische Einfluß der Väter auf die Erziehung in der Zeit des Nationalsozialismus mit demjenigen der Kaiserzeit vor 1914 kaum vergleichbar gewesen sein dürfte.

Nach dem Zweiten Weltkrieg wandelten sich die familialen Erzie-

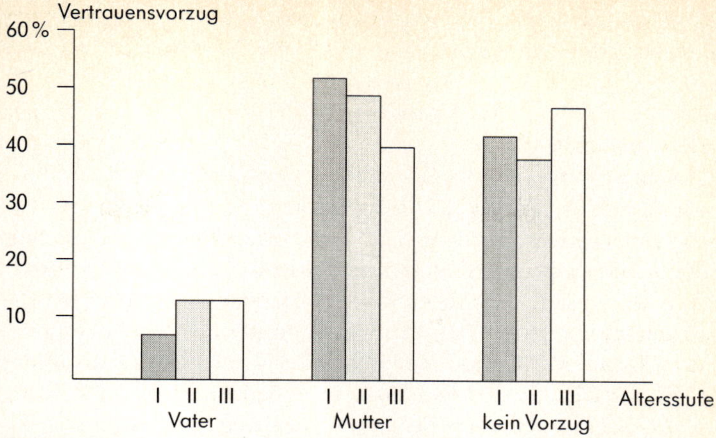

***Abb. 42:** Vertrauensvorzug von Töchtern gegenüber Vätern/Müttern. Aus: Erni 1965, S. 179*

hungsverhältnisse zwangsläufig erneut. Die Wirklichkeit der Familie in Deutschland nach 1945 war geprägt von der Vaterabwesenheit, weil die Väter im Krieg gefallen, in Kriegsgefangenschaft geraten oder mit allen Kräften in den Wiederaufbau involviert waren. Durch diese historischen Verhältnisse ist nach dem Krieg neben dem Staat ein zweiter Ersatzvater erneut auf den Plan getreten: die Mutter. Sie ist die tüchtige Organisatorin der – häufig nur noch – Teilfamilie in den 50er und frühen 60er Jahren, ist die einzige Erzieherin. Diese Tatsache wirkt sich in die 60er Jahre hinein weiter aus. Wenn deshalb Kinder gefragt werden, wem sie in der Familie einen Vertrauensvorzug einräumen, so sind es, wie in der Untersuchung von Margrit Erni über das Vaterbild der Töchter (vgl. Erni 1965, S. 179) belegt, eben die Mütter, denen dieser Vorzug gebührt.

Wertet man Ratgeberliteratur für die familiale Erziehung aus den 60er Jahren aus, so findet man dort als den eigentlichen Adressaten die Mutter. Die meisten dieser Texte enthalten irgendwo eine verschämte Passage darüber, welche Rolle einem Vater bei der Erziehung zukommen könnte, dieses gewissermaßen entlang der Vorstellung: «Im übrigen gibt es noch einen Vater ...» Die Überschriften zu den «Vaterkapiteln» solcher Literatur zeigen die Ambivalenz recht deutlich:

«Abgekämpft von seiner Berufsarbeit, zeigt der Vater abends wenig Interesse am Familiengeschehen und will bedient und umsorgt sein.»

«Der Vater als Stein des Anstoßes»

«Der schwächliche Vater»

«Erziehungsprobleme der Gegenwart – der Vater»

Die vaterfeindliche Propaganda hat gewirkt.

Erziehungswissenschaftliche Literatur beschäftigt sich vorrangig mit der Schule, mit außerschulischen Einrichtungen, mit der Mutter. Texte, in denen der Vater thematisiert wird, sind in der Erziehungswissenschaft eher selten. Erni sieht ihn in ihrer Studie über das Vaterbild der Töchter als Gegenstand öffentlicher Karikatur oder als Mann ohne Eigenschaften. Am Arbeitsplatz ist er bedeutungslos geworden. Seine pädagogische Funktion gegenüber der Welt hat er verloren, die Familie ist desintegriert. Er sieht sich mit öffentlich kundgetaner Erleichterung konfrontiert: «Heute sind wir diesen Eindringling los» und im Vorgriff auf die 80er Jahre des 20. Jahrhunderts: «Wir wollen nur noch die Befruchtung durch die Spritze anerkennen, deren eugenische Qualität wir garantieren können» (Biot 1947, zit. n. Lacroix 1952, S. 18 f). Der Bestseller zur Vaterthematik wird das 1963 zum erstenmal erschienene Buch von Alexander Mitscherlich «Auf dem Weg zur vaterlosen Gesellschaft» (vgl. 1984), eine psychoanalytisch akzentuierte, psychohistorische und anthropologische Studie, die den Vater mit einer Mischung aus Bedauern und Bekräftigung zum Tor hinaus geleitet. – Ein Bestseller der Alltagskultur wird das Lied «O mein Papa» aus dem Singspiel «Feuerwerk» von Burkhard und Amstein, ein Schlager, in dem ein vergangener Vater melancholisch besungen wird («o mein Papa war eine große Mann»). – Aber dieser große Vater ist kein Politiker, kein Führer, kein Wissenschaftler, kein Dichter, er ist ein Clown, «hoch auf die Seil».

Die Generation der Studentenbewegung mochte sich mit derlei melancholischer Verklärung und Entrückung nicht zufriedengeben. Die antiautoritäre Bewegung, die am Ende der 60er und in den 70er Jahren tiefe Spuren im Erziehungswesen nicht nur Deutschlands, sondern Europas hinterließ, wiederholte in weiten Teilen die Analogisierung zwischen der bekämpften (vor allem politischen) Autorität und dem Vater schlechthin. Zudem war die 68er Revolte eine verspätete Abrechnung mit den Vätern, denen die Schuld an der Katastrophe des

Hitlerfaschismus ebenso zugerechnet wurde wie die Unfähigkeit, sich 1945 damit produktiv und in verändernder Absicht auseinandergesetzt zu haben. Die Erinnerungen an diese Phase sind noch zu frisch, als daß eine analytische Distanzierung bereits möglich wäre. Ohne Partei für die Seite der Väter oder der 68er Söhne und Töchter zu ergreifen, läßt sich jedoch sagen, daß das diskursive Klima bezüglich des Vaters in den 60er und 70er Jahren weniger noch als unmittelbar nach dem Krieg geeignet war, eine Restabilisierung der Funktionen des leiblichen Vaters herbeizuführen, wenn dieses denn von irgend jemandem gewünscht worden wäre.

Die 70er und 80er Jahre des 20. Jahrhunderts sind deshalb keine Jahre der Wiederherstellung väterlicher Funktionen. Sie sind aber, und das mag erstaunen, auch nicht nur Jahre einer ausschließlichen Demontage. Wenn man diese 20 Jahre kennzeichnen wollte, müßte man eher von einer großen Heterogenität hinsichtlich der Einschätzung väterlicher Funktionen und seiner erwarteten wie gewünschten Zukunft sprechen.

Im wesentlichen sehe ich folgende Erscheinungen im gegenwärtigen Diskurs über Vaterschaft:

- fortgesetzte Diffamierungen und vaterfeindliche Tendenzen,
- Tendenzen der Liquidation des Vaters,
- Tendenzen zur Reduktion väterlicher Funktionen.

Neben diesen Momenten, die darauf hindeuten, sich des Vaters entledigen zu wollen, existieren aber auch gegenteilige Entwicklungen. Ich zähle dazu:

- Versuche einer literarischen, lebensgeschichtlichen, historischen Rekonstruktion von Vaterschaft,
- Neigungen zur Simulation von Vaterschaft,
- Elemente melancholischer Vatersuche,
- konstruktivistische Ansätze für die Begründung einer ‹neuen Vaterschaft›.

Man mag diese zweite Gruppe als Ausdruck dessen werten, daß der Vater zumindest nicht für alle Mitglieder dieser Kultur ein ‹Auslaufmodell› ist. Andererseits kann man hinter diesen Tendenzen den Versuch einer kontrafaktischen, nur auf der Oberfläche möglichen Beschwörung von etwas unwiederbringlich Verlorenem vermuten.

Schauen wir die heterogenen Elemente etwas genauer an. Die Diffamierung des Vaters ist oftmals verknüpft mit der Diffamierung des

Manns schlechthin. So legt der ‹Abschied von der Männergesellschaft› nicht selten auch einen Abschied von der Vatergesellschaft nahe. Eine Reihe von Fundstücken aus Zeitungs- und Zeitschriftenüberschriften der 80er Jahre machen das Gemeinte anschaulich:

«Die Mär von der ‹intakten Großfamilie›»
«Ist die Familie eine kriminelle Vereinigung?»
«Männer existieren nur halb»
«Der Mann ist nur noch eine Last»
«Hilfe, ich bin ein Mann!»

Diese Tendenz ist unterstützt worden von Publikationen wie dem Buch von Volker Elis Pilgrim «Muttersöhne» oder von voyeuristisch-sensationslüsternen Publikationen, die die ‹Väter als Täter› diffamieren und sie allesamt, gewollt oder ungewollt, in den Geruch bringen, als Unholde über ihre minderjährigen Töchter herzufallen.

Eine solche Stimmung ist dazu angetan, die Bereitschaft zur Zustimmung für eine Praxis zu vergrößern, die den Vater auch hinsichtlich seiner letzten Funktion, der der Zeugung von Kindern, liquidiert. Gemeint ist die mit den neuen Reproduktionstechnologien sich eröffnenden Möglichkeiten, den Vater zum anonymen Samenspender zu regredieren, wenn beispielsweise eine konzeptionswillige Frau sich entweder im Labor medizinisch inseminieren oder sich einen in vitro gezeugten Embryo einpflanzen läßt. Die stillen Zahlen dieser Fälle gehen inzwischen in die Hunderttausende. Es handelt sich dabei nicht mehr um eine utopistische Ausnahme, die man in das Reich von Science-fiction-Vorstellungen vom Schlage des «Raumschiff Enterprise» verweisen kann. Selbst dort, wo in vitro gezeugte Kinder solche von Vätern sind, die diese im nachhinein aufziehen, dürften die mentalen Folgen für die Akzeptanz des Vaters beträchtlich sein (vgl. dazu Lenzen 1991).

Während die Möglichkeiten der Reproduktionstechnologie, konsequent zu Ende gedacht, die letzte Funktionsbasis des Vaters liquidieren, so gilt dieses nicht für eine Erscheinung, die im Deutschland der 70er Jahre von erheblicher Bedeutung für die Möglichkeit väterlicher Erziehung geworden ist. Damit sind zwei juristische Entwicklungen angesprochen, und zwar im Zusammenhang des Scheidungsfolgenrechts und des Nichtehelichenrechts. Durch die Abschaffung des anachronistischen Schuldprinzips im Zusammenhang der Scheidung mußte eine Neuregelung für den Verbleib des elterlichen Sorgerechts gefunden werden. Dieses war in der Vergangenheit vor 1975 dadurch relativ leicht lösbar gewesen, daß der ‹schuldige› Elternteil in der Regel als der für die Erziehung eines Kindes Ungeeignete ausgeschlossen werden konnte. Es war in der überwiegenden Zahl der Fälle der Vater gewesen. Nach der Einführung des Zerrüttungsprinzips und dem Versuch, Männern und Frauen in der Scheidungssituation gleiches Recht angedeihen zu lassen, hätte man dieses auch für die Regelungen des elterlichen Sorgerechts erwarten können. Auf dem Papier ist dies auch geschehen, insofern nunmehr das Prinzip der Kontinuität, der pädagogischen Eignung und der faktischen Möglichkeiten zum Vollzug pädagogischer Verpflichtungen in den Vordergrund gerückt wird. In einer Arbeitswelt indessen, in der die Männer immer noch in der überwiegenden Zahl der Fälle für die ökonomische Reproduktion und damit für die Alimentation von Frau und Kindern verantwortlich sind, ist die so gedachte Gleichheit nur eine scheinbare. Die nicht arbeitende Frau hat eo ipso eher die Möglichkeit, erzieherische Verpflichtungen wahrzunehmen. Ihr wird deshalb in mehr als 90 Prozent der Fälle das Sorgerecht zugesprochen. Daraus folgt zwangsläufig eine Unterhaltsverpflichtung des geschiedenen Vaters gegenüber der nicht erwerbstätigen Frau und den Kindern. So wird er seiner pädagogischen Funktion beraubt und auf eine Alimentationsfunktion reduziert. Die Fälle zudem, in welchen geschiedene Ehefrauen den nicht sorgeberechtigten Vätern das Besuchsrecht bei ihren leiblichen Kindern zu verwehren versuchen, sind Legion. Erst in jüngster Zeit zeichnen sich vorsichtige Tendenzen ab, ein gemeinsames Sorgerecht zu etablieren.

Nicht besser stehen nicht verheiratete Väter von Kindern da, die mithin unehelich geboren werden. Das Bundesverfassungsgericht konnte sich auch 1981 nicht dazu durchringen, diesen Vätern auch nur die Möglichkeit eines Sorgerechts einzuräumen. Sie bleiben zu Zahlvätern degradiert und mußten in den 80er Jahren allererst ihren Kindern das Recht erstreiten, im Zweifelsfall überhaupt zu erfahren, wer ihr leiblicher Vater ist. Bis dato konnte die Mutter eines unehelichen Kindes diese Auskunft verweigern.

Dem Bild einer Gesellschaft, in der alleinerziehende Mütter von in vitro gezeugten Kindern sich in kleine Amazonenkommunen zurückziehen, die zu betreten den Vätern verboten ist, steht eine Literatur gegenüber, in welchem diese Kultur mit dem Vater noch nicht fertig geworden zu sein scheint. Hierzu zählen die zahlreichen Texte der Vatersuche aus den 70er und 80er Jahren (vgl. Schutting 1980, Härtling 1980, Wiesner 1979, Meckel 1980, Reinshagen 1984, Brandstetter 1982, Rehmann 1979, Schwaiger 1980, Krauß 1990, Vanderbeke 1990, Münchmeyer 1988, Harig 1986, Gauch 1979). Auch wenn diese Literatur in der Regel alles andere als eine Feier des Vaters bietet, sondern in etlichen Fällen ihn restlos demontiert und sie damit eigentlich in die erste Rubrik gehört, befindet sich darunter nicht selten der ehrliche Versuch einer vorurteilsfreien Auseinandersetzung mit den eigenen Vätern.

Aber die Vatersuche kennt noch eine andere, vielleicht verzweifeltere Form. Die deutsche Alltagskultur sieht sich immer wieder mit amerikanischen Importen von Simulationen des Vaters konfrontiert, von denen Endlos-Serien des Fernsehens wie «Dallas» oder «Der Denver-Clan» die bekanntesten sind. Im Denver-Clan regiert über alles Blake Carrington, ein wahrhaftiger Übervater, der geeignet ist, die unerfüllten Vaterwünsche ganzer Generationen am Fernsehapparat zu erfüllen. Das ist ein Mann, der ohne Vorbehalte in Liebe zu den Seinen für die Interessen und das Wohlergehen seiner Frau und seiner Kinder eintritt. Einige kleine Szenenausschnitte aus einer Einheit um die Tochter Fallon illustrieren das Gemeinte:

«Szene 02: Krankenhaus / Warteraum
Blake: Dr. Walkert, was passiert hier? Die Zeit vergeht und meine Tochter liegt noch immer besinnungslos in diesem Raum da. Verdammt, ich will wissen, was los ist!
Arzt: Sie haben mich engagiert, Mr. Carrington, weil ich einer der besten Neurologen bin. Ich bin nicht dazu da, aufgeregte Eltern zu beruhigen.
Blake: Sie haben ja recht, Dr. Walkert. Was haben Sie herausgefunden?
Arzt: Sie hat durch den Unfall eine schwere Gehirnerschütterung davongetragen. Wahrscheinlich ist sie auf den Hinterkopf gestürzt.
Blake: Ist das alles, Doktor!? Sie können überhaupt uns nichts Definitives sagen!?
...
Fallon: Daddy, seit Wochen werde ich von einem Facharzt nach dem anderen untersucht, und keiner konnte bisher sagen, warum ich die Beine nicht bewegen kann.
Blake: Eins versprech' ich Dir: Wir werden herausfinden, was Dir fehlt, und wir werden Dich wieder gesund machen! Ich will jetzt gleich mit Dr. Walkert darüber sprechen, ob ich Dich nicht nach Hause nehmen kann. Dahin, wo Du Dich am wohlsten fühlst. Es wird langsam Zeit!
...
Blake: Wenigstens siehst Du etwas fröhlicher aus.
Fallon: Wirklich?

Blake: Ja. – Weißt Du, Fallon, wir haben schon sehr lange nicht mehr eins unserer bewährten Tochter-Vater-Gespräche geführt. Und es gibt so viel, worüber wir reden müssen.
Fallon: Meinst Du, über den Mann, den ich heiraten wollte?
Blake: Ja.
...
Szene 11: Familienfeier
Blake: Ich bitte einen Augenblick um Aufmerksamkeit! Ich habe überlegt, was man zu so einer Gelegenheit Passendes sagen könnte, aber ich bin mir nicht sicher, ob man dazu überhaupt was Passendes sagen kann. Alles, was mir im Moment einfällt, ist: vor mir sitzt eine junge Frau, die im Leben immer ihren Mann steht. Sie besitzt ein sehr wechselhaftes Temperament, ist einmal schwankend, dann wieder fest entschlossen, steht aber immer sicher auf beiden Beinen. Trotzdem ist sie sehr sensibel gegenüber dem, was das Leben für sie bereithält. Sie hat die Kraft und den Mut, alle Schicksalsschläge zu überwinden und immer vorwärts zu gehn. Auf Dein Wohl, Fallon! Ich liebe meine Tochter!»

Neben der Vatersuche als Abrechnung, neben der Simulation als Ausdruck der Vatersuche existiert aber auch ein Typus dieses Suchens, der weiß, daß es vergeblich ist. Der eingangs zitierte Film von Wim Wenders gehört dazu, vielleicht bereits Langevelds Essay «Einen Vater zu haben» aus dem Jahre 1963, gelegentlich ein Gedicht, wie das von Ludwig Greve:

«Mein Vater

Spät komme ich zu dir.
Wenn Staub mich riefe – aber ich höre nur
im Spiel der feuchten, meiner Lippen
diese gehorsame Stimme rufen.

Wo niemand wartet, Vater, im Schweigen, wo
in Salz und Asche kenne ich deinen Mund,
der nach den Kindern ruft und ächzend
bittet um Gnade die Menschensöhne.

Die ehemals gute Jacke verriet den Herrn.
Du ohne Mantel, war auch kein Tier dabei
noch Gott: wie sorgsam führtest du in
zwiefacher Kälte dein Kind zur Grube.

Dein Aug, die Stirne, Tafel vom Sinai,
der Nase starker Bogen: ich sehe nichts
und halte Nase, Stirn und deine
Bitternis doch in den hohlen Händen.

Ja, diese Hand, die unschlüssig Wort auf Wort
hier fügt, sie ahmte lange die Bögen nach
von deinem Namen, übte heimlich
Strenge und Mut des gerechten Mannes,

dem ich nie sagen konnte: ich bin dein Sohn.
Man hieß uns Fremde. Unsere Sprache war
ein Blick, ein Händetausch, und später
Auflehnung, bleiche Gewalt des Zornes.

Genügt die Trauer? Atem, Begeisterung,
die Liebesnächte danke ich deinem Tod
und auch die Kinder: unerschöpflich
höre sie lachen ... Ich komme, Vater.»

Demgegenüber nehmen sich die mutigen Versuche einer Begründung ‹neuer Väterlichkeit› nicht nur in ihrer Quantität, sondern auch in ihrer Beherztheit bisweilen arg aktivistisch aus. Diese Ansätze gehen offensiv davon aus, daß das Kind den Vater braucht, und sie meinen damit nicht selten, daß die Mutter den Vater als Hausmann benötigt. Diese Bemühungen um eine neue Väterlichkeit oder neue Vaterschaft nehmen gelegentlich den Charakter einer Bewegung an, die sich in verschiedenen Verbänden organisiert. Die Initiative «Freundschaft mit Kindern» gehört dazu, ebenso die Initiative «Eltern für aktive Vaterschaft», die bewußt auf Partnerschaftlichkeit setzen. Gelegentlich sind solche Initiativen Reaktionen auf die Vereinseitigungen, die durch das neue Scheidungsfolgenrecht der 70er Jahre entstanden sind. Die psychologische Unentbehrlichkeit des Vaters läßt sich inzwischen durch Untersuchungen im Bibliotheksmaßstab untermauern, die auf die problematischen Folgen für die Kindesentwicklung im emotionalen wie kognitiven Bereich hinweisen, wenn der Vater von den Kindern entfernt wird (vgl. zusammenfassend Fthenakis 1985). Die Resultate dieser zahllosen Untersuchungen scheinen mit empirischen Mitteln kaum noch widerlegbar zu sein. Offen ist eher die Frage, zu welchen Eltern-Kind-Konstellationen die Folgerungen führen, die aus solchen Untersuchungen gezogen werden. Bei den Überlegungen dazu wird immer wieder deutlich, daß insbesondere die sozialen Rahmenbedingungen unzulänglich sind, unter denen Väter eine neue, aktivere Rolle in dieser Konstellation einnehmen könnten. So kann man sagen, daß die Figuration dieser Vaterschaft in zahlreicher Literatur beschrieben worden ist (vgl. z. B. von Canitz 1982, Bullinger 1985,

Abb. 43: *Werbeanzeige der Sparkasse*

Motschmann 1987, Schön 1983, Schneider 1989, Parke 1982, Bonorden 1985), ohne daß die gesellschaftliche Umsetzung in demselben Tempo voranginge wie die Produktionen der Vor-Bilder, die gelegentlich kuriose Formen annehmen, wenn etwa vom ‹schwangeren Mann› die Rede ist (vgl. Friederich u. a. 1985, Zapperi 1984, Konjetzky / von Westphalen 1983). Solche Texte heben gezielt darauf ab, den tradierten Geschlechterunterschied in seinem Kern zu treffen, so daß also nicht nur die soziale Rollenverteilung problematisiert wird, sondern über eine teils biologistische, teils anthropologistische Argumentation verdeutlicht werden soll, daß der Geschlechterunterschied selbst hinsichtlich der Gebär- und Nährfunktion zu vernachlässigen sei. In der bildlichen Repräsentation der Alltagskultur finden sich deshalb zahlreiche Umsetzungsformen, die gelegentlich an die Ikonographie der «Maria Lactans» appellieren (vgl. Abb. 43 und 44).

Diese Feminisierung der Vaterrolle ist natürlich nicht ohne Kritik geblieben. So spricht Bopp von den «Mappis», die diese Väter zu werden drohen (vgl. Bopp 1984a, b). Sie seien Konstruktionen, die durch Stillneid, Desexualisierung, Identifikation mit der Aggressorin gekennzeichnet seien, Väter, die Kinderliebe als Ersatz für Erotik empfangen und auf diese Weise einen emotionalen Überdruck erzeugten, der für die Entwicklung der Kinder nicht nur positiv sein könne. – Man muß sich klar vor Augen führen: Die so konstituierte ‹neue Väterlichkeit› ist eigentlich eine ‹alte Mütterlichkeit›. Die Entwicklungsdefizite von Kindern, die unter Vaterabwesenheit aufwachsen müssen, dürften kaum durch die Verdoppelung der Mutterrolle oder deren Ersetzung durch «Mütter ohne Brüste» (Bopp) kompensiert werden, im Gegenteil. Konzeptionen, die die Geschlechterdifferenz in der Eltern-Kind-Konstellation zu nivellieren versuchen, sei es durch eine Veränderung des Vaterbildes oder dadurch, daß die Geschlechterdifferenz durch eine partnerschaftliche ‹Gleichheit› beider Eltern hinsichtlich ihrer wesentlichen Charakteristika beseitigt wird, sind nicht das, was den Psychologen und Sozialpsychologen vorschwebt, wenn sie heute auf die Unentbehrlichkeit der Vaterfunktion hinweisen. Der Verdacht ist nicht abzustreifen, daß der ‹neue Vater› sich einer ganz anderen Motivation verdankt denn derjenigen, mögliche Entwicklungsdefizite von Kindern auszugleichen. Die Ansprüche an die Erziehung, die Erwartungen an Eltern, sind in den letzten 20 Jahren maßlos gestiegen. Zu den 10000 Elternratgebern, die das «Börsenblatt für den deutschen Buch-

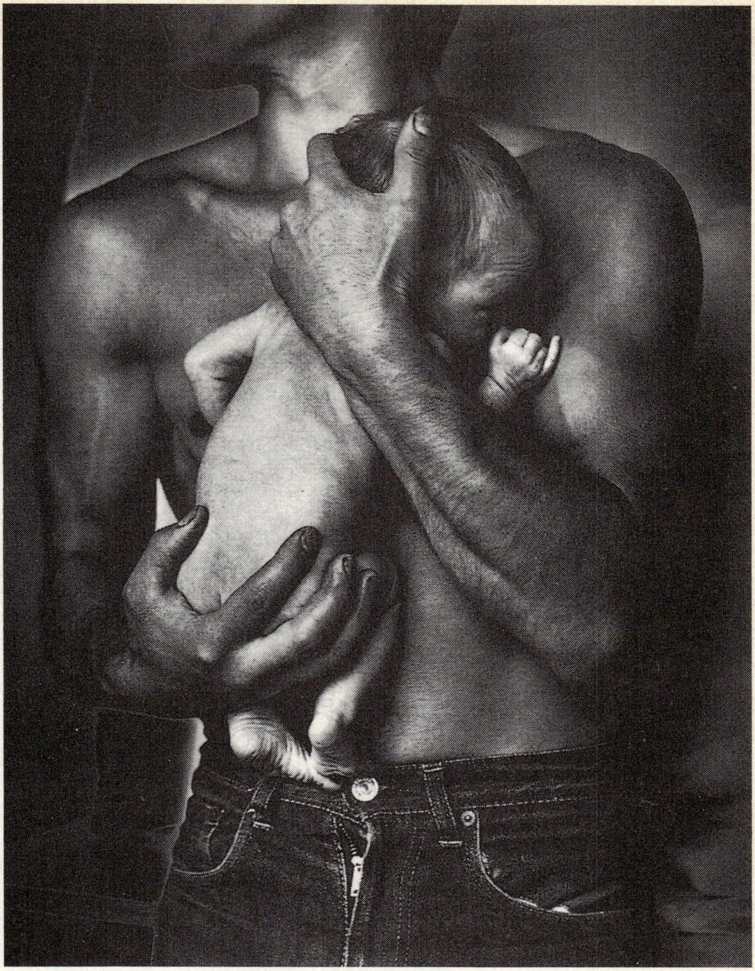

Abb. 44: *Jan Saudek: Theatre of Life*
© Jan Sander 1990 c/o Art Unlimited Amsterdam

handel» bereits 1976 notierte, kamen inzwischen jährlich etwa 2000 Titel hinzu. Da ist die Vermutung nicht ganz von der Hand zu weisen, daß Partnerschaftlichkeit, die ihren Ausdruck in neuer Väterlichkeit findet, auch der Versuch ist, mit diesen Ansprüchen zu zweit fertig zu

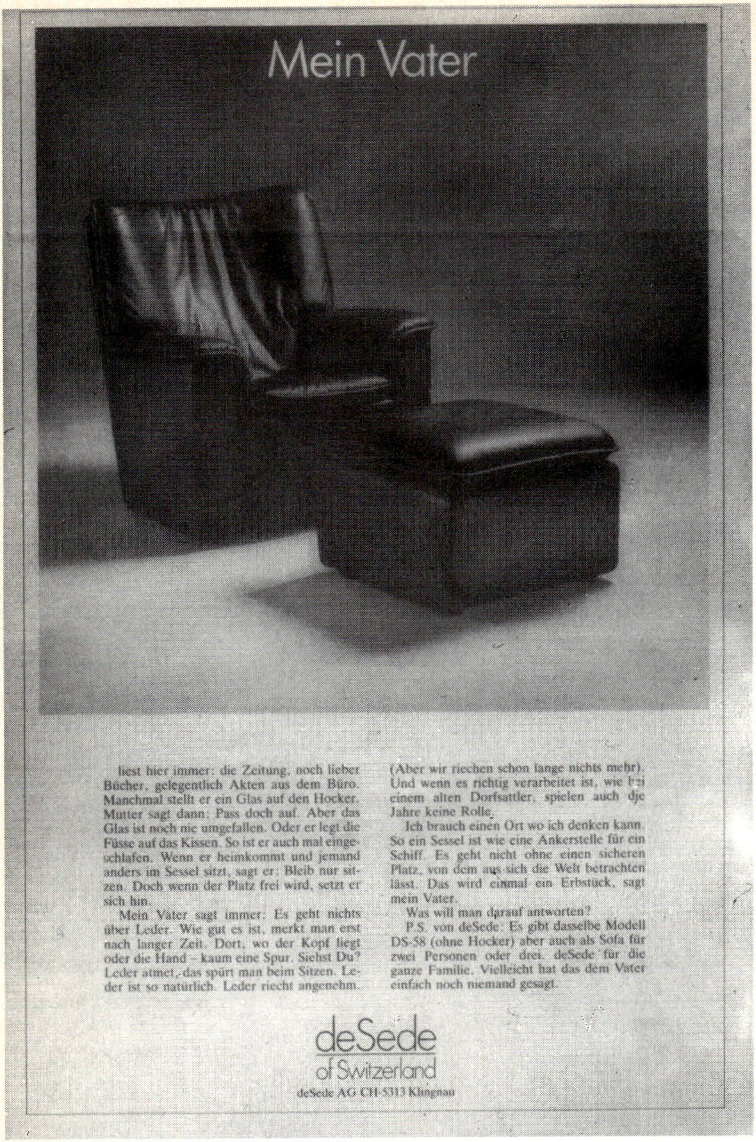

Abb. 45: Werbeanzeige. Aus: *DIE ZEIT* vom 8. 3. 1985

werden. Wenn die Rollenwahrnehmung dabei aber eine mütterliche ist, dann kann das Diktat der Mutterliebe nicht nur den leibhaftigen Müttern eine weiterhin schwere Last auferlegen, sondern der verhängnisvolle Maternalisierungsprozeß der Kultur droht sich zu perpetuieren. So stellt sich heute die Frage, ob Männer als Väter noch einmal in die Rolle zurückgerufen werden können, die zumindest aus psychoanalytischer Sicht für unentbehrlich gehalten wird:

«Der Vater ist der große Abwesende in dieser neuen bürgerlichen Konsumgesellschaft. Eine merkwürdige Gesellschaft, die vorgibt, mit dem Geld des Vaters den materiellen Wohlstand zu mehren, aber das psychische Element vergrößert, indem sie die Erziehung ausschließlich der Frau überläßt... Wenn die *weibliche* Welt doch nur aufhören würde, das einzige Bezugssystem zu sein, auf das sich die Kinder beiderlei Geschlechts einrichten müssen. Wenn doch der Mann teilhätte an der psychischen Erziehung, wie er teilhatte am Moment seiner Zeugung! Sein Sohn könnte von Anfang an eine Beziehung der Gemeinsamkeit entwickeln, anstatt sich verzweifelt an eine *Ungleichheit* gegenüber der Frau zu klammern, die ihm als Erwachsenem in seinen Beziehungen zu ihr so sehr schaden wird. Seine Tochter könnte sich vielleicht endlich von Anbeginn an in einem Spiegel sehen, der ihr vom *anderen Geschlecht* hingehalten wird und in dem sie ihren Körper als begehrenswert erkennen kann. Sie wird dann nicht mehr unablässig ihr Bild in den Augen des Mannes befragen müssen. Dieses Mannes, der da kommen soll, der aber unfähig scheint, die Angst seiner Partnerin zu besänftigen. Die als kastrierend empfundene Mutter, der als Erlöser beschriebene abwesende Vater sind unheilvolle Imagines (Bilder) für die beiden Partner; ihnen zu entrinnen, erweist sich als schwierig» (Olivier 1987, S. 207 u. 221).

Oder wird der Platz leer bleiben und wird man, wie in dieser Werbeanzeige der Zeitgeist treffend gekennzeichnet wird (vgl. Abb. 45), auch künftig sagen: Dort saß einmal «mein Vater»?

Literatur

Bonorden, H. (Hg.): Was ist los mit den Männern?, München 1985.

Bopp, J.: Die Abschaffung des Vaters. In: Westermanns Pädagogische Beiträge 36 (1984a), H. 7, S. 342–344.

–: Die Mamis und die Mappis. Zur Abschaffung der Vaterrolle. In: Kursbuch (1984b), 76, S. 53–74.

Brandstetter, A.: Über den grünen Klee der Kindheit, Salzburg 1982.

Bullinger, H.: Wenn Männer Väter werden, Reinbek bei Hamburg 1983.

Canitz, H.-L. v.: Väter. Die neue Rolle des Mannes in der Familie, Berlin 1982.

Castell Rüdenhausen, A. Gräfin zu: Familie, Kindheit, Jugend. In: Tenorth, H.-E. / Langewiesche, D. (Hg.): Handbuch der deutschen Bildungsgeschichte, Bd. V, München 1989, S. 65–86.

Delaisi de Parseval, G.: Was wird aus den Vätern?, Weinheim / Basel 1985.

Eichberg, H.: Lebenswelten und Alltagswissen. In: Tenorth, H.-E. / Langewiesche, D. (Hg.): a. a. O., S. 25–64.

Erni, M.: Das Vaterbild der Tochter, Einsiedeln / Zürich / Köln 1965.

Freud, S.: Totem und Tabu. In: Ders.: Studienausgabe, Bd. 9, Frankfurt / M. 1982, S. 287–444.

–: Der Mann Moses und die monotheistische Religion. In: Ders.: Studienausgabe, Bd. 9, Frankfurt / M. 1982, S. 455–584.

Friederich, W. / Schnack, D. / Walter, M.: Schwangerer Mann – was nun?, Braunschweig 1985.

Fthenakis, W. E.: Väter. 2 Bde., München / Wien / Baltimore 1985.

Gauch, S.: Vaterspuren, Königstein / Ts. 1979.

Geißler, H. (Hg.): Abschied von der Männergesellschaft, Frankfurt / Berlin 1986.

Harig, L.: Ordnung ist das ganze Leben, München 1986.

Härtling, P.: Nachgetragene Liebe, Darmstadt / Neuwied 1980.

Henkel, A.: Kafka und die Vaterwelt. In: Tellenbach, H. (Hg.): Das Vaterbild im Abendland II, Stuttgart (u. a.) 1978, S. 173–191.

Kafka, F.: Brief an den Vater, Frankfurt / M. 1975.

Kavemann, B. / Lohstöter, I.: Väter als Täter, Reinbek b. Hamburg 1985.

Key, E.: Das Jahrhundert des Kindes, Berlin 1903.

Konjetzky, K. / Westphalen, J. v. (Hg.): Die stillenden Väter, München 1983.

Krauß, A.: Der Dienst, Frankfurt / M. 1990.

Kruell, M.: Die Väter der Großen im Spiegel des Werkes ihrer Söhne: Karl Marx und Sigmund Freud im Vergleich. In: Familiendynamik 7 (1982), 4, S. 331–353.

Lacroix, J.: Hat die Familie versagt?, Offenburg 1952.

Langeveld, M. J.: Einen Vater zu haben. In: Zeitschrift für Pädagogik 9 (1963), S. 1–19.

Lenzen, D.: Krankheit als Erfindung. Medizinische Eingriffe in die Kultur, Frankfurt / M. 1991.

Loch, W.: Das Vaterbild im Lebenslauf. Möglichkeiten einer Rolle – Schwierigkeiten eines Seins. In: Dikow, J. (Hg.): Die Bedeutung biographischer Forschung für den Erzieher, Münster 1988, S. 32–52.

Meckel, Chr.: Suchbild. Über meinen Vater, Düsseldorf 1980.

Mendel, G.: Die Revolte gegen den Vater, Frankfurt / M. 1972.

Mitscherlich, A.: Auf dem Weg zur vaterlosen Gesellschaft, München 1963.

Montessori, M.: Die Rechte des Kindes. In: Dietrich, Th. (Hg.): Die pädagogische Bewegung «Vom Kinde aus», Bad Heilbrunn 1982, S. 71–77.

Motschmann, E. (Hg.): Väter heute. Männer entdecken die Vaterrolle, Neuhausen / Stuttgart 1987.

Olivier, Chr.: Jokastes Kinder. Die Psyche der Frau im Schatten der Mutter, Düsseldorf 1987.

Parke, R. D.: Erziehung durch den Vater, Stuttgart 1982.

Peukert, D. J. K.: Sozialpädagogik. In: Tenorth, H.-E. / Langewiesche, D. (Hg.): a. a. O., S. 307–335.

Pilgrim, V. E.: Muttersöhne, Düsseldorf 1986.

Rehmann, R.: Der Mann auf der Kanzel, München / Wien 1979.

Reinshagen, G.: Die flüchtige Braut, Frankfurt / M. 1984.

Schaffner, B.: Father Land. A Study of Authoritarianism in the German Family, New York 1949.

Schelsky, H.: Wandlungen des deutschen Familienlebens in der Gegenwart, Stuttgart 1955.

Schneider, W.: Die neuen Väter. Chancen und Risiken, Augsburg 1989.

Schön, B.: 36 J., verh., teilzeitbeschäftigt, Vater eines Sohnes. Kinder verändern den Alltag des Mannes, Reinbek bei Hamburg 1983.

Schutting, J.: Der Vater, Reinbek bei Hamburg 1980.

Schwiger, B.: Lange Abwesenheit, Wien / Hamburg 1980.

Stock, H.: Väter und Söhne. In: Westermanns Pädagogische Beiträge 8 (1956), S. 451–460.

Studien über Autorität und Familie. Forschungsberichte aus dem Institut für Sozialforschung, Paris 1936.

Tenorth, H.-E. / Langewiesche, D.: Bildung, Formierung, Destruktion. In: Dies. (Hg.): Handbuch der deutschen Bildungsgeschichte, Bd. V, München 1989, S. 2–24.

Vanderbeke, B.: Das Muschelessen, Berlin 1990.

Wais, K. K. T.: Das Vater-Sohn-Motiv in der Dichtung, Bd. 2, Berlin / Leipzig 1931.

Wiesner, H.: Der Riese am Tisch, Basel 1979.

Wurzbacher, G.: Leitbilder gegenwärtigen deutschen Familienlebens, Dortmund 1951.

Zapperi, R.: Der schwangere Mann. Männer, Frauen und die Macht, München 1984.

13. Der Vater zwischen Liquidation und Vervielfältigung

Ein Nachruf

Es ist nicht möglich, am Ende der historischen Betrachtung eine endgültige Bilanz zu ziehen, zum einen deshalb nicht, weil die Darstellung keinen Anspruch auf Vollständigkeit erheben konnte, zum anderen, weil der sich im historischen Prozeß wandelnde Standpunkt des Betrachters zu immer neuen Ergebnissen führen wird. Eine Beurteilung der Vaterschaftsgeschichte, die zu Beginn dieses Jahrhunderts in konservativen Kreisen vielleicht zu einer kulturkritischen Klage über den drohenden Verlust väterlicher Autorität führte und zum Handeln aufrief, konnte sich, in demselben Jahrhundert, in den 60er, 70er, ja noch 80er Jahren für etliche als ein Fortschritt, eine Entlastung der Geschichte darstellen. Demgegenüber werden wir vielleicht noch am Ende dieses Jahrtausends zu dem Schluß kommen, daß etwas unwiederbringlich verlorenging.

Aber was ist das? Es sind nicht die Funktionen, die der Vater einmal ausübte, sondern es ist die Tatsache, daß es nicht mehr der Vater ist, der diese Funktionen wahrnimmt. Denn dieses ist eine der sich unmittelbar aufdrängenden Auffälligkeiten der historischen Betrachtung: Sukzessive, im Grunde bereits in der griechischen Antike beginnt eine schleichende Verlagerung ehedem väterlicher Funktionen auf andere Funktionsträger. Darüber müßte kein Wort verloren werden, wenn jener Verschiebungsprozeß keine qualitative Veränderung der Funktionen mit sich brächte. Aber es ist nun einmal nicht dasselbe, ob ein genetischer Vater seine Kinder ernährt, beschützt und unterrichtet, oder ob dieses die Mutter tut, der staatliche Lehrer oder die Fürsorgeanstalt. Die Differenz liegt nicht nur darin, daß jene Funktionen für einen übergreifenden ‹Systemzweck› eine unterschiedliche Leistungsfähigkeit besitzen; das ist eine soziologische Frage, um die sich diejenigen sorgen mögen, die an der Stabilisierung bestimmter Staats- und Gesellschaftszwecke interessiert sind. Wem demgegenüber am Schicksal des Individuums gelegen ist, der registriert nicht ohne Befremden, daß die Qualität eines vom leiblichen Vater gezeugten, beschützten Lebens, die Qualität eines Lebens, in welches der Vater hineinführte, sich wohl grundlegend von einem solchen unterscheidet, in welchem gekaufte Akteure einer anonymen Staatsmacht dafür sorgen, daß dem Individuum die erforderlichen Anpassungsleistungen abverlangt werden, das heißt, daß es weniger individuell ist.

Um nicht mißverstanden zu werden: Es kann nicht darum gehen, eine historische Epoche gegen die andere wertend auszuspielen und den Menschen zu suggerieren, sie hätten besser daran getan, im Neolithikum zu leben. Es läßt sich aber nicht übersehen, daß vorzeitliche Vaterschaft, antike auch und vielleicht noch frühchristliche, ein Element besaß, welches wir vermissen, je weiter wir uns in der Betrachtung des historischen Prozesses dem Punkt nähern, an welchem wir selber stehen – das ist es, worum es bei einer Betrachtung der Vaterschaft eigentlich ging: *Väterlichkeit.*

Denken wir noch einmal darüber nach, was um dieses Konzept herum im historischen Wandel geschah. Dieses läßt sich vielleicht am besten leisten, wenn man den Prozeß der Ausdifferenzierung und Verschiebung väterlicher Funktionen übersichtlicher, anschaulicher, wenngleich um den Preis der Detailtreue schematisiert. In den nachfolgenden Tafeln werden diese Vorgänge um die väterlichen Funktionen im historischen Durchlauf stichwortartig festgehalten und veranschaulicht. Die Übersicht zeigt sehr deutlich bis zur griechischen Antike einen Ausdifferenzierungsprozeß väterlicher Aufgaben, der einen Zeitraum zwischen 2000 bis 8000 Jahren in Anspruch genommen haben dürfte. Die Darstellung zeigt aber auch, daß von allem Anfang an Vaterschaft nicht konkurrenzlos war. Dieses ergab sich zu Beginn menschlicher Entwicklung schon dadurch, daß die Tatsache des Zusammenhangs zwischen Zeugung und der Entstehung eines Kindes unbekannt bleiben mußte. Die diffus-kurativen Funktionen wurden zwangsläufig durch indefinite Personengruppen wahrgenommen, zu denen, zufällig, auch genetische Väter gehörten. Sehr früh finden wir eine Denkfigur vor, die uns durch die gesamte Geschichte begleitet: daß es der Sohn ist, der zum Vater des Vaters wird. Dieser Gedanke ist deshalb bedeutsam, weil das wechselseitige Aufeinanderangewiesensein kaum greifbarer gemacht werden kann als in dieser Formel. Und dennoch plagen sich die Menschen, Väter und Söhne zunächst, um ein

Problem, das gar nicht genuin aus ihrer Beziehung resultiert, sondern daraus, daß die Menschen vom Beginn ihrer Denkfähigkeit an sich so schwer damit tun, mit der Todestatsache umzugehen. Der an den anderen erlebte Tod der Väter suggeriert den Nachwachsenden nicht selten, es könnte ein übergeordneter Sinn darin liegen, daß sich auf dieser Welt immer nur die jeweiligen Söhne (und Töchter) aufhalten dürfen. Diese Vorstellung finden wir in zahlreichen segmentären Gesellschaften ebenso wie im alten Israel; wir finden sie in modifizierter Form bis zur Lehre Freuds, ja bis zur zwar nicht leiblichen, aber viel radikaleren intellektuellen Vernichtung der Väter am Ende des 20. Jahrhunderts. Dort hat man nicht nur versucht, ihnen ihren mit den Söhnen gleichzeitigen Platz auf der Erde streitig zu machen, sondern sogar ihren Platz in der Geschichte. Wir haben wenige Epochen kennengelernt, in denen das anders war. Der Totenkult im alten Ägypten gehört dazu. Obgleich er die Unmöglichkeit gleichzeitiger leiblicher Anwesenheit von Vätern und Söhnen auf dieser Erde zu bestätigen scheint, zeigt er auf der anderen Seite die maßlose Wunde, die der Tod des Vaters im Leben der Söhne reißt. Seine Abwesenheit kann nur, Tag für Tag, durch den Vollzug des Totenkults zu heilen versucht werden. Hier ist es die nachwachsende Generation, die ihren Vätern den Platz in der Geschichte sichert. Darin drückt sich wechselseitige Liebe aus.

Im alten Israel ist, jedenfalls im Beispiel der Opferung Isaaks, mit der Tatsache anders umgegangen worden, daß die ältere Generation dem Tode näher ist als die jüngere. Die ältere demonstriert der jüngeren, daß sie, eingedenk dieses Umstandes, dennoch die Kraft und das Recht besitzt, über das Leben der Söhne zu verfügen. Von dieser Gewaltdemonstration an den Söhnen geht ein weiter Weg zu der – gleichfalls jüdischen – Ideenwelt der Psychoanalyse, in der es die Söhne sind, die den Vater liquidieren. Hier ist eine eigenwillige Deutung jener Unverträglichkeit vorgenommen worden, die dem modernen Menschen zwischen dem Motiv der Mordbereitschaft des Vaters an seinem Sohn und der gleichzeitigen Behauptung unverdienter Liebe ihm gegenüber besteht. Für den nachneuzeitlichen, auch jüdischen Menschen ist dieser Widerspruch offenbar unerträglich. Aber es kann kein Zweifel sein: Einer der Entstehungsorte emphatischer Väterlichkeit ist dort.

Wenn Hippolytos schreibt, daß ein Vater, wenn er Vater wird, Sohn seiner selbst ist, dann nimmt er das Motiv vom Sohn als dem Vater des Vaters wieder auf und kehrt es um. Wenn der Sohn den Vater zum

Vater macht, dann ist dieser Vater gegenüber dem Sohn auch immer das andere, selbst Sohn, also Sohn seiner selbst. Das ist keine Spielerei eines in die Logik verliebten griechischen Philosophen, sondern noch einmal akkumulierter Ausdruck jener Wechselseitigkeit, von der eingangs die Rede war. Dieses Aufeinanderverwiesensein bedeutet Abhängigkeit, unmittelbar einsichtig und ganz elementar auch körperlich für den Sohn. Häufig übersehen wird, besonders in der Moderne, die emotionale Abhängigkeit des Vaters vom Sohn. Vielleicht ist das ja mehr, als Menschen auf die Dauer des historischen Prozesses aushalten konnten. Immerhin kann die erste definitive Verlagerung väterlicher Funktionen auf Nicht-Väter als eine zwar nicht kausale, aber doch bildliche Antwort auf diese Belastung verstanden werden, wenn in Sparta der Liebhaber an den Vaterfunktionen zu partizipieren beginnt. Die damit verbundene tendenzielle Öffentlichkeit von Vaterschaft und die darüber geleistete Organisation des Staatswesens ist den Römern fremd geblieben. Sie zogen es vor, ihren Systemerhalt über den ‹Dominus› zu sichern. Sie gestatteten sich die Vorstellung nicht, Vater und Sohn besäßen kein gleichzeitiges Lebensrecht auf der Erde: Äneas trägt den Vater an Anchises auf seinen Schultern aus dem kampfumtobten Troja, damit beide *gleichzeitig* leben können! An der ikonographischen Wandlung dieses Bildes im 20. Jahrhundert, wo es der Vater ist, der den Sohn zu tragen hat, wird die fundamentale Einstellungsänderung deutlich. Es ist die nachwachsende Generation, die auf den Schultern der Väter lastet, nicht das Erbe der Alten, das die Jungen auf ihrem Rücken tragen müssen und wollen.

Für die frühen Christen, sicher auch in Auseinandersetzung mit dem Menschen der römischen Antike, wird alles anders. Unverkennbar ist die Tendenz der Vergeistigung der Vater-Kind-Relation. Die Zeugungstatsache scheint marginalisiert. Aber, und das ist das entscheidende Merkmal dieses gigantischen Umbruchs: Väterlichkeit im emphatischen Sinne, wie es uns umstandslos an der einen oder anderen Stelle der Vorgeschichte begegnet, wird zur erklärten Utopie. Doch diese Utopie trägt feminine Züge. Der Prozeß der Entdifferenzierung zwischen Vater- und Mutterschaft setzt ein, und mit ihm, unverkennbar bei den Häretikern, das Motiv der Vatersuche, wenn jene, massiver als die Orthodoxen, die Mutter in den Vordergrund stellen.

Diese Feminisierungstendenz hält durch das gesamte Mittelalter hindurch an. Die wachsende Marienverehrung ist ihr Ausdruck.

Gleichzeitig zeigt sich, daß die patriarchalische Funktion des Vaters mit der bloß alimentatorischen immer mehr deckungsgleich wird. Der numinose Bestandteil der Vaterfigur, verbunden mit seiner Schöpfungstätigkeit, verschwindet, allerdings nicht ersatzlos. Nunmehr ist es die Frau und Mutter, die die göttlichen Attribute für sich beansprucht. Wenn Maria Montessori und Ellen Key an der Schwelle zum 20. Jahrhundert die Vergöttlichung auf das Kind erweitern, dann wird dieses trotzdem die Deifizierung der Mutter erhalten. Mythologisch ist sie aus dem Zusammenhang mit dem Kinde gar nicht mehr zu entlassen. Es spricht viel dafür, daß auch vor dem Mittelalter die Lebensaltersdifferenz zwischen der Mutter und dem Vater eines Kindes erheblich war. Wenn jetzt aber ein 40jähriger Mann mit einer 16jährigen Frau, einem 16jährigen Mädchen, ein Kind zeugt, wird diese Altersdifferenz tendenziell zum ersten Mal problematisch. Solange die Frau als Kind-Frau der Gewalt des Dominus fraglos unterworfen war und unterworfen werden mußte, bedurfte es diesbezüglich keiner Befragung. Aber wie verträgt sich dieses Bild der jungen Mädchenmutter mit dem der großen Mutter Maria?

Kurioserweise hatte weniger der Katholizismus als der Protestantismus der Reformationszeit eine Antwort parat. Für Martin Luther besteht zwar noch kein Zweifel an der formalen Herrschaftszuständigkeit des Vaters, faktisch lebt er indessen anders, und: Es sind die Eltern, die nun bei ihm auch theoretisch-theologisch divinisiert werden, sie sind die ‹vicarii dei›. Die Reformation leistet also nicht nur einen Beitrag zum Entdifferenzierungsprozeß, sondern darüber, daß die väterliche Funktion ambivalent wird, auch einen Beitrag zur Verlagerung väterlicher Funktionen auf – neben den Müttern – den Staat. Elternhaus und Staat werden wechselseitig aufeinander bezogen. Ersteres liefert Massenlegitimation für den Fürsten und seinen Apparat. Ob Luther das so intendierte oder nicht, ist vergleichsweise bedeutungslos. Fakt ist, daß hier eine Entwicklung vorbereitet wird, die in der Zeit des Absolutismus nicht mehr nur zu einer Verlagerung, sondern geradezu zu einer Vervielfältigung jener Funktionsträger führt, die die den Vätern abgenommenen Aufgaben an sich ziehen. Obrigkeit und Lehrer, Hauslehrer und Mütter schicken sich an, diese Funktionen in die Hand zu nehmen, als der Vater das Haus der Produktionsfamilie verläßt, um außerhalb desselben seine Lebenszeit zum Gegenwert der Mittel zu verkaufen, mit deren Hilfe er seine alimentatorische Verpflichtung gegenüber der Familie wahrnehmen kann. Die traditionell mental noch verfügbare und durch den Reformator Luther nachhaltig unterstrichene Väterlichkeit gegenüber den Kindern hat eine Bindung erzeugt, deren Unterbrechung nun tendenziell leidvoll wird, als der Vater das Haus verläßt.

Die Mutter, mit dem insbesondere auf das Kind bezogenen Teil der ehemals väterlichen Funktionen nunmehr konfrontiert, gleichwohl immer noch Mädchen-Mutter, beschert den nachwachsenden Kindern, den Söhnen zumal, eine Sozialisationssituation, deren fatale Auswirkungen über eine Folge von wenigen Generationen sich nunmehr abzuzeichnen beginnen: Irgendwann zwischen dem 18. und 19. Jahrhundert beginnen auf diese Weise väterlose Söhne von ihren Müttern erzogen zu werden, ohne daß sie den Vater noch als eine zentrale Person erfahren. Die so sozialisierten Söhne reproduzieren diese Familiensituation in derjenigen, die sie selbst als Väter gestalten. In diesen Familien empfinden sie die Mutterdominanz als nichts Ungewöhnliches mehr. Ihre Bindungsunfähigkeit wächst an und mit ihr die Bereitschaft, die Familie wieder zu verlassen. Und irgendwann im 20. Jahrhundert beginnen die so unversehens zu Vätern gewordenen Mütter jene Last nicht mehr allein tragen zu wollen. Partnerschaft heißt die Lösungsformel, die die Geschlechterdifferenz in der Elternbeziehung zum Verschwinden bringt. Weitere Verschiebungen der Vaterfunktion zeichnen sich ab.

So sind im 19. Jahrhundert der vervielfältigte Vater in alimentatorischer Hinsicht, zum Beispiel im Proletariat, die Mutter und der Staat. Die paternalistische Funktion wächst gleichfalls dem Obrigkeitsstaat zu. Von der Deifizierung der Mütter war bereits die Rede. Sie werden, zumindest im Bürgertum, zuständig für die innere Organisation und die kulturelle Repräsentation, und staatliche Lehrer und Lehrerinnen übernehmen das pädagogische Geschäft. Was bleibt, ist die Zeugungsfunktion und die alimentatorische, jedenfalls teilweise, für den Vater. In jene Zeit fällt auch die Vorstellung, daß man die Eltern (des Proletariats) darüber zu erziehen vermöchte, daß man ihre Kinder staatlich unterweist. Nicht mehr ist der Sohn Vater des Vaters, weil von ihm gezeugt, sondern der Sohn und die Tochter, die Kinder sind Eltern der Väter (und gelegentlich auch der Mütter), indem sie sie erziehen. Deshalb ist es auch jetzt, die Beispiele Ende des 19. Jahrhunderts häuften sich, der Vater, der die Liebe des Sohns erwerben muß. Das Motiv vom verlorenen Sohn wird auf den Kopf gestellt. Nicht mehr der Sohn, die Tochter muß die Liebe des Vaters erwerben, und schon gar nicht kann von einer unverdienten Liebe, so herum oder anders gewendet, die Rede sein.

Die Ersatzväter, die Führer des 20. Jahrhunderts, legen sich mächtig ins Zeug, um das von ihnen für charakteristisch gehaltene autoritäre Gehabe ihrer Väter und Vorväter zu imitieren. Der Blutzoll der Folgen ist unermeßlich. In diesem Jahrhundert des Kindes, das unterderhand zu einem Jahrhundert der Frauen und Mütter wird, ist die Erinnerung daran verloren, daß es vor jener wohl zu Recht angegriffenen Autokratie der Väter einmal ein Konzept von Väterlichkeit gegeben hat, das zu imitieren jene Führer nicht mehr in der Lage sind, weil sie es nicht kennen.

Was bleibt? In vielen Teilen der Gesellschaft scheinen die Funktionen des Vaters gegen Null zu gehen. Die verbliebene alimentatorische ist wohl diejenige, die am stabilsten ist. Zwar schreitet der Staat mit einer Zahl von Unterstützungsfällen, die gegen 100 Millionen pro Jahr geht, mächtig zur alimentatorischen Tat. Aber solange es andere gibt, die man zur Kasse bitten kann, tut man dieses. Die inzwischen tendenziell selbst um ihre Zeugungsfunktion gebrachten Väter verfügen über keinerlei Machtmittel mehr, sich dagegen zur Wehr zu setzen. Ob die propagierte Form ‹neuer Väterlichkeit›, die zumindest einen emphatischen Begriff in Anspruch nimmt, geeignet sein wird, eine Rehabilitation der Väterlichkeit in den Medien des Nährens, Schützens und Zeigens wiederherzustellen, läßt sich gegenwärtig nicht absehen. Die Tatsache, daß die Motivation für dieses Konzept aber nicht aus einer Umgestaltung der Kind-Vater-Beziehung bezogen wird, sondern aus dem Entlastungsbedürfnis der Mütter, läßt Zweifel berechtigt sein. Eines nur scheint gewiß: Das Motiv der Vatersuche, das mit dem Christentum nicht nur bei seinen Häretikern, sondern in der Gestalt des verlassenen Sohns am Kreuz so eng verknüpft ist wie mit keiner anderen Religion, ist uns erhalten geblieben. Es dauert fort. Wir haben Grund zu der Annahme, daß Hunter, nachdem er seinen Vater und mit ihm seine Mutter wiedergefunden hat, mit der Vatersuche nicht aufhören wird, auch wenn das Objekt der Fahndung im Dickicht der Städte oder in der Leere der Natur wieder entschwunden ist. So ist «Paris, Texas» auch eine Forterzählung des Mythos, dem zufolge für Vater und Sohn nicht gleichzeitig Platz auf dieser Welt ist. Bei Wenders und

Shepard zumindest, und wohl nicht nur bei ihnen, übernahm die Mutter die Aufgabe, den Vater zu liquidieren, zunächst mit Benzin und Feuer, dann mit Hilfe der Mutterliebe. – Der Gedanke de Sades in der «Justine» konnte sich nicht breitmachen. Opfer des Mordes sind die Kinder oder die Väter. Er zumindest hatte noch befunden: «Der Leib des Weibchens trägt nur die Frucht, bewahrt sie und entwickelt sie, aber bringt nichts hinzu – und diese Überlegung hätte mich stets davon abgehalten, meinem Vater nach dem Leben zu trachten, wohingegen ich es als eine ganz harmlose Sache betrachte, den Lebensfaden meiner Mutter abzuschneiden» (de Sade 1967, S. 50).

Wir kehren an den Anfang zurück, nachdem wir gesehen haben, welche Prozesse das Konzept des Vaters so sehr geändert haben. Prozesse der Institutionalisierung des Vaters, seiner Professionalisierung auch, Prozesse der Maternalisierung beziehungsweise Feminisierung, Vorgänge, die ihn, nolens volens, virilisiert haben (was bleibt, wenn der Vater verschwindet: der Mann), Vorgänge der Infantilisierung, von denen auch er, wie im übrigen die Mütter, nicht verschont geblieben ist und jene Hypostasierung, wie sie stattfindet, wenn der Vater nur noch simuliert wird, der materiale, leere Sessel als dessen treffendster Ausdruck. – Wir kehren an den Anfang zurück, nicht nur an den Anfang der vorliegenden Erzählung, sondern abschließend an den historischen Ort, zu dem hin ein wissenschaftlicher Blick weitestens zurückreichen konnte: der der Etymologie.

Jost Trier hat gleich nach dem Ende der zweiten großen Katastrophe dieses Jahrhunderts den Versuch einer Etymologie des Vaters verfaßt (vgl. Trier 1947). Trier, der Altmeister der Wortfeldforschung, hat zusammengefaßt, was er darüber wußte und dachte. Er fand in der Wurzel des ‹pater› die Wurzelvorstellung des Schützens, das sich aus ihrer Bedeutung als ‹Zaun› ergibt; er fand die Bedeutung des ‹runden Zauns›, der ihm eine Erinnerung an die große Familiengemeinschaft zu enthalten schien; er fand weiter, daß die Vorstellung vom ‹zäunen› in der Stammwurzel des ‹pater› einer Vorstellung von ‹trinken› und dann ‹nähren› begegnet (vgl. S. 254), und er fand darum eine unbezweifelbare Nähe zur ‹femina›. Mit anderen Worten: Ein polares Vorstellungspaar elementarer Lebenserhaltung ist im Vaterbegriff bewahrt: das Nähren, um das Kind allererst werden zu lassen, und das Schützen, um dem Werdenden Bestand zu sichern.

Alle anderen Elemente und Funktionen des Vaters sind, sprachlich gesehen, sich dann nicht mehr niederschlagende Ergänzungen. Das gilt, vielleicht überraschenderweise, auch für die Zeugungsdimension. Das, was den Vater in der Vorstellung der Indogermanen offenbar ausmachte, war jene Väterlichkeit, die zumindest in der Funktion des Schützens von der Machtposition des Vaters gar nicht abgelöst werden konnte. Die etymologische Analyse, so meint Trier, zeigt, «daß der Vaterbegriff der Indogermanen einen politischen Schwerpunkt, einen Kern von Macht hat, der sein eigentliches Wesen ausmacht.» Trier hat seinerzeit gesehen, daß das 18. und 19. Jahrhundert bereits dem Vaterbild schwere Erschütterungen zugefügt hatten, von denen er aber meinte, daß davon nicht nur der Vater, sondern der christliche Gott und der Staat selbst betroffen wurden, und er schrieb:

«Alle drei Autoritäten empfingen den Stoß gemeinsam und überstanden ihn gemeinsam, konnten es, weil sie durch etwas verbunden waren, was man wohl das Vaterhafte nennen kann. Die gegenwärtige Krise ist dagegen dadurch bestimmt, daß ein äußerst unvaterhafter Staat den irdischen wie den himmlischen Vater zu verzehren begonnen hat und er sichtlich entschlossen ist, als einzig verbleibende Gewalt beide zu beerben» (Trier 1947, S. 259).

Für einen konservativen Altgermanisten ist diese staatskritische Sicht eine vor fast 50 Jahren erstaunliche Distanzierungsleistung gewesen. Heute läßt sich viel sicherer feststellen, daß der Staat ebensowenig wie die Mütter, von den selbsternannten Führern ganz zu schweigen, in der Lage gewesen ist, jene bipolare Doppelfunktion zu übernehmen, die dem alten Vaterbild innewohnte. Wenn Väterlichkeit also etwas Ganzes war, etwas Ganzes aus ‹werden lassen› und ‹Bestand erhalten›, worunter sich, vielleicht abgesehen von der Zeugungsfunktion, alle anderen väterlichen Subfunktionen subsumieren lassen, dann muß uns heute vollkommen klar sein, daß der wie auch immer konzipierte ‹neue Vater› Väterlichkeit im umfassenden Sinne nicht wiederbeleben kann, jedenfalls so lange nicht, wie das Nähren den Müttern zugeschrieben und das Schützen dem Gewaltmonopol des Staats unterworfen bleibt, für die Bezahlung von dessen Agenten der Vater lediglich Steuern durch den Preis seiner Lebenszeitopferung in Gestalt von Arbeit beiliefern darf. Wenn diese Väterlichkeit immer alles ist, kann ‹neue Väterlichkeit› kaum etwas anderes sein als die Stützungslegitimation eines allmächtigen Staats, der sich neuer Väter wie alter Mütter nicht ohne fürsorgliche Attitüde annimmt. Väterlichkeit als Ausdruck einer Beziehung, die leibhaftige Menschen miteinander unterhalten, kann es so nicht geben. Es wird Menschen geben, die das begrüßen und das Ende familialer Intimität feiern. Und es wird solche geben, die dieses bedauern, sicher nicht selten auch deshalb, weil sie, schwache Väter zumal, Omnipotenzphantasien anhängen. Die historische Rekonstruktion der Vaterschaft wie der Väterlichkeit kann beiden Parteien Argumente liefern. Sie kann auch selbst nicht parteilos sein, sie will aber keinen Tataufruf.

Der Protagonist in «Easy Rider» sagt am Abend einer langen Fahrt über die Panamericana einen Satz, dessen Melancholie gegenüber dem einmal Möglichen, aber niemals Gewordenen generalisierbar ist und sie vielleicht nachfühlbar macht: «Dieses war einmal ein wunderbares Land, ich weiß nicht, was sie daraus gemacht haben.»

Literatur

de Sade: Justine oder Vom Mißgeschick der Tugend, Frankfurt/Berlin/Wien 1967.

Trier, J.: Vater. Versuch einer Etymologie. In: Zeitschrift der Savigny-Stiftung für Rechtsgeschichte 78 (1947), S. 230–260.

Tafeln

Ausdifferenzierung und Verlagerung
von Vaterfunktionen im historischen Prozeß
(Übersicht über die Ergebnisse der Diskursanalyse)

EPOCHE mentale Funktionswahrnehmung im Diskurs über Vaterschaft	PALÄO-LITHIKUM (Altsteinzeit) (bis ca. 8000 v. Chr.)	NEOLITHIKUM (Jungsteinzeit) ALTES ÄGYPTEN (bis ca. 2000 v. Chr.)	ALTES ISRAEL (ca. 1500–500 v. Chr.)
		suszipitive Funktion Begründung von Nachkommenschaft	adoptianisch-suszipitive Funktion
		patronistische Funktion	patriarchalische u. a. alimentatorische Funktionen
		pädagogische Funktion	pädagogische Funktion
Funktionen des leiblichen Vaters	curative Funktion ‹zufällig› durch leibliche Väter	divinistische Funktion	numinose Funktion
			väterlich-emphatische Funktion
		genetische Funktion	genetische und genetisch-geistige Funktion
‹Vaterfunktionen›, wahrgenommen durch andere als leibliche Väter	curative Funkton ‹zufällig› durch andere		

	GRIECHISCHE ANTIKE (ca. 2500–64 v. Chr.) epische Zeit	Sparta	klass. Zeit	RÖMISCHE ANTIKE (753 v. Chr.–ca. 300 n. Chr.)
	patriarchalische Funktion Schutz v. Status, Familie, Besitz			patriarchalische Funktion (pater familias) alimentatorische Funktion
	pädagogische Funktion	pädagogische Funktion		
	göttlich-schöpferische Funktion	numinose Funktion		(übertragen): Gründungsfunktion (Rom)
	«väterliche» Funktion			
			hereditäre Funktion	hereditäre Funktion (Erbrecht)
			legitimatorische Funktion	
				genetische Funktion
	soziale Funktion gegenüber nicht leiblichen Kindern			
				alimentatorische Funktion: Verwandte
		erzieherische Funktion: Liebhaber		

EPOCHE mentale Funktionswahrnehmung im Diskurs über Vaterschaft	FRÜH-CHRISTENTUM (45 n. Chr.–ca. 400)	MITTELALTER (375–ca. 1500)	REFORMATIONS-ZEIT (16. Jh.)
	adoptianische Funktion (zu Söhnen Gottes)		
		patriarchalische Funktion wird mit alimentatorischer Funktion identisch	alimentatorische Funktion auch als tätige Nächstenliebe
	pädagogische Funktion als geistlicher Vater	pädagogische Funktion als geistlicher ‹Lehrer›	pädagogische Funktion auch gegenüber dem Gesinde
Funktionen des leiblichen Vaters	divinistische Funktion als Bestandteil von «una substantia – tres personae»		divinistische Funktion der Eltern: ‹vicarii dei›
	väterliche Funktion als Utopie		väterliche Funktion (ambivalent)
	vergeistigte Funktion	Zeugungsfunktion	Zeugungsfunktion auch im übertragenen Sinne
	väterliche Funktion: Mütter		väterliche Funktion: Fürst, Staat, Mütter
‹Vaterfunktionen›, wahrgenommen durch andere als leibliche Väter	divinistische Funktion: Sohn und Mensch	divinistische Funktion: Maria als göttliche Mutter	
		Unterrichtsfunktion: Lehrer	Unterrichtsfunktion: Mütter, Lehrer(innen)

	ABSOLUTISMUS UND AUFKLÄRUNG (17. und 18. Jh.)	19. Jh. (bis 1890) Bürgertum	Proletariat	20. Jh. (1890–1990)
	adoptianisch-suszipitive Funktion: geistige Nachfolge			
	autoritave Funktion und alimentatorische Funktion (durch außerhäusliche Tätigkeit)	alimentatorische Funktion		alimentatorische Funktion
	pädagogische Funktion: Hausvater als Aufklärungsinstanz			
	Zeugungsfunktion	Zeugungsfunktion		Zeugungsfunktion
			alimentatorische Funktion: Mütter, Staat, Obrigkeitsstaat	alimentatorische Funktion: Mütter, Staat
	paternalistische Funktion: Obrigkeit	paternalistische Funktion:		paternalistische Funktion: (Jugend)-Führer
		divinistische Funktion: Mütter		divinistische Funktion: Kind
	Unterrichtsfunktion: Hauslehrer, Mütter	Unterrichtsfunktion: staatliche Lehrer(innen)		Unterrichtsfunktion: staatliche Lehrer und Erzieher; Medien
	Organisationsfunktion des Hauses: Mütter	innere Organisation für: Mütter		innere Organisation für: Mütter (schwindend)
		kulturelle Repräsentationsfunktion: Mütter		kulturelle Repräsentation für: Medien
				Zeugungsfunktion: Ärzte